清華行思與隨筆（三）

陳力俊 著

自序

2022 年 12 月

《清華行思與隨筆》（上）與（下）分別於 2019 年 10 月及 11 月出版，迄今約三年期間，登載在本人各部落格累積的文稿已約達成書的篇幅，本著「紀錄與紀念」的想法，決定付梓出版，承蒙黃鈴棋小姐在新婚後，同時亦忙於撰寫博士論文之際，仍願意擔負編校重責，因而得讓《清華行思與隨筆》（三）與（四）問世。

由於在 2010-2014 年擔任清華大學校長期間，養成撰寫在各種場合致詞或演講文稿習慣，到 2018 年中已累積相當數量，導致《一個校長的思考》（一）於同年 9 月出版，《一個校長的思考》（二）、（三）則分別於 2019 年 4 月與 5 月出版。

根據出版演講文集的經驗，體認最好的留存「紀錄與紀念」方式就是集結出書，因而也將歷年於不同場合及情境撰述的文稿整理出版，除《清華行思與隨筆》系列外，另於 2020 年 6 月出版《水清木華：清華的故事》。

本書內容包括「各項清華活動」、「清華校友活動」、「清華材料系各項活動」，「台灣聯大系統活動」為擔任「台灣聯大」系統校長以後活動紀言、「各項初、中等教育活動」、「科學與科技講座」、「各項紀念與緬懷」、「閱讀札記與心得」，「煮字集」為《工業材料》雜誌專欄、「科普知識」、「筆墨名人故居」、「地景旅遊與漫談」，而「新竹、清華花鳥逸趣」是在地賞花觀鳥的隨筆。其中也包括以往未出版，由 2019 年 10 月開始在各種場合致詞稿，作為迄今階段之文稿整理。

2020 年 1 月 20 日方自緬甸倦遊歸來，不料三天後即逢武漢封城，展開全球性的「百年大疫」序幕，迄今約有六億人確診，六百五十萬人死亡，仍看不到終點，讓人感嘆科學昌明時代仍不免受「黑暗騎士」肆虐。期間看到國內外

的疫情發展，延續近年來養成習慣，針對疫情執筆來整理思緒、發抒感想，也擴展到其他議題：由於部分文章攸關公共事務，認為或值得與社會大眾分享，因而試投《聯合報》「民意論壇」，也蒙編者採用多篇，開始有了投稿經驗；在被採用文章中，大多是略加更動，僅少部分經編者大幅編修，另外則有多篇由編者改動標題，通常是大有改進，學習到在大眾媒體發表文章「下標題」的一些原則；同時因為有一千字篇幅限制，如撰文字數過多，投稿前會自行先加精簡，如壓縮較大，則會兩篇文稿並刊，以能較完整呈現原意。

這些公開的文章，基於「對事不對人」，提到人則針對其政策的原則，自始即以筆名「曾士宇」發表，以免少數讀者會為筆者身分模糊焦點。按「曾士宇」取自「語真事」諧音，謬仿《紅樓夢》中，「甄士隱」取「真事隱」以及「賈雨村」取「假語村言」之意。

最後仍要特別再次感謝黃鈴棋小姐的精心編輯與校對，才使本書得以順利出版。

清華校友活動

清華材料系各項活動

清華退休人員活動

台灣聯大系統活動

各項初、中等教育活動

科學與科技講座

各項紀念與緬懷

各項清華活動

積極參與梅貽琦校長追思、通識講座、名譽博士及駐校作家頒贈、館舍空間捐贈啟用、工學院周年慶、跨域展覽、書畫文物捐贈及各處所職員聚會等各項清華活動，呈現清華厚積傳統、文理並重及多元發展的活力。

典範永存：追思梅貽琦校長

2022 年 5 月 18 日　星期三

　　梅校長在整整六十年前差不多此刻離開他一生奉獻的清華，大約半年後安眠於此，兩岸清華的永久校長，就像清華家族的大家長，今天我們在此追思，也許是一個對梅校長在天之靈報告新竹清華發展的好機會。

　　剛才我在思索在梅校長墓前致詞，應面向還是背向梅校長，想到《論語》中顏淵說孔子：「瞻之在前，忽焉在後。」梅校長如有在天之靈，應是無所不在，尤其梅校長生前喜歡說：「吾從眾」，會以在場眾人為重。

　　梅校長生前，在新竹建校，順利招生，建設校園，促成中國第一座原子爐完工啟用，打下良好基礎：在梅校長手創原子科學研究所第一屆畢業生中，即出了陳守信院士與林多樑教授等著名學者，1961 年畢業的李遠哲校友於 1986 年榮獲諾貝爾化學獎，猶憶梅校長在 1957 年日記裡記述聞知西南聯大學生楊振寧與李政道榮獲諾貝爾物理獎的欣喜，而這三位在梅校長治校期間培育的學生非凡成就讓清華成為華人地區迄今唯一培育三位諾貝爾獎得主的學校，也成為清華永久的佳話。

　　其次是原子爐目前仍正常運作，據了解，核子反應器叫原子爐就是由梅校長命名：清華至今仍是台灣唯一培養核工人才的大學，台灣核能發電人才幾乎全部由清華培訓，同時近年發展硼中子捕獲治療技術，已成功治療幾十位頭頸部癌症末期病患，去年原子爐獲得主管部會核准延役十年，穩健地邁入第七個十年。

　　再次是梅校長逝世後，到 1981 年，連續四位校長都是清華畢業生，並都曾是梅校長的學生，包括陳可忠（1920 級）（1962-1964 代理，1964-1969）、閻振興（1934 級土木系）（1969-1970）、徐賢修（1935 級算學系）（1970-1975）與張明哲（1935 級化工系）（1975-1981）校長，承襲了老北京

清華的校訓、校歌、校徽，教師宿舍以院、所命名，學生宿舍以齋命名，同時充分運用梅校長致力維護的庚款基金優勢，改善教師待遇，並提供舒適實用宿舍，再加上清華固有的聲譽，優美的校園，正如李遠哲校友多次說過：「清華是海外歸國學人的首選」，得以聘請最好的師資，延續梅校長「大學者有大師之謂也」之辦學理念下所建立的優良傳統，讓清華迅速成為台灣學術重鎮，並維繫至今，如從客觀數據上來看，清華在台灣所有重要學術獎項，人均值皆為全台第一；另一方面，清華自始即能招收許多第一志願學生，同時採取學生一律住校制度，學生深受校風薰陶，師生互動頻繁，不僅由良師授業解惑，在生活上多所照料，清華校友對母校向心力特別強烈，並非偶然。

在 1990 年代，隨著政治大環境的改變，兩岸清華逐漸恢復一家親的狀態，即以我擔任校長四年，不僅接待與回訪北京清華顧秉林與陳吉寧前後兩位校長，簽定並執行多項合作協定，2011 年，兩岸清華在美國矽谷共同慶祝清華百年校慶，2013 年，更在北京清華舉辦「新竹清華日」，以雙學位合作培養人才，同時兩岸清華在海外各地都共組同學會，雖然近年因受台灣政治環境與疫情影響，兩岸清華交流受到一些阻礙，但相信不久後會雲淡風清，繼續維繫「兩岸清華一家親」的情誼，畢竟「政治是一時的，清華是永遠的」。

在梅校長逝世六十周年之際，回首看梅校長的好友蔣夢麟先生在祭文中說梅校長開啟清華的黃金時代，「人才之盛，堪稱獨步全國，貢獻之多，尤彰明而昭著，斯非幸致，實耕耘者心血之所傾注。」確切真實敘述了梅校長對清華不朽貢獻，讓人永久感懷。

▲①兩岸清華永久校長
　②感懷遺澤
　③典範永存
　④永遠緬懷

皇后的貞操：月涵基金會暨梅貽琦基金會追思梅校長

2022 年 5 月 22 日　星期日

在 19 日參加通識中心主辦的祭梅活動後，今天又來參加月涵基金會暨梅貽琦基金會的類似活動，梅校長是清華人典範，有機會儘量表達敬意，是清華人的本分。

今天承兩位董事長邀請來參加活動，發現原來在校園常見的同事也都是董事長，讓我想起我也擔任過將近八年「同步輻射中心」董事長，最先是在我擔任「國科會」副主委任內兼任，由於法令規定，政務官最多只能有兩個有酬勞的兼職，而「同步輻射中心」董事長雖是無給職且是由主委指派，人事部門解釋，必需要辭去其中一個有酬勞的兼職；很巧的是在我回學校擔任校長並卸任董事長職務兩年後，又蒙一位「國科會」主委和一位「科技部」部長邀請，擔任兩任「同步輻射中心」董事長，又再次需要辭去一個有酬勞的兼職，如果從法令來看，是很有商榷的餘地，但當事人為區區酬勞分心，是得不償失，也讓人了解公務員的保守心態。

今天我提出政務人員酬勞，主要是藉此對照梅校長的高風亮節；在「西南聯大」時期，梅校長雖擔任常務委員會主委，還要典當衣物，夫人要做糕點賣錢，維持一家六口生活，外人或會覺得矯情；但如果想到「西南聯大」號稱中國最好的大學，聚集清華、北大、南開三校菁英學者，大師如林，大家都入不敷出，教職員生的生活簡陋不堪，梅校長不大公無私，怎能服眾，深為教師與學生愛戴與擁護，而讓「西南聯大」成為抗戰期間中唯一聯合到底的聯大？

同樣梅校長在美期間，擔任負責管理庚款的「中華教育文化基金會」常務董事，在 1950 年春成立「清華大學在美辦事處」，自訂薪水美金每月 300 元，相當於當時美國教授最低薪，幾乎無法維持生活。從 1951 年起，梅校長以

「清華大學在美文化事業顧問委員會」名義，提取部分清華基金利息，補助在美研究學術的華籍學者，月薪 300 元，梅校長本人則不享受這項基金補助，每月薪水仍維持 300 元；從外人來看，這又是何苦來哉；有人解釋說這是梅校長表示與中國學人同甘共苦，共患難且相互砥礪之意；另一方面，國民政府正左遷台灣，頻頻派人到美，以各種名義商談將清華基金提撥台灣，歸政府做教育之外匯來源，或以基金利息為學術機構購買儀器設備，均為梅校長婉拒，許多不明究理的人，更對梅校長發難，而梅校長正如胡適先生所了解：「第一個想到在國內長期發展科學」，另有長遠計畫，蓄勢待發，所以抗拒壓力，忍辱負重，試想梅校長如果在美坐領高薪，鮮衣怒馬，如何能保護好「清華基金」，在適當時機回國建校？讓人體會到「皇后的貞操」的真義，也就是做大事的人，操守私德不容被質疑。

　　梅校長是有名的「酒聖」，又有深厚的國學素養，相信一定熟悉「詩仙」李白所寫：「花間一壺酒，獨酌無相親，舉杯邀明月，對影成三人。」梅園終年花木扶疏，梅校長是否曾在花間「起舞弄清影」，引人遐思。

▲ ①清華人典範
　②清華人本分

▶ ①大公無私
　②保護好「清
　　華基金」
　③舉杯邀明月

通識為本：梅貽琦與通識教育

2022 年 5 月 13 日　星期五

今年逢清華大學梅貽琦校長逝世 60 周年紀念，通識中心策劃以梅校長作為通識人物的主人翁，規劃一系列的演講與主題座談會活動。前天第一場王俊秀教授主講在新竹建校的典故，今天講題有關教育理念，下周兩場分別是關於興建原子爐的經過以及清華精神，再次周則是比較梅校長與傅斯年校長兩位大師的行誼以及清華由校友建築師所設計的建築，是一個就多面向談論梅校長與清華歷史，緬懷梅校長對清華的貢獻和對通識教育的重視所規劃周詳的紀念活動。

今天邀請到陽明交通大學策略長程海東教授主講：「大學者，有大師之謂也」——教育與教養。

程海東教授是本校 1970 級物理系校友，美國西北大學材料科學博士，畢業後到美國依利諾大學材料系任教，其後曾任香港城市大學物理與材料科學系系主任，東海大學校長，現任陽明交通大學策略長與國際半導體產業學院教授，在教學、研究與學術行政方面都有很豐富的經驗與卓越的成就。在東海與陽明交通大學任內均積極推動博雅教育，也是他經常在各地演講的主題。

博雅一般認為是原自英文 liberal arts，原指一個古代西方城市自由人所應學習的基本學科，現代則是作為生活常識的內容。中文翻作博雅，從字面上來看是廣博與優雅，這對台灣的大學生來說應是相當高的標準，也不容易普遍做到，是需要加強的地方。

博雅教育在概念上與通識教育類似，各有豐富的內涵，比較簡易的區分法是分別強調「人格」與「知識」。即以知識而言，我在進大學以後，很受到英國生物學家和人類學家，也是提倡「天演論」的赫胥黎（Thomas Huxley）所說：「對所有事都了解一點，了解某些事的一切（To learn everything about something, something about everything）」的影響，年紀越大，越發現不可能達成，所以談博雅教育或通識教育，釐訂明確的目標並不容易。

在清華素有重視通識教育的傳統，「大學者，有大師之謂也」是梅校長名言，如果學問不淵博，談吐不優雅，大概不會被認為是大師，梅校長特別重視通識教育，他曾說：「通識為本，專識為末」，通識教育也是清華教育的一個重要成分。新竹清華推動通識教育有兩個主軸，一是於 1980 年代以「共同學科」形式推行，經過將近十年的發展，共同學科之教學範圍逐漸擴大，涵蓋大學通識教育之諸多面向。1992 年「共同學科」改名為「通識教育中心」。至此，「通識教育中心」成為一個實際負責推動、規劃和執行通識教育的獨立教學研究單位。1997 年「通識教育中心」自「人文社會學院」改隸至「共同教育委員會」。

另一主軸，是成立清華學院，本人於 2007 年 7 月擔任清華「大學部教育改進工作小組」召集人，小組成員包括各領域熱心教師十餘人，經過約半年的研討，最後對學校的推薦之一是以成立「清華學院」方式加強博雅教育，也蒙當時的陳文村校長採納推動，於次年 2 月成立「清華學院」沿襲至今。大家熟知的「先成為人，再成為公民，然後士農工商」理念，正是兩天前在此演講的王俊秀教授擔任學院執行長時所提出。

今天我們很難得的請到畢業已超過五十年的校友以及在教育界經歷豐富的程海東教授來談教育與教養，精彩可期，讓我們以熱烈掌聲歡迎程教授。

◀ ①通識講座
②梅校長特別重視通識教育
③博雅教育推手
④群賢畢至
⑤通識為本

聯華電子洪嘉聰董事長獲頒清華大學名譽博士致詞

2021 年 9 月 8 日　星期三

首先恭喜洪嘉聰董事長榮獲清華大學名譽博士學位；洪董事長是非常傑出而有智慧的企業家，具有遠見與決斷力，真誠、親和而善於溝通，聯華電子在他沉穩掌舵下成功轉型，同時在公司治理、企業社會責與環境永續經營方面都有卓越的表現，這反應在聯華電子在營收、營利、市值屢創二十一年來新高；另一方面，洪董極為熱心社會公益，譬如在防疫期間，結合價值鏈夥伴捐贈紫外線消毒機器人為第一線醫護提供直接的防疫能量，並且贊助慈濟基金會捐贈疫苗義舉兩千萬元；同時洪董更是清華的貴人，早在十一年前，就為協助清華推動校務捐贈五百萬元、並在過去五年在清華材料系設置董事長獎學金，總額也超過五百萬元，前年清華為紀念沈君山前校長籌募整建「君山音樂廳」經費，聯電也慨捐一億四千萬元，今年清華成立半導體學院也感謝聯電的助成，不久後也會看到聯電協助設立劉炯朗前校長紀念展館；總之洪董事長是清華名譽博士的理想人選，實至名歸，值得大家祝賀。

前幾天清華公共事務組同仁訪問我時，說洪董非常低調，在網路上很少看到他受訪的資料，問我是否有洪董的小故事可以分享，事實上我有一籮筐，限於時間，我只簡短的與大家分享三則：

第一是洪董為善不欲人知，洪董的公子維澤於十一年前，考進清華經濟系就讀，洪董愛屋及烏，主動捐贈清華五百萬元，協助清華推動校務，並囑咐不要讓其公子知道，幾年後我決定將這筆款項撥充清華永續基金用，因要勒石並公布捐贈者名單，洪董仍表示不願具名；很高興知道維澤畢業後，事業順利，並定期將其薪資的一部分捐贈母校，是「有其父必有其子」的佳話。

第二是洪董為美食與美酒專家，不僅有興趣與其他企業家朋友合資開高

檔餐廳，並慷慨與朋友分享，經常設宴而且必備美酒，同時不忘讓客人帶美味禮盒回家與家人共享，洪董喜歡問：「上次送的美味吃完沒有？」讓人很難作答，所以做洪董的朋友很是幸福；同時洪董為力挺餐廳並照顧員工，不僅防疫期間未裁員、也未減薪，貼心感人。

第三是洪董與清華劉炯朗前校長相知相惜，有關他們之間許多有趣的互動，恐怕要由洪董道來更為生動；劉校長生前要提名洪董為清華名譽博士，並沒來得及告訴洪董；他於去年十一月遽然而逝，而洪董在第一時間就問我說：「劉校長對聯電貢獻很大，我們可以做點什麼事來紀念他？」因而有現今「炯朗紀念展館」的規劃。很巧的是，今天的典禮原定在明天重陽節舉行，因故提前一天；民俗常在重陽節以插茱萸懷鄉思親。而清華在人社院靠生科院邊路旁的茱萸正在盛開；唐代大詩人王維在重陽節思親詩中有「每逢佳節倍思親，遍插茱萸少一人」名句，膾炙人口。此時此刻，也讓我們對劉校長備加懷念。今天洪董經過清華正式程序榮獲名譽博士學位，也是完成了劉校長的心願，可以告慰他在天之靈。

最後再一次恭喜洪董正式成為清華人，並祝清華大學與聯華電子一起茁壯成長。

▲ 清華與聯華一起茁壯成長　　▲ 實至名歸

▲①對清華貢獻良多
　②遍插茱萸少一人
　③清華名譽博士理想人選

不吝分享快樂人生：劉炯朗館捐贈簽約典禮

2021 年 11 月 5 日　星期五

　　劉校長邃然去世離今天差不多剛好一年；當劉校長逝世的消息傳來時，清華同仁開始思考以什麼最好的方式來紀念大家敬愛的劉校長；剛好聯電洪嘉聰董事長也在徵詢如何表達敬意，最後共同決定整修劉校長在清華教學研究的主要場館電資館並重新命名為劉炯朗館以及提供經費冠名協助清華招攬人才；因而有今天的捐贈簽約典禮。

　　今天也是追思劉校長遺澤的適當時刻；他留給我們的是許多美好的回憶，劉校長有一個不吝分享給別人的快樂人生。他有一個不凡卓越的人生，展現在亮麗的學經歷、成功的事業，以及眾多的友朋及廣大的影響力上。

　　在我國傳統中，對「正名」極為重視；孔子說：「名不正，則言不順；言不順，則事不成。」劉炯朗館的命名，所以在校內得到廣泛的支持，不僅因為在校長任內有許多建樹，而且在卸任後，持續發揮影響力，積極協助清華發展，同時劉校長的社會聲望，極為崇隆，除了做了連續十五年廣受歡迎的廣播人外，也出了十七本的與科技、教育、文學相關知識性著作，經常應邀在許多專業或非專業研討會或論壇擔任主講人，影響力非常宏大。

　　現代教育對莘莘學子而言有一個主要問題是缺乏典範；與劉校長熟識的朋友都能領受到他博學多才、幽默風趣、豪爽大方、親切體貼、身段優雅的風範，更能感受到他總是存好心、說好話、做好事，與劉校長做朋友，如沐春風，他知交滿天下，遺澤廣被，劉校長的一生，是清華校訓「自強不息，厚德載物」的具體實踐，清華以電資館重新命名紀念劉校長，一個重要意義也是希望劉校長典範廣為流傳，而長存清華教職員工與校友心目中；再者，我也期望清華在未來，能不時舉辦各種彰顯劉校長遺澤活動，如學術講座、研討會、研

讀著作分享，甚至是劉校長擅長的歌唱與講笑話比賽等，一方面緬懷劉校長。也更能放大館舍重新命名的效益。

我個人有幸與劉校長有二十四年的交誼，受益良多。除了在他主校四年期間與劉校長有較頻繁接觸，之後也有緣在各種公私場合相會；三年前我開始與他同時擔任聯電董事，除定期參加董事會外，也常參加董事長的邀宴；去年十月初他住院健檢前兩天，還在宴會上談笑風生，不料隨後的小手術，導致他不治；猶憶去年十月三十一日，聯電在清華舉行四十週年慶運動會時，據洪董告知他術後情況很不樂觀，所以在一週後得知劉校長逝世的噩耗時，雖不意外，仍然萬分不捨。

洪董在劉校長去世後第一時間表示「劉校長對聯電貢獻很大，我們應做些事紀念他」，最後與校方商定捐贈整修電資館以及協助電資學院招攬人才，並以電資館重新命名劉炯朗的方案，所以今天我們要感謝洪董的捐贈，同時清華要再次感謝聯電在去年慷慨捐贈「君山音樂廳」的修建；當時是我與劉校長商議請聯電資助，也蒙洪董爽快答應；不過略使人尷尬的是，這兩案都因經費需求，要特別感謝洪董優加考量大幅追加捐贈才得以過關。另一方面，我也要向在場的劉夫人致意，劉校長所以能如此快樂，如此卓越，一定與劉夫人的長期相伴、悉心照護、協助與包容有關，見證「一個成功的人，背後一定另有貴人」的格言。

劉炯朗館的命名是清華校史嶄新的一頁，在此預祝清華，特別是電資學院充分受惠於劉炯朗校長的遺澤，蓬勃發展。

▲①劉炯朗館意義非凡
　②卓越典範
　③共同緬懷
　④與聯電清華人合影

支持清華「永續發展目標」倡議活動

2020 年 12 月 7 日　星期一

　　「永續發展目標」（Sustainable Development Goals，SDGs）是聯合國倡議的目標。將從 2016 年一直持續到 2030 年。這一系列目標共有 17 大項，169 項具體目標。洋洋灑灑，是聯合國界結合國際間許多有心人擬定的目標。

　　「人類世」據估計約有十萬年，人與自然相處一向甚為平和。到十八世紀末期，工業革命讓人的能力大為增強，秉持「知識就是力量」的信念，認為「人定勝天」，開始對自然予取予求，兩百年下來，越演越烈，漸漸威脅到人類的生存。

　　目前地球上大氣中溫室氣體含量急遽升高，全球暖化效應已造成很大的衝擊，再加上環境汙染、化石能源枯竭、熱帶雨林大量流失，不幸的是國際間及各國國內貧富差距加大，社會發展遭到滯礙，甚至國際間紛爭不斷，尤其多國持有足以毀滅全球的核子武器，讓人擔心「人類世」是否已走到盡頭，遑論永續發展。

　　「永續發展目標」自然是值得倡議與支持的；只是目前有兩大困難問題必須克服：

一、美國是目前世界上唯一霸權，以百分之五的人口，消耗世界百分之二十的能源，製造超過百分之十四的溫室氣體，但現任川普總統以及約一半的美國人，否認有氣候變遷的危機，退出「巴黎氣候協定」，反而大量開採化石能源，又未致力於開發綠色能源，同時政客們都避談節約能源消耗，即使新任拜登總統恐也「無力回天」；加上現今世界西方媒體的強勢話語權，連譴責美國的「橫行霸道」的聲音都很微弱，更不要談強制或制裁；

二、世界由於西方殖民主義以及帝國主義的荼毒，各國間發展極度不均，

有至少十億人仍陷於極端貧窮，也就以目前標準按照每天生活費不足1.95 美元。事實上現在全球人均國內生產毛額（GDP）約為美金一萬元，西方先進國家中美國超過六萬元，其他也都在四萬元以上。所以各國發展目標必然不同，要落後國家與西方先進國家同步節能減碳，抑制經濟發展，顯然不合實際。

因此人類必需要有足夠智慧，先解決這兩項基本問題。

台灣在全球以人口與國內生產毛額（GDP）來看，屬於中等國家，自有支持永續發展目標的義務；但要注意的是台灣在排碳總量與每單位排碳量／國內生產毛額指標上，在世界上是很落後，需要大家在現階段致力改進。

清華在今年開始，展開「永續發展目標」倡議活動，十月底曾在林福仁副執行長的引導下，參觀在旺宏館川堂舉辦的「永續發展目標」展覽，內容相當豐富，是第一階段推廣認知的重要活動，另一方面也舉辦專題海報競賽，訪問並尋求師長支持，在專屬網站中播放訪問影片等活動，並邀請學生提出永續校園實踐方案，動員許多學生參與，深具意義。

我個人在近年研究重點上，致力於綠色能源的開發，包括利用奈米材料催化太陽光裂解海水產生氫能，開發敏化染料太陽電池、奈米發電機，以及使用綠色能源需用的再生鋰電池等，可說已有多年投身「永續發展目標」行動行列，未來也願意盡力協助並配合推動這項攸關人類生存的倡議。

▲ 支持清華「永續發展目標」倡議

造就光輝前景：台北政經學院招生暨空間啟用典禮

2022 年 4 月 7 日　星期四

　　很高興來參加今天的盛典。台北政經學院成立對清華來說可謂美夢成真，因為這對清華人文社會領域是拼圖的重要一塊；約十年前，在我擔任校長時期，校內即有成立政治相關系所的倡議，當初我是持開放態度，但先決條件是能延攬大師級的學者協助規劃籌辦，因客觀條件不成熟，未能繼續進行。台北政經學院是由私人基金會捐助，明智的決定在清華設立，以「校中校」的模式運作，是台灣高等教育的一項創舉。由於財務自主，可突破公立大學的經費限制，延聘全球一流師資，符合清華追求卓越的目標，在清華辦學的優良基礎上，是強強合，互利雙贏的局面，在培育頂尖政經人才上之成就可期。

　　從邀請函中我注意到台北政經學院英文名為 Taipei School of Economics and Political Science。簡稱 TSE，應該是從倫敦政經學院簡稱 LSE 而來，據報導該校在許多場合校方使用簡化後的校名來自稱，「The London School of Economics」成了倫敦政經學院的正式簡稱。至於為何中文名不是台北經政學院，或者台北經濟學院，還待方家解說。

　　從人類歷史與大眾體驗，政治對民眾生活影響至鉅。以近年世局發展來看，政治經濟學探討的重要更形突顯，1991 年蘇聯解體之後，很多人以為人類歷史發展將以美國為代表的資本主義大勝終結；不料卻見美國以單極霸主地位，認為自己是「不可或缺的國家」，以「正義之師」之態，長年東征西討，讓世界動盪不已；2016 年全球飽受矚目的暢銷書《人類大歷史》預言在科學昌明時代，人類歷史的黑暗三騎士「瘟疫、戰爭、饑荒」將不再肆虐，誰知從 2020 年初，新冠疫情席捲全球，今年又看到俄烏戰爭，事實上是俄國與美國及西方盟國代理人的戰爭，由於烏克蘭是世界重要糧倉之一，飽受戰火摧殘之

餘，可以預測不久後大規模的饑荒會在貧苦國家發生，雖說世事難測，但也不乏睿智的政治家能夠透析進程，提出政策建言，當然是否能夠鼓吹推行，是更大的挑戰與試驗。

倫敦政經學院成立於 1895 年，到 1900 年，被倫敦大學認可為其所屬的一個經濟學院，並與同年開始招收大學部生和博士生，是一所於全球政、商、法、學界極負盛名的菁英貴族大學。倫敦政治經濟學院一向被譽為「世界一級的高等教育與科學研究機構」，對社會科學的重視於全英國，甚至放到國際間來說，都是屬一屬二的。

在清華與基金會簽約典禮時，黃煌雄董事長表示，基金會決定與培養過無數頂尖理工人才的清華合作，優勢互補，創造雙贏，正與世界公認的社會生物學翹楚愛德華 • 威爾森在所著《人類存在的意義》一書中論點相同，他強調現今由於漸能了解人類的一些特質是如何形成的，科學與人文具有共同的基礎，因而得以做出比較明智的抉擇，開啟「新啟蒙時代」的契機，創造豐碩的成果，也是台北政經學院的挑戰。

倫敦政經學院成立時，政治經濟學意指泛社會科學，所以倫敦政經學院的系所設置和研究範疇非限於政治和經濟；台灣聯合大學系統各校在社會科學方面都有相當的基礎，是學院可以享用的資源。另一方面，在清華科管院已有經濟系、計量金融系、科法所、科管所，人社院有社會所、人類所等與社會科學相關系所，所以台北政經學院雖定位在清華內以「校中校」的模式運作，應屬創舉。未來在清華校內，會有一段逐漸摸索融合的過程，相信清華人必然有足夠的智慧，攜手向前行，造就光輝的前景。

▲ 台灣高等教育創舉

▲ 突顯政經探討重要性

清華工學院「五十而知天命」

2022 年 3 月 9 日　星期三

　　《論語・為政》篇中引孔子自述，子曰：「吾十有五而志於學，三十而立，四十而不惑，五十而知天命，六十而耳順，七十而從心所欲，不逾矩。」在工學院三十與四十周年時我正分別擔任工學院院長與清華校長，撰文紀念時，就是以「三十而立」與「四十而不惑」為主題，現今於工學院屆半百之齡時，回溯過往，展望未來，說「五十而知天命」似乎也頗恰當。

　　清華大學工學院由於徐賢修校長遠見，於五十年前成立。最近因我有機緣擔任掌管清華庚子賠款基金的「中華教育文化基金會」（中基會）董事之故，了解徐校長當年為創辦工學院籌措經費，曾向「中基會」提出為擴展計畫借款案，先經「中基會」於 1974 年 1 月第 40 次年會原則同意，並於隨後舉行的行政與財務委員會議決由王紀五幹事長及葉良才董事與清華大學交涉貸款問題，最後於 4 月簽訂二十年期美金一百五十萬元貸款；徐校長也以樂觀出名，遇到困難事，常說：「也許會成功也不一定。」從貸款一事也可見其通達世事的一例，令人感念。

　　在現今「教育館」，即原「工程一館」大門前右側，仍嵌有徐賢修校長署名的匾額，上書「本館於六十一年七月開始營建，初為工學院動力機械及材料科學工程各系辦之用；六十二年四月完成一樓及二、三樓各一部分，六十三年四月又增建二、三樓全部作為工學院院址。綜計面積五千五百二十九平方公尺，容納動力機械、材料科學工程、工業工程等系所全部教室、實驗室、研究室、辦公室。前後建築費用新台幣一千三百萬元，除政府撥給四百五十五萬元，餘皆由基金之息入撥用。六十三年十一月三十日落成啟用。

國立清華大學校長徐賢修敬誌

中華民國六十四年四月」

（註：原無標點符號）其中基金之息入即指「中基會」掌管之「清華基金」依章程以孳息撥付清華使用。

　見過世面的人，多會體會到「人亡政息」，「人走茶涼」，十年前工學院紀念特刊的採訪同學曾問我，「在您擔任工學院院長時，最得意的一項事情？」我當時無法給他直接的答案，只列舉所推動的幾件有意義的事，如今再檢視，工學院仍在推行的，包括：

　一、產學研聯盟，
　二、舉辦論文發表研習會與論文競賽，
　三、辦理創意設計競賽，
　四、工學院傑出校友選拔，
　五、工學院傑出教師選拔，
　六、鼓勵學生到國外交流。

　相當令人欣慰，這也符合我一向對「知天命」的觀點與體驗，雖然大家都喜歡「推陳出新」，但真正切合需要，仍然會樂於「蕭規曹隨」。

　對於「天命」，人們看法可能很不一樣，如「上天所賦予的使命」、「上天註定的命運」等；古人常嘆「謀事在人，成事在天」，清華校訓取自《易經》乾坤二卦；「天行健，君子以自強不息；地勢坤，君子以厚德載物」，但甚麼是天呢？比較中性的說法是「自然的主宰」或「自然的規律」，但自然真有主宰嗎？規律從哪裡來？畢竟即使在科學昌明時代，科學家能觀測到的物質僅占總量的 5%，另有約 68% 看不到的「暗物質」，還有我們沒有任何線索約占27% 的「暗能量」，人類實在無能答覆這哲學問題。

　當今生物學家多認為人類是演化的產物，人類並非「萬物之靈」，但相較於其他物種

▲ 徐賢修校長署名匾額

而言，的確佔據一個很特殊的位置，就是能在自私與利他之矛盾處，取得相對的平衡。以基因為單位，自私可以鞏固個體生存機會，但利他的道德感，卻能夠確保群體延續後代。所以即使不知天是甚麼，人之為人，要多有利他之心，而受限所知，不應把世界當成「人類世」以人為中心，才能永續發展，工程師是很有機會在顧及生物多樣性下，造福人群，也就是「厚德載物」，使命重大。

　　在前兩個十年慶時，我曾期許工學院各系所都能做到在台灣「數一數二」，如今可以很坦然地說：「我們做到了！」未來除了要「放眼天下」，更應持續「自強不息，厚德載物。」

最惜和平發展：清華工學院五十周年慶

2022 年 4 月 24 日　　星期日

　　最近因疫情關係，各項活動紛紛取消、延後或以視訊方式進行，工學院五十周年慶仍能如期實體舉行，甚為難得。

　　工學院三十與四十周年慶時，本人剛好分別擔任工學院院長與校長，五十周年慶時我又正擔任清華為一分子的台灣聯合大學系統校長，諸多巧合，緣分非淺。

　　在十進位的世界，逢十常是大家選擇擴大紀念的年份，百年則更具特別意義；五十對一般「人生不滿百」的人來說，表示百年已過一半，是一個「檢討過去，策勵將來」的重要時刻，清初「詞家三絕」之一的顧貞觀有詩：「平分一半，最惜今朝；還留一半，莫負今朝。」正有此意。

　　在台灣工學院最具規模的當屬台大、成大、陽明交大與清大，其中清華成立最晚，師生人數也較少，但在研究能量以及表現上，由於需要謙虛些，可以說並駕齊驅，絕不遜色，是值得清華人引以為榮，可喜可賀的。

　　以色列籍歷史學家哈拉瑞於二〇一五年出版新書《人類大命運》，暢銷全球。該書開宗明義即說，人類發展至今，歷史上的「黑暗三騎士：瘟疫、戰爭、饑荒」已成過去式，頗能得到共鳴；但目前全球正陷於新冠疫情深淵中，歐陸二戰後最大戰爭開打，由於俄烏兩國皆為世界糧倉，接下來，尤其是在貧弱國家中，大規模的饑荒將不可避免，全球的未來，陷入一片愁雲慘霧中，哈拉瑞慘遭打臉。

　　從著名歷史學家不久前還為人稱道的預言僅幾年即遭到翻轉，讓人反思，過去五十年來，幸運的是和平發展時代，大家可以一心教學、研究以及服務，未來以俄烏戰爭為鏡，觀諸美國各界，包括政府、媒體與學界，近年對中國種種措施及言論，可能最需要注意的是美國希望台灣成為其挑起台海戰爭的代理

人，慎防「被戰爭」，最後讓一切努力成空。

另一方面，以近年世界情勢的發展，如果說，人類正面臨危急存亡之秋，可能也不算危言聳聽；據附屬於聯合國之下的跨政府組織「跨政府氣候變化委員會」（Intergovernmental Panel on Climate Change，IPCC）綜合報告《氣候變化 2022》，以大氣中溫室氣體而言，如不採取減碳措施，到世紀末，世界平均氣溫將增加攝氏 4 度以上，會危及地球半數物種。近年來各國體認大難臨頭已施行一些方案、但仍將使氣溫增加攝氏 3 度，而在最近全球氣候會議中承諾的方案，有希望讓氣溫增加減少到攝氏 2.4 度，仍會造成很大的傷害。所以從物種生存觀點，在教學研究與服務各方面，盡可能注入永續經營的元素，是未來大家應該努力的方向。

這次院慶的一大亮點無疑是發行「50 周年紀念 NFT」，也就是非同質化代幣（Non-Fungible Token，NFT）；NFT 背後的技術是區塊鏈，承蒙工學院贈送，我也擁有一枚 NFT；這也讓我燃起對 NFT 的興趣；NFT 的發行象徵工學院求新求進，日新又新的作為，是五十周年慶的佳音。

◀ 工學院50周年紀念NFT

▶ ①莫負今朝
　②求新求進
　③最惜和平發展

孔子與創業：工學院五十周年院慶林垂宙院長講座

2022 年 5 月 4 日　星期三

今天是一個很特別的日子，一是「五四運動」周年慶，二是作為工學院五十周年院慶活動一部分，請到林垂宙院長演講，另外比較特別的是，由於疫情的關係，講座是以實體與視訊方式同時舉行。

林垂宙院長可能是清華人最熟悉的「林院長」，除了在 1978-1979 年擔任工學院院長，並於 1988-1994 年擔任與清華近鄰且關係密切的「工業技術研究院」（工研院）院長，在此順便一提的是在中文裡雖同為院長，在英文中工學院院長是 dean，工研院院長則是 president，截然不同。垂宙兄是台大化工系學士，美國哥倫比亞大學化工碩士與博士，畢業後歷任美國杜邦（DuPont）公司研究員、資深研究員、高級研究員、研究主任等。1978 年應邀擔任清華工學院第二任院長，次年返美；這段機緣，在其於今年工學院院慶感言中敘述的很清楚，我也不再此贅言。

林院長再次回台，是在 1883 年，擔任工研院「工業材料研究所」所長，到 1988-1994 年則轉任工研院院長，1883-1884 年間協助清華「材料科學中心」的設立並曾兼首任主任，另於 1994-1995 年間擔任工業工程系專任教授；1995 年以後，他曾任教於「新加坡國立大學」，1997 年擔任新創立之「香港科技大學」副校長，主管香港科大之研究及發展，到 2003 年五月退休。曾陸續擔任創新公司總裁、科技園公司副董事長及執行長、中華南沙科技企業公司總裁等職。2007 年退休後續兼多校教職，2009 年起擔任香港理工大學校長高級顧問，協助釐訂科研政策及建教合作。

我個人有幸在林院長任工學院院長時在工學院服務，以後在清華材料中心、中國材料學會以及工材所、工研院各種職務與活動中也多有共事的機會，

很能感受到林院長溫文爾雅，平易近人，同時他見識宏遠，文采飛揚，而且在每一職務上都有具體卓越的表現；在他負笈香港後，也有好幾次機會親身請益，多年來始終保持聯絡，每次見面，總是一個與好友相聚而非常溫馨愉快的場合。

今天林院長的講題是：「孔子與創業：營業計畫與團體運作」；孔子在中國是至聖先師，與創業似乎有相當距離，但他周遊列國，有教無類，門下有弟子三千人，其中精通六藝者七十二人，稱「七十二賢人」，成就前無古人，後無來者的偉業，所以遠在春秋時代他在教育事業上即可謂創業成功的典範；同時孔子思想對韓國、日本、東南亞等地被稱為儒家文化圈地區，有深遠影響，東亞與東南亞也是近世少有的經濟轉型成功地區，孔子雖然不是企業家，但其思想僅舉「民無信不立」一項，即是企業永續經營的根本，其微言大義對企業營業計畫與團體運作很顯然產生了重要的作用。

林院長在國內外教育界、研究界與企業界同有豐富的經歷以及卓越的見識，今天就近取譬，做精到的闡述，一定精彩非常。

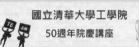

▲ 活動海報

▲ 清華人最熟悉的「林院長」

▲①工學院五十周年院慶講座
②孔子是創業成功典範
③就近取譬精到闡述

「日常‧非常」清大科技藝術校園展開幕茶會&「春之清華─科技藝術卓越獎」頒獎典禮

2021 年 4 月 14 日　星期三

　　今天是抱著很愉悅的心情來參加科技藝術校園展開幕茶會以及展示競賽頒獎典禮；大約八年前曾經躬逢「不二法門‧陳珠櫻　科藝之旅」開幕茶會盛會，當時陳主任正好在其母校「新竹教育大學」休假訪問，而有緣在清華舉行一個很精彩的展覽，個人在參觀之餘，對科學與藝術奇妙交會的展現，印象非常深刻。

　　清華大學於 2016 年 11 月 1 日正式與新竹教育大學合校；新竹教育大學長年來在藝術領域有相當優異的表現，而清華大學自 1956 年在台建校，原來是從理工科起家而逐漸擴及到人文社會、生物醫學與科技管理等領域，但比較遺憾的是缺少藝術方面的專業學科；因此兩校合校，在某種程度上也象徵科技與藝術更緊密的結合；事實上這幾年也喜見校園中藝術活動逐漸活絡，藝術氣氛也明顯提升，未來藝術大樓完工啟用後，整個藝術學院將遷移到總校區運作，相信更能透過科技與藝術的激盪，擦撞出更光輝燦爛的火花。

　　同時在本校為成員的台灣聯大系統中，政治大學的傳播學院有新聞、廣告、廣播電視學系以及數位內容等研究所，陽明交通大學人社院有傳播、應用藝術、音樂、建築等研究所，都與藝術息息相關，也是未來可以考慮合作與運用的資源。

　　今天的「日常‧非常」清大科技藝術校園展在陳主任的規劃下盛大推出，在邀請卡上，我們看到「由習以為常的日常出發，從平凡無奇的規律，提煉出具人性的波動，透過藝術的感性與科技的理性，傳報兩者發揮極致，展現日常中的非常價值。」同步在「Laval Virtual World 呈現，另類的非凡沈浸體

驗」（Laval 為法國地名，Laval Virtual 為二十多年前起在該地舉辦的虛擬實境和增強現實展覽與會議活動，今年為第 23 屆），旨在呈現跨院碩士班與藝術學院學士班「科技藝術組」學生們的創作成果，有年輕學生的投入與創意，精彩可期。

今天的另一項活動，「春之清華－科技藝術卓越獎」頒獎，我想一定與春之基金會相關。春之基金會是由藝術學院的榮譽院長侯王淑昭女士設立，侯女士的朋友們都稱他為侯太太，她在 2019 年 1 月不幸逝世，生前是台灣推動現代藝術第一人；她在約四十年時間，不遺餘力贊助現代藝術活動，認為台灣一般大眾的藝術素養停滯在「印象派」時代，藝術教育極為重要；早在 1978 年成立「春之藝廊」，再於 1999 年成立「春之文化基金會」，並於去世前兩個月捐贈 1 億元給清華，成立「春之清華藝術教育發展基金」，支持清華發展藝術教育；清華大學選在侯太太逝世一周年時舉行藝術大樓「春之廳」命名典禮，自然是表達對侯太太最高的敬意與謝意，也是清華人特別是藝術學院師生應永遠誌念的。

最後預祝展覽圓滿成功，大家健康快樂。

▲①科技與藝術激盪
　②精彩可期
　③象徵科技與藝術更緊密的結合
　④有年輕學生的投入與創意
　⑤卓越獎作品
　⑥卓越獎得主

科技藝術巧妙結合：AI Beethoven與AI音樂

2022 年 4 月 29 日　星期五

今天是抱著好奇與期待的心情來參加這場介於科幻與現實之間的 AI Beethoven 演奏盛會！這項活動以內涵來說有三個關鍵詞：Beethoven、AI 與「愛麗絲」；Beethoven 是我最熟悉也最喜歡的音樂家，AI 則是我近幾年花了比較多時間了解並協助財團法人中技社辦理各項活動的主題，而「獻給愛麗絲」是台灣人最熟悉且在大街小巷每天聽到的兩大西洋古典名曲之一，演奏將顯示科技與藝術的巧妙結合，引人入勝。

在上月 27 日為紀念樂聖貝多芬逝世 195 周年，清華大學「君山音樂廳籌備處」策劃由「清大人工智慧」樂團在台積館孫運璿演講廳演出致敬音樂會，主要是演奏貝多芬有「第十號」交響曲！對熟悉貝多芬九大交響曲的人說，當然不容錯過，我個人音樂素養相當淺薄，臨場聆聽時確實聽到片片斷斷與貝多芬其他作品似曾相似處，是相當有趣的體驗。

在清華的致敬音樂會中，演出也示範了跟譜、伴奏、虛擬樂手等，2019年，在我協助中技社舉辦的「AI 應用競賽」中，今天稍後的與談人之一的丁川康教授團隊「以 AI 創作 Bossa Nova 風格的樂曲」勇奪冠軍，獲獎四十萬元，本校資訊系蘇豐文教授團隊則以「AI 創作和聲」並配有不同臉譜嘴型的動畫得到佳作，可看出 AI 應用於音樂在清華已有很好的基礎。

AI 與音樂交會，其實已有相當時日，最早也許是最有名的美國加州大學聖塔克魯茲分校的 David Cope 教授，據他自己說，初期在許多情況下，只是將古典大師的慣用的小節預設規律，做重新排列組合或簡單變換；他還在 2012 年，就出版了也是名為「貝多芬『第十號』交響曲」，並在 Amazon 網站上架，在 Youtube 上可聽到第二樂章與第三樂章開頭中的片段，聽來還真是

相當貝多芬！近年 AI 突飛猛進，注入新的創作元素令人期待。

今天的演出，據了解將會讓 AI Beethoven 現身於鋼琴前，為眼前扮演「愛麗絲」的觀眾，即時演奏現代版的《獻給愛麗絲》鋼琴變奏曲。具有人工智能的 AI Beethoven，背後有個「人臉辨識 AI 系統」將分析眼前這位觀眾的年齡和魅力等特性，並根據這些數據，藉由「貝多芬作曲學習 AI 系統」自動譜寫出《獻給愛麗絲》的鋼琴曲，讓「虛擬樂手 AI 系統」於自動鋼琴的琴鍵上即時彈奏。

據陳珠櫻教授說明，日本藝術家也是他在巴黎第八大學共同指導的高足後藤英（Suguru Goto）博士於 2020 年完成的一件 AI 新媒體藝術作品；為紀念貝多芬誕辰 250 周年，德國電信貝多芬計畫藉由人與人工智慧技術，完成大師未竟之作《第 10 號交響曲》，而後藤英教授受委託創作《AI Beethoven》，讓貝多芬復活，再現彈琴身影，將 AI 應用於音樂推進一個新境界。

因疫情關係，今天 AI Beethoven 互動展演將透過東京藝大與台灣清大兩地即時互動、同步傳輸方式展演。身兼現代音樂作曲家、樂器自動化發明家、新媒體藝術家，後藤英教授將分享他的 AI Beethoven（虛擬樂手創作）與 AI Music（人工智能作曲），及淺談他背後的哲學觀：機器人之藝術化理念。等一下演講以及與談，一定非常精彩。

今天的盛會是藝術學院慶祝今年校慶活動的一部分，清華因有藝術學院讓校園文化與生活更豐富多元，是大家應鼓掌喝彩的，最後祝活動圓滿成功。

▲①活動海報
　②將AI應用於音樂推進一個新境界
　③東京與新竹即時互動
　④清華有很好的AI應用於音樂基礎
　⑤權充「愛麗絲」
　⑥大家應鼓掌喝彩

奇幻旅程：張系國教授「清華大學駐校作家」頒授典禮

2022 年 3 月 3 日　星期四

　　也許是受「華人科幻小說之父」的影響，今天來參加「駐校作家」頒授典禮，有很奇幻的感覺，因為我和張教授都是六十多年前在距此約六百公尺的「竹師附小」的小學生，他甚至還是我二姊的同班同學，現今「竹師附小」成了「清華附小」，當年每年都有「新竹師範」（竹師）的學生到「竹師附小」實習，附小學生也常到「竹師」上實驗觀摩、欣賞教育電影課等；另一方面，「新竹師範」歷經「新竹師專」、「新竹教育大學」，再與「清華大學」合校，校區成為「清華南大校區」，「竹師附小」成了「清華附小」，今天典禮在「清華南大校區」舉行，可謂奇幻。

　　但更奇幻的是，張教授還從新竹中學、台灣大學與美國柏克萊加州大學都是我的學長，而我並沒有緣與其相遇，直到 2018 年 12 月才在他於清華文學院做兩次演講時正式見面，如今他又在清華擔任「駐校作家」，對於連「清華附小」算起超過五十年的清華人來說，有緣在清華歡迎當年在「清華附小」的故人，機緣巧合讓人感覺不可思議。

　　據我所知，清華以往較少聘請「駐校作家」，其中我最熟悉的是在我校長任內聘請的岳南先生，他是大陸知名寫實作家，著作包括描寫民初到大陸淪陷前中國學人的《南渡北歸》，因專程到清華梅校長墓前致意而結緣，他在清華駐校約一年，除與師生密切互動外，其後總共花了六年時間，完成最完整的梅校長傳記《大學與大師》，可謂成果豐碩；如今本校為推崇張教授指導後進創作的熱情，與推動創作小說之卓越貢獻，特禮聘張教授為「駐校作家」，並籌畫於華文所開設「小說創作」工作坊微學分課程，必定精彩可期。

　　張教授近年來很關心「老年生活」，在這方面有相當投入，因而於 2019

年 8 月在中技社主辦，由我協助規劃的「AI 與生活」研討會中以「AI 與老年生活」發表演講，以其不凡資歷，拉高到哲學層次，闡揚「人機共同進步」的觀念，大家同感「收穫良多」。我想這也是張教授在駐校期間，可與大家密切互動的另一課題。

系國兄此次到清華擔任「駐校作家」，相信感觸一定很多，從在網路上看到廣告起，順利地在緊鄰校區購置了一個小套房，未來可以安步當車到校，也可不時到「清華附小」懷舊，讓人想起唐朝詩人賀知章的名句，「少小離家老大回」，只是已名滿天下，除了兒童外，比較不會相見不相識；這讓我想起離開新竹，到台北上大學，再服役，出國留學、就業，十三年後回到新竹，很有親切的感覺，因而再也捨不得離開，我也預祝系國兄在清華感到「賓至如歸」，從此「以校為家」，能與各親朋好友常相聚。最好再搬進大一點的房子，在新竹「安居樂業」。

◀活動海報

▶①有很奇幻的感覺
　②在清華歡迎當年「清華附小」故人
　③少小離家老大回

厚德載物：楊儒賓教授伉儷慨捐清華珍貴書畫文物

2022 年 6 月 2 日　星期四

　　今天一連串的活動，緣起楊儒賓及方聖平伉儷將所收藏的 177 件近世旅日華裔文化人書畫文物捐給清華大學，作為清華創校 111 周年，在臺復校 66 年的校慶大禮，並期待國立清華大學文物館成為臺灣、東亞及世界的文化橋樑。

　　楊教授伉儷曾經是本人住在清華「東院」宿舍時對面公寓的鄰居，在我 1992 年搬離「東院」時，還不知道他們是收藏家，而且是慷慨大方的收藏大家；2011 年，清華舉行「梁任公來台百年紀念會」是由楊儒賓教授建議舉辦，並配合捐贈有關梁任公來台珍貴文物，感謝楊儒賓教授與圖書館積極籌辦此次紀念會，如期在梁任公來台百年舉行，並展示梁任公主題館藏與珍貴文物。當時另有駐校作家岳南主講「梁啟超與西方科學」，台師大國文系許俊雅教授主講「百年之遊：梁任公來台始末」，本校客座教授亦即梁任公曾孫女梁帆女士參與，以最恰當的方式紀念梁任公來台百年。

　　楊儒賓與方聖平教授雅好收藏書畫文物以及台灣研究及初期漢學研究藏書，窮二十年以上的時間，花了許多珍貴的精力與金錢，聚積了相當可觀的收藏，於 2014 年 1 月，一舉將多年來收藏的 498 件珍貴書畫文物，以及台灣研究與初期漢學研究藏書 747 冊捐贈給清華大學典藏；楊教授並協助「清華大學出版社」為該批書畫文物出版《鯤島遺珍：臺灣漢人書畫圖錄》、《瀛海掇英：臺灣日人書畫圖錄》兩本圖錄。

　　兩教授曾表達希望學校建立博物館的願望，這點清華當時有初步規劃，甚至預定地的環評都已完成，是在「只欠東風」階段，很高興在去年 9 月 14 日，座落於清華大學南校區的「捷英文物館」（「文物館」）建築工程開工。「文物館」建築由清華大學名譽博士、台積電文教基金會曾繁城董事長捐贈，並以

父母之名命名為「捷英文物館」。主要館藏即為楊儒賓教授伉儷捐出畢生蒐集珍藏的數千件東亞文物,將成為國內大學中唯一的國際級文物館。

今天喜見兩位教授將所收藏的 177 件近世旅日華裔文化人書畫文物捐給清華大學,更豐富當初捐贈期待能擴大東亞世界共有的漢文化基礎的「文物館」內涵。從展覽的說明中,是兩位教授為慶祝清華創校 111 周年,在臺復校 66 年特別選擇 177 件做為大禮,也就是還留有後手,事實上兩位多年來給我的感覺似乎是擁有「聚寶盆」,深不可測,套句玩笑話是:「有完沒完?」讓人好奇。

楊教授在〈為什麼是清華?〉一文中,曾提及「由於我的工作環境以及蒐集文物的資金主要來自於工作單位給的薪資。但更關鍵的因素是臺灣的國立清華大學的特殊位置使然,」這說法第一部分略顯牽強,幾乎沒有聽過有人由於眼光精準,投資一本萬利,而以萬倍回饋自己工作酬勞來源,但後一部分由他補充說明「清華的校史說明了一切!」、「選擇清華就是交給清華選擇。」則很有道理,使人深為感動,並感佩其深厚的歷史情懷。這裡我也要特別一提楊氏伉儷不僅促成清華成立「文物館」,而且是創立本校「蝴蝶園」主要推手,並長期擔任義工,成為清華生態保育標竿,「文物館」的對象是人,「蝴蝶園」則澤惠其他生物,體現清華校訓「厚德載物」精神,兩者都值得清華人深深感謝。

最後預祝本次展覽空前成功。

▲①促成「清華文物館」成立
　②慷慨大方的收藏大家
　③深不可測
　④選擇清華就是交給清華選擇
　⑤體現「厚德載物」精神
　⑥深厚歷史情懷

歡迎「中技社」潘文炎董事長一行參訪清華致詞

2019 年 10 月 6 日　星期日

　　很歡迎「中技社」潘文炎董事長一行到「清華」訪問。據潘董告知，今天「清華」行是他規劃「中國石油公司」退休高管定期聚會行程的一部分。成員當中包括兩位前董事長，四位前總經理與多位前副總，讓「清華」今天熠熠生輝，「清華」自然也排出最佳陣容來接待貴賓。剛才到校門迎接各位的是孫海珍校長特助；海珍曾是本校的總教官，退休後一直在學校幫忙接待貴賓等事宜，幹練而親切。另外在此恭候大家的是林宜敏副主任秘書；宜敏曾擔任本校副總務長等要職，等一下各位會乘車經過的南校區的開發，就是由宜敏主要負責。她與海珍同是接待一把手，也是「清華」最佳拍檔。

　　前天晚上在「中技社」六十周年慶晚會上，最先放出的回顧影片中，看到李國鼎與金開英兩位先生同為「中技社」創辦人，而清華原始校地中有約一半，即四十公頃，正是由金開英先生在「中國石油公司」總經理任內撥用的。金先生同時也是「清華」校友，「清華」與「中油」不僅淵源很深，而且受惠於「中油」甚鉅。

　　另一方面，我也可謂「中油」子弟，因為家母曾在「中油」服務，後來轉到「聯合工業研究所」（聯工所）工作，而「聯工所」前身「天然氣研究所」也是「中油」的分支機構。同時家母由「聯工所」配住宿舍的「光明新村」，也原屬「中油」。巧在潘董因不同原因也是在「光明新村」長大的子弟，只是他比我高一班，而且在「新竹中學」與我哥哥同班。他的弟妹吳瑪麗小姐在「清華」材料系與秘書處服務多年，也是道道地地的「清華人」，可謂關係千千重。值得一提的是，「光明新村」就在等一下大家會路經的「成功湖」對面，據潘董說，小時候曾在「成功湖」遇險，終生難忘。

說到「中技社」，我也有擔任董、監事多年的緣分。同時我要代表「清華」向潘董、陳綠蔚執行長，以及多位曾在「中技社」擔任董事的前輩致謝，因為眾多「清華」學生多年來受惠於「中技社」頒發的高額獎學金，同時「中技社」今年也再度獎助本校「科管院」開授的「創意課程」。前天在為六十周年慶頒發的「科學貢獻獎」也頒給了材料系的葉均蔚教授，而在不久前首度舉辦的「人工智慧創意競賽」中，也有兩組清華師生奪得優勝，可謂惠我良多。

　　潘董與陳執行長不久前才訪問過「北京清華」，兩岸清華同根同源，有相同的校訓、校歌以及幾乎一樣的校徽。「新竹清華」是原「北京清華」梅貽琦校長在 1956 年建立的，梅校長在兩岸「清華」共擔任二十四年校長，被公認為兩岸「清華」永久校長。他於 1958 年經政府徵召擔任教育部長，是在行政院同意兼任「清華」校長的條件下才勉強出任，因此他在 1962 年是在清華校長任內逝世。梅校長遺體安葬於校內陵墓，陵園並經命名為「梅園」，也是今天安排參觀地點之一。

　　另外我要簡略介紹一下大家所在的「名人堂」。堂內三尊人物銅像，胡適、楊振寧、李遠哲分別是「北京清華」、「西南聯大」、「新竹清華」的代表性人物，門口大型浮雕除有梅校長外，其餘四人是「清華國學院」四大導師梁啟超、王國維、陳寅恪與趙元任先生，同是「清華」永遠的驕傲。

▲ 同為「光明新村」子弟

▲ 「清華」與「中油」淵源很深

▲①清華原始校地約一半由「中油」撥用
　②兩岸清華永久校長
　③兩岸清華同根同源
　④關係千千重

智慧製造跨院高階主管碩士在職專班
第二屆新生訓練演講：
《水清木華：清華的故事》演講

2020 年 6 月 21 日　星期日

今天蒙簡禎富主任邀請與大家會面並致詞，我的了解是專班研習與 AI 有密切關係，而諸位也是 AIMS Fellows，專班課程紮實，跨領域師資堅強，可喜可賀。

近年來，AI 已成顯學，我在前兩年曾協助財團法人中技社舉辦三個聚焦 AI 的研習會，每次涉及五、六個不同主題，由於疫情影響，原定在四月辦的第四次研習會延到十月中舉行；誠如在第三次研習會一個主講人所言，想不出一個領域與 AI 無關，AI 的發展可長可久，大家在專班的學習，將對我們的未來產生深遠的影響。

其實今天更值得恭賀的是大家加入了清華的大家庭；清華的校名是華人世界大學最美麗的校名，有名副其實的台灣最美麗的校園，也有為大家所稱頌的校訓，更擁有光輝歷史；今天我的演講題目是《水清木華：清華的故事》，取名自我最近出的新書，承蒙簡主任訂購了相當數量，大家可以人手一本，所以我今天的演講主題是介紹清華，由於只有二十分鐘，所以用來做導讀也許勉強可以達標。

由於我與清華的深厚淵源，以及個人對歷史的興趣，以及各種機緣，漸自許為業餘校史研究者；在 2014 年卸任校長職務後，於網路上開闢「清華一百問」部落格，梳理與清華有關之各種典故、事件與趣聞，累積下來，條目超過一百則，約十幾萬字；有感現今尚未有從新竹清華人的觀點，講述清華大學故事的專書，決定嘗試整理增補部落格文章集結成書。

《水清木華：清華的故事》內容包括一百五十餘則，共二十餘萬字，並

附有約 400 張圖片;「清華大學」是一本大書,與民國同壽,校史波瀾壯闊,執國內高教之牛耳,影響無遠弗屆;而自 1949 年兩岸分治後,各自有獨特的發展軌跡;由於新竹清華與北京清華同根同源,典章制度多一脈相承,因此本書第一部分即從國民政府遷台前北京清華說起,約佔 1/3 篇幅,第二部分則聚焦新竹清華,約佔 40% 篇幅;近年來,由於兩岸清華特殊淵源,有密切的互動,因而第三部分主題為兩岸清華,約佔 27%。至於國共分治後的北京清華,由於熟悉度低以及資料取得之不易,則未列於本書範圍之內。出書的理念除記錄與紀念外,希望能表達出清華是一所偉大的大學,但囿於個人文字修為,力有未逮,希望將來有機會加以增補,更盼望未來識者能「繼往開來」,續寫清華之華美篇章。

限於本人專業能力,無法以嚴謹修史的方式做一較全面的梳理,只能以管窺所見,選擇本人較熟悉或感興趣的重點以條目問答方式鋪陳,類似紀事本末體,方便增補調整。本書取名「清華的故事」,而非「清華的歷史」,即點明內容以故事性為主要考量,並無企圖作全面之記述。

在北京清華方面,共有 53 篇、106 張照片,從歷史沿革說起,由庚子賠款、清華留美學務處、清華學堂、清華學校、清華大學、國立清華大學、西南聯大、抗日勝利北歸到傷別離。其中包括清華基金與「中基會」的角色、校名、校訓、校色、著名門樓點滴、學制沿革、利用庚款赴美留學生概況、對清華發展有長足貢獻的幾位校長事蹟、清華名師、傑出校友,並重點敘述西南聯大緣由與事件,清華學術成就等。

在新竹清華部分,共有 61 篇、182 張照片,包括建校經過、校地與校景、梅貽琦校長生前身後事、創建早期校長、追思近期逝世的兩位校長、前後三位中研院院長清華情、校園自然景觀與建築故事、校友捐贈紀念物或花木、校園公共藝術、教師傑出表現、院系發展、1958-2014 年清華各階畢業生演變、校務發展創新性與善盡社會責任情況。

在兩岸清華方面,共有 42 篇、103 張照片,從兩岸清華情開始,歷數兩岸清華在海內外的頻繁互動、兩岸清華校長交流、各項活動包括北京清華「新竹清華日」、兩岸清華簽訂合作研究計畫協議書、西南聯合大學建校紀念大會、北加州清華校友慶祝創校百周年晚會、雲南師範大學參訪、清華學院與清華國學院對談會、憶清華名師演講會、接待清華名師家屬、廈門清華校友座

談、清華海峽研究院交流會、兩岸清華研討會、清華人在台灣（孫立人、葉公超、胡適、錢穆、林語堂、梁實秋、殷海光）行宜等。

由於時間有限，今天我只能點到為止，幸好各位有新書在手，可以對清華有一初步的了解，新書如能讓大家感到「開卷有益」，則無愧於簡主任在新生訓練之際贈書的美意，是一個好的開始。

▲ 生平第一次簽書會

▲ 簽名留念

2020清華秘書處聖誕餐會感恩與祝福

2020 年 12 月 23 日　星期三

很高興來參加秘書處聖誕餐會；一般單位在歲末都有尾牙，秘書處更多了聖誕餐會，同仁們幸福破表。

以前當校長時，在各處室間，自然與秘書處接觸最多。今年有緣擔任台灣聯大系統校長，並將總部搬回清華，與秘書處互動的機會又多起來，一方面是很愉快的經驗，另一方面，我要趁此機會再度感謝同仁們這半年來的多方協助。以前我多次說過秘書處同仁組成了 A+ 團隊，最近我學到了一個叫「普拉斯」的新名詞，依我看來，現今秘書處團隊可稱為「A+ 普拉斯」，而當之無愧。

今年當然會是大家永生難忘的一年，誰會想到在有生之年會碰到「百年大疫」。雖然最近有人開始談起「百歲時代」，還是盼望一輩子最多碰到一次。如果大家回想今年二、三月的緊張情況，以及現今歐美國家仍身陷疫情中，在台灣的人算是十分幸運，由於疫苗已漸開始施打，有機會在幾個月內受到控制，但大家仍需維持警戒，確保安然度過。

清華人都知道，庚子年對清華有特別的意義；中國近代史上，每逢庚子年都有大事發生；從 1840 年鴉片戰爭，1900 年八國聯軍導致「庚子賠款」，1960 年則發生大饑荒，今年庚子年則發生全球性的大疫，不能不讓人驚慄；大家一起安然度過，可謂有福之人。另一方面，正由於清華因「庚子賠款」而建立，而清華人歷年來對國家社會有巨大的貢獻，例如以最近大陸「嫦娥五號」登月帶回月壤而言，這是人類 44 年來第一次利用太空船從月球帶回土壤，其科技成就的意義非凡；如果要數功臣，最重要的是中國飛彈之父錢學森以及力學奠基人錢偉長，而他們都是清華人；清華人的成就某種程度上抵銷了不少庚子年的煞氣；也是清華人可以引以為榮的。

庚子年第一快事，可能是美國狂人總統川普選舉失利未能連任；根據「華盛頓郵報」尚不完整的統計，川普四年中說謊超過兩萬次，在選舉結束五十天後至今仍聲稱他未落敗，千方百計想翻盤，到明年 1 月 20 日新總統就任時，還不知道會演出甚麼戲碼？由於美國現今仍無疑是世界第一強國，川普四年倒行逆施，不僅不能領導世界面對許多棘手的全球性問題，反而造成許多傷害；美國新總統是否能撥亂反正，仍待觀察，但總比一個「會帶壞小孩的人」佔據世界最重要的職位，讓人放心。另一方面，川普在這次選舉中，雖然輸了約七百萬票，在美國疫情因他的乖張應對，確診人數與死亡人數，在世界各國都高居第一的情況下，仍得到超過七千四百萬票；而且由於美國特殊的選舉人制，拜登在幾個搖擺州都是險勝，才足以擊敗川普，一方面值得慶幸，一方面也要警惕，川普仍然主導美國兩大黨之一的共和黨，其背後的美國社會問題短期內不易解決，在美國兩黨政治極化、煽動力極強的川普帶頭扯後腿下，新總統將很難施展，四年之後，川普或其代理人捲土重來都有其可能性，將是未來的一大變數。

　　展望明年，從疫情受到控制與美國改朝換代的外部因素來看，應是可以謹慎樂觀，內在因素唯有靠自己「自立自強」，尤其清華人能自強不息，多做一些「厚德載物」的事；在此並祝大家新年行大運。

▲ 「A+普拉斯」團隊

▲ ①清華人可引以為榮
　②庚子年對清華有特別的意義
　③感恩與惜福
　④祝大家新年行大運

共業更作別業修：2021年清華秘書處聖誕餐會

2021 年 12 月 23 日　星期四

　　抱著特別歡欣的心情，又一次來參加秘書處聖誕餐會，與秘書處「A+ 團隊」相聚從來就是最愉快的經驗，尤其是在歡慶聖誕時刻。

　　最近有位朋友寫到：「新冠疫情何時了，病毒知多少」，很能道出許多人的心聲。過去一年，全球仍籠罩在疫情中；新冠疫情延燒已近兩年，百年僅見，台灣人是相對的幸運，由於民眾的高度自律，抵銷了政府應對疫情的荒腔走板，堪稱奇蹟，今天大家得以在此共度歡慶聖誕餐會，是很值得感恩惜福的。另一方面，種種跡象顯示，疫情可能不會很快告一段落，仍須加倍警戒保重。

　　前幾天看到著名作家林谷芳所寫〈共業更作別業修〉一文，提到「新冠疫情無法避免，就是眾生的『共業』，但是『共業』之外還有『別業』。」他在旅行後隔離十四天期間，既修校了一本二十萬言的書稿，也用於修禪，最後四、五天更就處於三昧，不想出關。希望大家也在綿長疫情中，找到適當的別業，欣喜向前行。

　　本星期一下午清華在名人堂頒贈榮譽講座教授給名作家白先勇，他在典禮中以「文學與歷史」為題作了一場精采的演講，提到科技最終是要為人服務，首要是要了解人的需要、人的渴求、人的希望，人到底是怎麼一回事，才能將科技發展推向更高的境界，而閱讀文學經典作品往往可以幫助我們了解人性，頗具啟發性，閱讀文學經典作品也許是一項疫情中「別業」不錯的選擇。唐朝大詩人王維〈終南別業〉詩中有「行到水窮處，坐看雲起時」句，也是我們此刻想望的境地。

　　我自己今年在「別業」或值得一提的成績單是利用多出的時間，比較仔細

的觀察清華園的花木，除了攝影外，利用網路軟體協助辨識，並搜尋資料進一步了解，記述於特別闢建的「辛丑年清華園的花木」部落格中，累積起來，已超過兩百則，現在每天在校園散步，看到許多熟悉的花木，倍感親切，心情也為之大好，算在惱人疫情中之一得，這裡要特別溫馨提醒的是，梅園的梅花已經開始綻放，由梅樹枝條上滿布的花苞，應可推測今年是賞梅的好年冬，大家千萬不要錯過。

聖誕節以聖誕紅為代表，戴上紅色的聖誕帽，不禁想到上月初由綠媒帶頭，有心人士意圖抹紅清華以達到某種政治目的，所幸清華「真金不怕火煉」，能夠從容以對。另一方面，也為社會大眾上了寶貴的一課，因而讓更多人了解兩岸清華同根同源，自利用美國退還多索的庚子賠款建校，一脈相承，得以在此荒唐劇中，使一心意圖剪斷台灣與中華文化臍帶的人枉作小人，也提醒清華人在當今社會除了多做一些應當做的事，也應多講一些該講的話，善盡對社會亂象撥亂反正的責任。

1985年諾貝爾醫學獎得主法蘭索瓦・雅各在其著作中提到，第二次世界大戰後，法國最受人推崇的總統戴高樂，在有閣員企圖干涉法蘭西學院的事務時說：「在法國，有三件東西絕對不能碰，那就是法蘭西學院、巴斯德研究院以及艾菲爾鐵塔」，對照當今政府所為，除了厭惡嘆息外，也期許我清華人能秉持「自強不息，厚德載物」校訓，協力使清華品牌更光輝耀眼，讓人體認到「在台灣，清華大學與一零一大樓是絕對不能碰的」。

最後祝大家新年行大運。

▶ 共業更作別業修

▲ ①真金不怕火煉
　②多做一些應當做的事
　③多講一些該講的話
　④科技最終是要為人服務

「水清木華－清華的故事」增訂版新書發表會

2022 年 9 月 22 日　　星期四

　　很歡迎並感謝大家來參加今天的新書發表會，尤其冒著染疫與地震的風險，隆情高誼，十足感心。唐朝大文學家王勃在〈滕王閣序〉中說「四美具，二難並」，正是今天的盛會寫照。二難一般是指賢主、嘉賓，今天的賢主是清華大學、清華大學校友總會與時報文化出版公司，嘉賓就是各位貴賓，群賢畢至，賓主盡歡。四美通常是指良辰、美景、賞心、樂事，今天秋高氣爽，風和日麗，名人堂為清華園美景所環繞，「勝友如雲，高朋滿座」，是真正的賞心、樂事。

　　談撰寫歷程，可以「無心插柳，水到渠成」形容，我與清華有很深的淵源，從 1977 年到清華任教，至今已達 45 年，加上小學念清華附小，家住清華緊鄰光明新村，中學上下學時幾乎每天步行或騎車穿過清華校園，緣分非淺；同時有機會在清華擔任系主任、院長與校長，對學校事務接觸較多；尤其在擔任校長期間，多有機會向教職同仁與學生講述清華校史典故、故事與軼事，基於個人對歷史的興趣，2014 年卸任後，在網路上闢建一個「清華一百問」部落格，梳理與清華有關之各種典故、事件與趣聞，到 2020 年初，已累積到相當數量，又適逢對清華意義重大的庚子年，鑑於現今在台灣關於清華的撰述較少，特別是缺乏以新竹清華人觀點，來講述清華故事，決定嘗試整理增補部落格文章集結成書，由於當時新冠疫情漸劇，許多活動取消或延後，反而多出一些時間，可謂臨門一腳，在黃鈴棋小姐專業協助下，得以較專注進行文稿最後增補編修工作，於 2020 年 6 月順利出版「水清木華 - 清華的故事」一書。

　　清華大學百年校史，波瀾壯闊，在民國史上佔有極重要的地位，是一本大書，值得大家多多翻閱，尤其是清華人應知清華事，剛才司儀提到：「沒有

紀錄，就等於沒有發生」是非常貼切的。很多重要事蹟，往往沒有記述，隨當事人凋零而隨風而逝，就等於沒有發生，我個人認識幾位清華的活字典，如洪同前學務長與總務長、前教務長朱樹恭以及清華建築第一人張昌華均未見較完整撰述問世，甚為遺憾。本書出版也希望拋磚引玉，與同仁們一起努力，共同為清華校史，增添璀璨篇章；近年來也喜見許多同仁在共說清華故事方面的產出，如今天在場的謝小芩教授在 2017 年出版《清華外交學人小傳》，楊儒賓教授在新著《多少蓬萊舊事》對清華人梁啟超、王國維、孫立人、殷海光等有所刻劃，王俊秀教授新作《清華人的歷史現場》即將出版，也非常盼望蔡英俊與張永堂教授策畫與進行已久的《人文社會學院口述歷史》能早日完成等。

原版書發行以來，雖廣受校友歡迎，但宥於廣宣與通路，未能廣泛接觸一般民眾，特別是莘莘學子，略感遺憾，很有緣的是在五月中由通識中心主辦的一次紀念梅貽琦校長活動中，結識國內主要出版業者之一「時報文化出版」的趙政岷董事長，相談之下，促成了「增訂版」的出版。

很感謝「時報文化」如期在開學前以專業編印，出版精美大方的新書，趙董事長與謝翠鈺主編功不可沒，這裡我也要深深感謝原書主編黃鈴棋小姐的精心編校，同時蒙多位名家碩彥具名推薦並賜嘉言鼓勵，特別是李弘祺教授原定親臨代表致詞，不巧於上週染疫，不克出席，但費心撰寫了兩千多字的心得，同時格外感謝彭宗平校長除代表致詞外，也幫忙宣讀李教授部分賀詞。

另一方面，也非常感謝校友總會蔡理事長重視，預購巨量新書分贈工學院、科管院與藝術學院師生，當初蔡理事長提到打算贈書時，我以為對象是各學院的教師，後來才知包括所有師生，所以即此一舉，已達復刻本書推廣目的，至為銘感。另外也蒙本校名譽博士洪嘉聰董事長贈書給在聯華電子工作的所有清華校友，據統計約有七百位，頗能彰顯清華校友對台灣高科技產業重大貢獻，也很多謝簡總經理與多位聯電高管與校友蒞臨盛會，同時我也要藉此機會感謝在原版書發行期間，大量購買分贈，協助推廣包括在場的簡副校長與賴志煌院長，以及前百人會會長陳立白董事長、EMBA 校友會何維政董事長以及南部清華校友會前後任理事長王鴻圖董事長與吳林茂總經理等，水木書苑蘇志弘總經理長期協助代售拙作，也在此一併致謝。最後也要格外感謝緊接著以美聲詠讚的何長慶董事長與陳亭屹校友，為今天的活動增喜生輝。

比起王勃所說的「四美」，今天盛會至少有新「四美」，一是清華本身在

各方面美不勝收，二是以校友總會為代表的清華校友愛護學校的高度向心力之美，三是以聯華電子為代表的清華校友對台灣高科技產業重大貢獻之美，四是時報文化出版精心玉成出版之美，最後我要感謝大家光臨，共襄盛舉，見證百歲清華璀璨的發展，祝大家多有緣份體會「四美具、二難並」人生美事。

〔後記〕版稅捐贈說明

本書之出版，完全是因與清華的淵源，所以今天的捐贈是基於「取之於清華，用之於清華」的想法，如司儀所稱，這是預捐，很感謝時報文化在版稅方面相當禮遇，但還沒有到破壞行情的地步，所以與一百萬元還有一段距離，只能當作期望值；希望有一天能達標，讓我有第二次捐贈的機會。由於一百萬元也不算多，所以我選擇捐贈給材料系永續基金與退聯會推動會務基金各半。

▶ ①四美具，二難並
②講述清華故事
③勝友如雲

▲①清華百年校史波瀾壯闊

②拋磚引玉

③無心插柳,水到渠成

④取之於清華,用之於清華

⑤美聲詠讚

⑥三個第一

▲ ①聯華電子與清華關係密切
　②人生三境界
　③時報文化挑戰很大
　④群賢畢至

馬英九前總統「追憶愛國才子沈君山」演講引言

2022 年 10 月 28 日　星期五

　　很歡迎大家來參加今天清華通識人物主題座談會，特別感謝馬英九前總統專程來主講；沈君山前校長是當代博雅典範，通識中心為緬懷沈校長，在他九十冥誕之際舉辦系列演講，包括 10 月 18 日由科博館孫維新前館長講：「書劍風流一才子」，10 月 20 日由通識中心謝小芩前主任談「沈校長與清華通識人文發展」，10 月 25 日由中國時報林聖芬前董事長主講「沈校長與台灣自由民主化過程」，今天則談「愛國才子」，下周有遠見、天下事業高希均創辦人講「擁有中華情懷的沈校長」，以及沈校長的好友蔣亨進教授談「沈校長的清華與橋棋緣」。從這些講題，我們可以約略體會到沈君山前校長是一位精於橋棋、倜儻風流的清華才子，是擁有中華情懷的君子，對清華通識人文發展有重要貢獻，在台灣自由民主化過程扮演重要腳色，但沈校長的行誼，有更多更豐富面向。

　　馬總統曾與沈校長同時擔任政務官，兩人是「相知相惜」的同僚，沈校長臥病陷入昏迷時，我曾陪同馬總統到西院宿舍探望，見證兩人不凡的深厚情誼，相信接下來馬總統在追憶老友行誼時，會加以詳細說明。

　　清華國學院導師之一的趙元任先祖趙翼曾有句：「江山代有才人出，各領風騷五百年」，沈校長不論從何觀點，都堪稱「一代才人」，他在圍棋方面，曾經連續三屆榮獲美國「本因坊」冠軍，也曾獲兩屆世界橋牌大賽百慕達盃亞軍，在台大時是籃球校隊隊員，足球隊守門員，他悠遊於科技與人文領域，書法與文筆都有相當高的造詣與修為，一般說「人不風流枉少年」，沈校長則有「風流中年」，有多位高知名度的紅粉知己，在現今較開放時代，中年單身男子多交幾位女朋友，不會引人側目，但在台灣社會風氣較保守年代算是驚世駭

俗，由此可看到沈校長特立獨行的一面。

　　沈校長是如何不刻意追求，而成為一代傳奇的，也許可以從清華校友，也是華人中最早諾貝爾獎得主楊振寧院士在記者問他何以可歡度一百嵩壽時所說：「與基因有關」得到部分答案，沈校長在台大因必修的德文不及格而遲了一年畢業，很明顯不是「三更燈火五更雞」苦讀型的學生，但能悠遊於科技、人文與藝文領域，不能不說是天賦異稟。楊院士曾補充說他每天走一萬步以保持健康，而沈校長成就大才是否另有路數，則不得而知。

　　沈校長在台灣是大名鼎鼎的才子，一個人有才氣不一定有名氣，有名氣不一定有才氣，而沈校長才名遠播，不可忽略的因素是「把握時機與貴人相助」。他留學美國時，受惠於美國面臨蘇聯搶先發射人造衛星的「斯普尼克」時刻，決定傾力發展科技，而得以在得到博士學位後，順利在美國名校任教並得到終生教職，在國內則受到清華徐賢修前校長以及父執輩行政院蔣彥士秘書長提攜，屢任清華理學院院長以及政務委員，有貴人相助，加上本身過人的才華，享有很高的知名度，名列台灣執政黨「四大公子」之列，難得的是，沈校長將其才名，充分運用到對國家與社會有益的地方，真正成就「千秋萬世名」。馬總統今天「追憶愛國才子」，沈校長在台灣被逐出聯合國，釣魚台事件民怨沸騰，台灣風雨飄搖之際，是美國華人學界「革新保台」的主要倡導人，同時身體力行，在留學生鮮少回台服務的年代，他先以短期講學，並早於1973 年級辭去美國終身教職回台服務，在清華，開闢了通識人文發展，也參與或協助規劃成立了清華的原科院 • 理學院 • 人社院、生科院、電資院以及科管院。

　　他的才子名流身分，讓他在台灣邁向自由民主過程中，得以對蔣經國總統建言，並充當政府與異議人士的橋樑，介入而不招忌，進退拿捏得宜，展現出過人智慧，再者在兩岸交流中，能夠與中共最高領導人江澤民主席有三次的直接晤談，表達當時台灣主流民意對兩岸關係的看法，尋求共識，也成功地在兩岸名稱問題上達成諒解，為台灣重返奧運會與參加國際科學組織等打下良好的基礎，同時他也是台灣推廣天文與科普教育的指標人物。

　　沈校長在約四年前，撒手人寰，為友朋與識者留下無限思念，在九十周年冥誕之際，除緬懷「一代才子」對清華的卓越貢獻以及其精彩傳奇的一生以外，他善用過人的才名，關心國家民族前途，而為兩岸人民福祉所做的種種努

力，堪稱當代知識份子的典範，尤其值得我們深深感念。

　　今天稍早承蒙馬總統惠贈其口述《八年執政回憶錄》一書，想起馬總統最近所說：「八年中沒有人會擔心兩岸會有戰爭」，面對現今兩岸險局，使人不禁感慨萬千，同時昨天馬總統在「遠見高峰會」上透過視訊連線與澳洲前總理、中西事務專家陸克文對談時指出，避戰謀和非投降，語重心長。對照馬總統執政時，台灣人民從不須擔心兩岸開戰，而在幾年當中，兩岸情勢在少數政客配合美中對抗變局，弄得劍拔弩張，陷入惡意螺旋，讓人痛心，也更敬佩馬總統的睿智，珍惜和平繁榮得來之不易。

▲ ①相知相惜
　②當代博雅典範
　③瀟灑走一回
　④為所當為

▲①珍惜和平繁榮得來不易
　②君山已隨黃鶴去
　③把握時機與貴人相助
　④成就「千秋萬世名」

「未來大學的想像與治理」校長論壇引言

2022 年 11 月 12 日　星期六

歡迎大家來參加大學教師創新教學研討會「校長論壇——未來大學的想像與治理」場次，同時感謝今天應邀而來的四位具有代表性大學重量級校長來分享。

本研討會是以未來學習為關鍵議題，於「未來大學的想像與治理」、「深化數位教學與學習」、「元宇宙與未來學習」及「創新教學」進行研討，邀請全國大專院校教師共同參與，以激盪更多高等教育的火花。

「校長論壇」是以「未來大學的想像與治理」為主題，大家應會同意，未來捉摸不易，三年以前大概沒有人會想到百年大疫會降臨到我們身上，現在還不見底，今年初也極少人會料到俄烏大戰，連綿超過八個月，也還看不到盡頭，在台灣的人幾年前也很難想像台灣會成為許多英美國家人士眼中世界最危險的地方。

預測未來本來就是很困難的事，尤其是在科技快速變遷時代，但由趨勢可看出一些端倪，同時有必須關照的迫切問題以及須要堅守的基本價值；很明顯的「數位教學與學習」、「元宇宙與未來學習」一定扮演重要的角色，而 AI 會無所不在，包括協助製作生動精緻的教材，加速與精進研究，衍生的問題，如 AI 會撰寫論文、創作藝術等都必須面對，再者，以俄烏大戰無人機大顯身手為例，如何將「AI 為善」深植於教育中，將是一大挑戰。另一方面，傳統大學的任務，堅持學術自由，做為社會的良心，有效監督掌握大量資源的執政者。任務雖艱鉅，但必須堅守，再者，全球在氣候變遷方面，正處於危急存亡之秋，世界強國如一如既往（business as usual），將導致地球一半物種在世界末滅絕，未來大學必須竭盡全力從事科技研發與培育人才，力挽狂瀾。

同時目前世界面臨的更迫切的危機，恐怕是美中衝突，如果我們從國際能

源署（International Energy Agency，IEA）數據看，2018 年美國與中國每人每年平居消耗能源分別是 4.4 與 1.4 噸油當量（ton oil equivalent，toe），而據聯合國估計美國與中國人口約各為 3.3 億與 14.2 億，如果中國人均消耗能源，達到美國水準，總量將約為現今美國的 13 倍，而美國消耗能源約占全球 15%，可看出如果中國追平美國，一國消耗能源將為目前全球的 1.65 倍，而美國自立國以來，自以為是，二戰後成為單極霸權，更是為所欲為，幾乎沒有人檢討自己必須有所節制，近年來一昧壓制中國崛起，依此趨勢，恐怕世局會更紛亂，所以在台灣談未來大學，如何在混沌情況下，探討應對中美爭霸，闡述自衛自保以致避戰謀和之道，以求和平發展，言人之不敢言，也是大學應負起的責任。

今天研討會邀請在論壇主講的的四位校長，不約而同的是其代表大學和本人深具特色，「台灣大學」是台灣歷史最悠久，學程最完整的龍頭大學，管中閔校長在就任前因為長達一年多的「卡管案」聲名大噪，奇蹟式的突破執政黨傾黨政之力打壓，仍以金剛不壞之身上任，為台灣高教守下一片淨土，這裡值得一提的是，「卡管案」在教育部一度宣布拔管時，「清華大學」當時的賀陳校長與本人等卸任校長在第一時間共同發表聲明聲援，突破寒蟬效應，言所當言，也樹立了大學自治的好榜樣；「政治大學」是國內人文社會以及財經領域的翹楚，而李蔡彥校長則是在台建校以來第一位理工人出任的校長；「台灣科技大學」無疑是國內科技大學的領頭羊，而顏家鈺校長則以台大人的身分出掌；至於地主「清華大學」是台灣頂尖大學，高為元校長背景更為特殊，小學未畢業即離台，在美國接受完整教育，並在美國與香港名校任教多年，半年前才履新上任；四位重量級校長同堂與大家分享各自對「未來大學的想像與治理」的看法，甚為難得，精彩可期。

▲ ①未來捉摸不易
　②由趨勢看端倪
　③堅守基本價值
　④關照迫切問題

少年子弟江湖老：「烽火尺牘——1949的戰爭記憶」展覽

2022 年 12 月 7 日　星期三

很高興又一次參加本校文物館的活動。前一陣子接到邀請來參加今天「烽火尺牘—— 1949 的戰爭記憶」展覽盛會時，就覺得展覽應與策展人楊儒賓教授有關。一方面楊教授本就是「清華文物館」的重要推手。另一方面，我曾拜讀多本楊教授大作包括《1949 禮讚》與《多少蓬萊舊事》等書。知道楊教授能超越政治紛爭以外，對 1949 年，中共建政、國府遷台在台灣、中國與世界史的非凡意義，有很嚴肅深刻的思索，並有很公正客觀以及獨到的論述。同時楊教授也是知名的收藏大家，此次展覽，必定內容豐富，精彩可期。

這次展覽的關鍵詞是 1949、戰爭記憶與烽火尺牘；烽火尺牘包括戰亂時期，各式書信，其中以家書最為感人；杜甫在〈春望〉詩中說「烽火連三月，家書抵萬金」，在戰爭期間，書信往來有許多不確定性，至少有一方是處於漫天烽火、生死交關或顛沛流離的境地，唐朝初年大作家李華在〈弔古戰場文〉中有：「其存其沒，家莫聞知。人或有言，將信將疑。悄悄心目，寤寐見之」，很真實的描寫陷於烽火戰亂中士兵親友的心情，相當悲催。

在這方面，我本人剛好可作部分見證；因為我正是 1949 年十二月國民政府在大陸最後據點四川成都淪陷前幾天，隨家人乘飛機離開成都經海南島，再乘船到高雄上岸；據我在網上查到的資訊，1949 年 12 月 10 日，蔣介石和其子蔣經國乘飛機從成都鳳凰山機場飛往台灣，12 月 27 日胡宗南部成都守軍指揮官宣布投共，中共進占成都，所以我到台灣來，應是在 10 日到 27 日中間。據家人敘述，當時情況緊急，許多人無法搭上飛機，悲憤之餘，在機場焚燒無法運出的財物，另外也有飛機在起飛後失事墜毀，送行親友聞訊大哭悲傷情景。當時真正是烽火遍地，是久處承平時期的台灣人無法想像的。

我和一部份家人所以能幸運的逃難到台灣來，是因為我父親是駐守四川胡宗南部將領，當戰況危機時，有指令先讓將領眷屬撤離；另一方面，因為局勢變化很快，導致家父反而沒能及時撤退到台灣來，如此我母親帶了我們姊弟四人來台，與我父親兩地相隔，一直到 1980 年家父才得以到美國探親，與我們姊弟相聚，但家母已於之前四年仙逝，夫妻倆始終未能再見一面。很遺憾的是，因為種種原因，也未能有書信往來。

　　中國歷史上有多次大舉衣冠南渡，清華大學教授馮友蘭所撰「國立西南聯合大學紀念碑」文中有言：「晉人南渡，其例一也；宋人南渡；其例二也；明人南渡，其例三也。」又言：「稽之往史，南渡之人，未有能北返者。」他認為抗戰期間，政府遷都大後方，「為第四次之南渡，乃能於不十年間，收恢復之全功」，如此 1949 年國民政府遷台，可以說是第五次南渡，有些人可能知道，蔣介石在 1950 年 3 月，復任「總統」一職後，在〈復職的目的與使命〉文告中，將「反攻」時間界定為「一年整訓，兩年反攻，三年成功」，淪為口號，照目前看來，前人意義的「北返」，應該是無法達成了。

　　最後也是最重要的是戰爭記憶，從各種尺牘，包括軍政人物公私函件、家書、遺屬陳情等各種面向書信，讓人有更全面的體認，能深深感受到在大動亂時代，大眾所受到的戕害，對當事者而言，戰爭即是災難，徹徹底底的浩劫。誠如楊教授所說：「少年子弟江湖老」，國共大戰雖然已是超過七十年以前的事，但透過各種媒體報導，仍能讓人感受到過程的慘烈；在冷兵器時代，李華形容古戰場「枕骸徧野，無貴無賤，同為枯骨，荼毒生民，人其流離，萬里朱殷。傷心慘目，有如是耶！」現代戰爭，對生命財產破壞的力道，更勝百倍，台灣人民應牢記歷史慘痛的教訓，盡一切可能，避免完全不必要的戰爭，才能對歷史有較妥善的交代。

▲ 少年子弟江湖老

▲ 家書抵萬金

▲ ①非凡歷史意義
②流離生活
③烽火遍地

清華校友活動

以 2020 至 2022 年「清華百人會活動」及 2021 至 2022 年「清華校友總會春酒」為主，展現校友為清華之寶的特色與驕傲，希冀校友們能持續成為清華各項發展堅實的後盾。

2020年清華百人會新舊任會長交接典禮致詞

2020 年 4 月 27 日　星期一

在新冠肺炎疫情未消之際，今天本來以為要帶口罩致詞，很意外的因為現場能保持社交距離，得以難得的不戴口罩。

今年 1 月 15-20 日與一群清華同仁、校友以及學術界朋友到緬甸旅遊，首先從仰光到奈比多；後者是我在決定到緬甸旅遊以後才了解已取代仰光成為緬甸首都。新都的建設幾乎全由中國大陸包辦，可謂在一片田野中，平地起高樓。碰巧旅遊團到奈比多的第二天，中國習近平主席也要到此訪問，因而到處可見歡迎習主席與擁護翁山蘇姬資政的看板與旗幟，當時導遊解說重點是兩位領袖要如何就多項重大工程達成協議。萬萬沒有想到我們回台後第三天，也就是 1 月 23 日，由習近平主席拍板，大陸宣布武漢封城，世界從此不一樣了。

世事難料也許是很多人的共同經驗；去年在百人會晚宴上，我曾提到今年是百人會成立十周年紀念，應擴大慶祝，同時我也預告新書《清華的故事》將趕在校慶前出版。因為疫情，百人會晚宴已決定順延一年，又由於學校宣布取消今年的校慶大會，因而讓我也有較多時間將書稿做進一步的增補，目前已完成一校潤稿，預計在五月底前可以出書。

我在一月底為新書寫自序之時，正是武漢封城後不久，美國迅速自武漢撤僑與關閉領事館，西方各國爭相指責中國肇禍與防疫不力之際，宛如一百二十年前庚子年「八國聯軍」帝國主義者蔑視與欺凌華人之翻版；但到目前，大陸已基本控制疫情，而歐美陸續成為重災區，此時不僅不檢討自己由於傲慢與偏見，疏於準備而且防疫觀念落後，造成人禍以後，反而紛紛揚言向中國究責索賠，似乎要組成「新八國聯軍」，再索「庚子賠款」，這讓我在新書一篇文章中記述清華「三錢」行誼時特別有感。清華「三錢」是「中國核彈之父」錢三

強、「中國飛彈之父」錢學森、「中國力學奠基人」錢偉長，沒有他們，中國現今就無從有抗衡西方列強的底氣，幾十年的經濟發展成果才不至於被強權剝奪，大大有功於國家民族，是所有清華人可以引以為榮的。另一方面，清華人不論在大陸與台灣，以往在多方面都有長足的貢獻，更需要我們繼往開來。

上星期台北「全球華語廣播網」（Needs Radio）到校來訪問我，主持人第一個問題就是：「兩岸清華同根同源，為什麼在世界大學排名評比中有相當的落差？」我的答案是資源的巨大差異，北京清華去年的經費超過 1,200 億台幣，新竹清華不到 70 億，如以每位學生計，北京清華是新竹清華的六倍，而經費有大幅落差的情況已持續了許多年，近年更加劇，再加上馬太效應與強國光環加持等；展望未來，政府無心也無力在高教上多所投注，我所能夠想到的解救之方有二：一是落實大學自主，讓大學能發揮創意，尋找資源；譬如說去年十二月我應「清華海峽研究院」之邀到廈門參加兩岸創業交流會，「清華海峽研究院」是七年前由「清華廈門校友會」提出，希望結合兩岸清華的力量，以成立一個實體機構，如「聯合研究院或中心」，具體落實合作雙贏的成果。我個人非常認同這樣的構想，可惜後來由於政治因素，由兩岸清華共同經營「聯合研究院或中心」的原始構想未能實現，而由「北京清華」與「新竹清華校友會」對接，總是隔了一層，未能發揮最大效益。

其二是積極自校友開始尋求私人支持，在座的四位校友會、百人會前後任會長在校友中對清華熱心的程度，如果不是前四名的話，絕對都居前十名，一向對母校最為支持，我希望在母校亟待振興之際，更能登高一呼，加強力道，方式上如成立「百人會普拉斯」，容我說明普拉斯在台灣社會常用語中代表 plus，就是增強版之意，如能號召多位會員每年捐贈一百萬元，一方面對學校有實質助益，逐年增長，一方面也希望能帶動風潮，擴及到社會其他人士，而這只是可能性之一。

最後我要感謝百人會蔡進步與陳立白兩位前會長的卓越領導，並預祝新任余明光會長鴻圖大展。

▲ ①卓越領導
　②期待「百人會普拉斯」
　③鴻圖大展
　④繼往開來

2021年「清華百人會」晚宴

2021 年 4 月 25 日　星期日

去年十二月初，曾有緣參加圖書館「愛在瘟疫蔓延時」聯合書展活動；當時全球染疫已逼近 6,500 萬人，死亡超過 149 萬人，我在致詞時提到，到疫情結束前，兩項數字翻倍都有可能，不幸的是到現在為止，全球染疫已超過 1 億 4,000 萬人，死亡超過 300 萬人，讓人怵目驚心，人類遭遇到的是真正的百年大疫。

如果回想疫情期間，可以「南柯一夢」來形容；誰會想到，突然間大家都被鎖在國內，雖然台灣很幸運的在疫情爆發初期是防疫模範生，在國內日常起居生活倒是影響不大，由於疫苗開發、取得都有延誤，要恢復常態，可能至少還要半年，要說人生無常，此之謂也。

對學術界的人來說，疫情也帶來許多正面的改變。譬如說大家能親身體驗視訊教學與視訊會議的優缺點，對線上教育的推廣變得比較容易；對於清華的教師來說，以往要花五小時到台北開不到兩小時的會，現在至少省下三小時，更有甚者，2019 年，我出國七次，加起來至少有一個月，反省起來，大多是可以省下的時間，所以在時間管理上，是很有助益的。

多下來的時間，當然應該好好利用，以我個人來說，藉機完成了規劃已久的《水清木華：清華的故事》新書出版；清華人都知道清華是以美國退還多索的庚子賠款成立的，庚子年對清華有特殊意義；出書的目的是希望能夠展現清華是一所偉大的大學，清華人對國家社會有重大的貢獻，很感謝得到眾多校友熱烈迴響，有多位校友訂購一百到五百本，總共超過一千本，讓本書兩次衝上金石堂文學類書籍暢銷書排名榜前三名，出書三個月後就需要二刷，目前則希望能多推廣給在校同學，讓同學能更了解清華。

「百人會」原來在去年要慶祝十周年大慶，萬萬沒有想到新冠疫情來攪

局，被迫取消相關活動，所以今晚實際上是「百人會」成立來第十次晚宴。大家應都會同意，「百人會」成立以來，充分發揮凝聚清華菁英向心力，成為支持母校校務運作的一股重要力量；另一方面，我們也了解到清華近年來在各方面都有長足進步，固然可喜可賀，但也面臨巨大的挑戰；例如在上海交大的華人地區大學評比，主要考量每位教師平均學術產出，本校在 2011、2012-2013、2014-2015、2016-2018 年期間，分別是第 4、3、2、3 名，但最近一次，也就是 2019 年，雖然仍維持在台灣第一，但總體排名已落到第 9 名；如果我們看大陸高校在今年總經費有 13 所超過人民幣 100 億，而居首的大陸清華高達人民幣 317 億，也就是約新台幣 1,600 億，對比新竹清華在去年的數字是不足 70 億，所以光是在經費這一項，巨大的差異自然直接影響整體競爭力，當然台灣高教的問題不只一端，還須我清華人在各方面更加努力，包括百人會會員發揮影響力，力求維護母校的光榮傳統。

最後祝清華校運昌隆，大家平安喜樂。

▲ 祝清華生日快樂

▲ 跨領域校友楷模

▲ ①支持母校重要力量
　②專業水準
　③傑出校友們
　④校慶午宴

珍惜當下，勇於嘗試：2021年清華大學校友總會春酒宴

2021 年 2 月 20 日　星期六

　　很高興應校友會邀請與大家一起喝春酒；不知甚麼時候開始，清華流行「清華有三寶：校訓、校園與校友」的頌詞，而從多年來校友的表現，不愧是清華之寶，實至名歸；今年校園中梅花、櫻花、桂花爭先怒放，美不勝收，盛況是至少最近四十年來所僅見；等下大家同唱校歌時，校訓也會不時銘現，三美並具，是難得的歡聚場合。

　　去年最貼切的形容詞，可能是宛然做了一年夢；誰會想到在大家有生之年，全世界大疫流行，紛紛鎖國，很多規劃都推辭了，甚至束之高閣或付諸流水，是前所未有的經驗。

　　這個庚子年對清華來說，包括了劉炯朗前校長，黃秉乾前院長以及張石麟前副校長三位院士，我自己任職的材料系兩位退休教授也在年尾相繼去世，令人傷痛，相當凶險；以前說：「一年容易」，現在要說：「一年好不容易過去」。大家一起安然度過，可謂有福之人。

　　假期中讀到北宋仁宗時期政治家、婉約派詞人晏殊的〈浣溪沙〉詞：「一向年光有限身，等閒離別易銷魂，酒筵歌席莫辭頻。滿目山河空念遠，落花風雨更傷春，不如憐取眼前人。」很能道出我們千年之後仍處大疫期間，在此喝春酒的相似心情。

　　這闋詞開頭兩句「一向年光有限身，等閒離別易銷魂」，形容時間過得飛快，人的壽命甚至見聞都屬有限，世遷事易傷離別，與親人友朋平常的離別都容易傷神，何況大疫期間，經年不見，甚至天人永隔，再沒有機會相見？因此「酒筵歌席莫辭頻，滿目山河空念遠」，所以山河雖在，好景易遷，不要常錯過與親朋好友相聚的場合，以免面對眼前風景，徒生懷遠之思；像今天校

友會辦的春酒，大家歡聚共享盛筵，也是難得的緣分；再想起去年九月底，蒙劉炯朗前校長在生前最後一次邀宴，竟然因故錯過，至今感到遺憾；末尾兩句；「落花風雨更傷春，不如憐取眼前人」，看風雨後的落花，難免為春天逝去感傷，正是「無可奈何花落去」；同時庚子年台灣少見的沒有颱風，風調雨順，花期一到，群芳爭豔，盛筵難再，賞花要及時。與其傷春，思念遠方之人，不如把握現在，憐取眼前的故舊，也引申為珍惜眼前人與物。在有能力的範圍內，去做最想做的事，以免追悔莫及。不久前美國紐約時報記者 Tariro Mzezewa 撰文 When the Pandemic Ends, Don't Put Off Any More Adventures（當疫情結束後，不要再推遲做一些很想做但未做的事），正是此意。

展望明年，從疫情受到控制與美國狂人總統落選下台的外部因素來看，應是可以謹慎樂觀；在中國干支紀年中，辛丑年的辛代表萬物更新，丑是紐的簡寫，代表萬物萌發，當然現在很多人說「扭轉乾坤」，也是一解；有位名家在新年時說「庚子共難，辛丑共好」，是大家所期待的，在此祝福大家闔府新年行大運！

▲ ①酒筵歌席莫辭頻　②校友是清華之寶
　③不如憐取眼前人　④是難得的歡聚場合

與君發三願：2022年清華校友總會春酒宴

2022 年 2 月 18 日　星期五

　　很感謝校友總會邀請參加春酒宴。今天在農曆二十四節氣中是雨水日，果然整日下雨，所謂「好雨知時節，細雨潤無聲」，老祖宗的智慧，不能不叫人佩服。由於 Omicron 病毒導致疫情的影響，過年前後很多活動都取消，今天的春酒宴是過年後第一次如期舉行的盛會，下星期預定參加的幾個活動似乎也不會延期，是一個好的開始，正如今天春酒宴所在的旅館名稱，是真正的「喜來登」。

　　對新竹清華近十萬校友來說，今年學校將對至少兩位校友有特別的紀念活動，他們分別是梅貽琦校長與行政院俞國華前院長；梅校長逝世到今年屆六十周年，通識中心規劃了一系列活動紀念這位兩岸清華永久校長，本人應邀在梅校長逝世同一日，也就是五月十九日，以「梅貽琦校長與清華精神」為題演講並與梅校長傳記「大學與大師」作者岳南先生與談；如果要問校友們，甚麼是清華精神？雖然可能有許多答案，但相信很多人會同意就是校訓「自強不息，厚德載物」；由於在校師長的耳提面命，同儕的耳濡目染，已深植於清華人的基因之中；清華人都知道校訓出自《易經》乾坤二卦辭：「天行健，君子以自強不息；地勢坤，君子以厚德載物。」值得一提的是，最近有人用大數據分析，在被稱為中國文化精髓的《易經》中，正是「天行健，君子以自強不息；地勢坤，君子以厚德載物」被引用最多，也可見其影響深遠。

▲ 與君發三願

在俞國華前院長方面，科管院接受「財團法人俞國華文教基金會」委託在今年舉辦一系列的紀念活動，俞校友於 1934 年夏畢業於北京清華政治系，後留學英美深造。1955 年返臺從政。日後在財金方面大展長才，與前行政院院長孫運璿、前財政部部長李國鼎等，並稱臺灣經濟奇蹟最關鍵的推手。

俞校友在財政部長任內，順利籌措實施九年國民義務教育所需經費財源。其後任央行總裁兼任經建會主委任內，主持經濟金融政策，協助完成十大建設，使經濟快速成長，維持貨幣供給穩定增加，並實施利率自由化，兼保有物價穩定，負責整體經濟決策及規劃各項發展計畫，主掌臺灣經濟快速轉型的政策導引。

1984 年 6 月至 1989 年 6 月，俞校友在行政院長任內開放黨禁，解除報禁，開放大陸探親，制訂第一屆中央民意代表自願退職條例，修訂集會遊行法。在經濟方面：連續五年平均經濟成長率是 9.9%。同時解除外匯管制。成立行政院勞工委員會，設置行政院環境保護署，各地方政府設環境保護局，分層推動環境保護，政績卓著。2000 年獲選為母校名譽博士，「俞國華基金會」並設立「俞國華獎學金」獎勵清大品學兼優學子。盼望今年的紀念活動，能讓校友與國人能進一步體認俞校友的遺澤。

過年期間是讀詩的好時光，初一時剛好讀到中唐時期大詩人白居易與劉禹錫互贈的幾首詩；白居易是家喻戶曉，劉禹錫可能大家也不陌生，他是〈陋室銘〉作者，有「山不在高，有仙則名，水不在深，有龍則靈」、「談笑有鴻儒，往來無白丁」、「舊時王謝堂前燕，飛入尋常百姓家」、「沉舟側畔千帆過，病樹前頭萬木春」、「莫道桑榆晚，為霞尚滿天」等名句。他與白居易同一年出生，為莫逆之交，也同享古稀高齡，合稱「劉白」。白居易在其中一首〈贈夢得〉（劉字夢得）詩中，談到他們「三日三會面」，「對酒交相勸，與君發三願」，這三願是「一願世清平；二願身強健；三願數與君相見」，這也是我今年新春給大家的祝福。

▲ 喜來登

耳目一新：2022年百人會新舊會長交接典禮

2022 年 5 月 11 日　星期三

　　約兩年前，大家在此見證新舊任會長交接，一晃余會長就任滿卸任，由段會長接任，同時交接典禮也選在高校長剛接任後，新人新政，讓人耳目一新。新任的段會長年輕有為，必能維繫「百人會」優良傳統，並發揚光大。

　　一般來說，一個團體的領導人，如會長或理事長卸任後，有時會擔任榮譽職，算起來本人這類榮譽職還不少，「百人會」算是例外，因為我沒有擔任過會長，但忝任榮譽會長；這是因為「百人會」是在 2010 年我初任校長時，為籌措興建多功能體育館而成立，雖然每年在校慶前夕由學校辦理餐會相聚，並無固定組織；後來賀陳弘校長認為組織化更能發揮聯繫與協助學校發展效益，於是在財務規劃室下成立「百人會」，並聘任蔡進步校友為百人會第一屆會長。

　　「百人會」英文名 Club 100 取名是源自在美國由華人各界菁英組成的 Committee of 100，其中文名正是「百人會」。美國「百人會」是由名建築師貝聿銘於 1990 年所倡議設立，宗旨為促進中美交流以及聯絡華裔族群共同發聲，現在成員包括產業界張忠謀、政界駱家輝、醫界何大一、學術界朱經武、楊祖佑、音樂家馬友友等各界領袖；當初「清華百人會」的構想是招募一百位事業有成的校友，各捐獻一百萬元，合計一億元，協助興建總需一億七千萬經費之多功能體育館，最後「清華百人會」校友捐款總人數共 145 人，捐款總金額達一億七千兩百萬元。因為建館總經費由校友捐款完全支付，決定將於 2012 年 11 月 15 日啟用的新體育館正式命名為「校友體育館」，為清華校史寫下光輝的一頁。

　　同時為了感謝「百人會」校友對母校的支持與奉獻，100 周年校慶前夕，學校特別舉辦「百人會」晚宴，邀請所有「百人會」校友和寶眷參加，也成了

清華校友每年盛會的傳統。為記錄這清華盛事，也於 2013 年 3 月出版百人會專書第一輯《眾志成城：清華百人會》。2017 年 11 月陳立白校友接任第二屆會長，次年出版百人會專書第二輯《榮耀清華：清華百人會》。2020 年 4 月余明光校友擔起百人會第三屆會長重任。另一方面，經由學校修改辦法，現今百人會成員包括所有累計捐款超過一百萬的捐款人，會員人數已突破三百人。

原為針對「校友體育館」籌募經費成立的百人會，實為清華最具向心力的菁英聚集體。捐贈者除了知名的企業人事外，亦不乏年輕校友；除以個人名義捐贈外，亦有夫妻檔、父母子女檔或系級組合。

「百人會」在前三任會長卓越領導下，已成為協助清華校友發展最有力的校友團體，舉凡清華有需要，出錢出力的校友往往主要是「百人會」會員，我們應感謝前三任會長的奉獻，更預祝新任段會長能領導「百人會」成為清華更堅實的後援團體。

▶ 命名構想源自美國華裔「百人會」

▲ ①新人新政
②為清華校史寫下光輝一頁
③凝聚清華人向心力
④堅實的清華後援團體

清華材料系各項活動

　　參加清華材料尾牙聚會、校友回娘家、書展活動、獎學金頒贈、周年紀念、交接歡送等各項活動的過程中，肯認清華材料的創新能量、人才輩出與向心力，為身為清華材料的一份子感到光榮。

2019年12月清華材料系尾牙致詞

2019 年 12 月 26 日　星期四

前幾天吃湯圓的時候，想到「冬至到了，尾牙還會遠嗎？」真是「一年容易又尾牙」，尤其今年農曆新年落在明年一月，所以材料系尾牙訂在 12 月。與 2018 年尾牙訂在今年 1 月，都在 2019 年舉行，一年中過兩次尾牙，好不幸福。

剛才很高興聽到系主任報告今年材料系成果輝煌，所以今天的「歲末成果檢討」已經可以圓滿收場。另一方面，今晚能同時見到材料系許多退休同仁以及系友攜眷參加，是分外的欣喜。材料系在七、八年前，即有許多教師將屆齡退休的危機感，事實上在未來五年內，仍會有約三分之一的老師會退休，其他同仁有一天也會退休，所以我今天在歲末之際與大家分享一下過去一年「半退休生活」的精要部分，供大家參考，希望「老少咸宜」。

去年我共出國七次，最驚險的一次是一月份的寮國之旅，在遊河的時候，所乘小汽船翻覆，個人也完全沉入水中，幸好我從高中起即習游泳，所以今天尚能與大家一起過尾牙，因此每個人學會游泳，以備不時之需，很是重要。同時由於全身濕透，身上所攜之手機泡湯報廢，由於手機已是「不可一日無此君」，回台只能新購；恰巧新購之 iphone10 相機要比報廢的 iphone6 相機強大很多，在以後旅途中，包括「西安之旅」、「北京之旅」、「德國之旅」、「杭州之旅」、「廈門之旅」都發揮了大用，留下許多高品質的珍貴照片，可以「塞翁失馬，焉知非福」形容。

另一方面，我今年出了四本書，分別是演講集《一個校長的思考》（二）、（三）以及散文集《清華行思與隨筆》（上）、（下）。當初動念出演講集，主要是為留存紀念，並與親朋好友分享，後來發現「紀錄的意義大於紀念」，更能體會「沒有紀錄就等於沒有發生」，所以又出了散文集。可能有同仁認為

「出書與我何有哉？」，事實上我在幾年前也並沒有計畫出書，「但計畫趕不上變化」，所以很不一定你哪天也會出書。總之把重要的部分記載下來，撰文有整理思緒及抒懷的優點，出書兼具不僅為個人，也是為團體「紀錄與紀念」的功能，是很值得鼓勵的。

另外值得一提的今年六月我曾有「北京清華」之行，主要是去看望當年與我一起擔任校長的顧秉林前校長，並經安排重遊「工字廳」、參觀「校史館」等地。深深感受到「北京清華」欣欣向榮，近幾年在各方面飛速進步的氣象；不可諱言的是比「新竹清華」進步快很多，主要差別是政府支持的力道有很大的差異。例如「北京清華」一年一千兩百億的經費約為「新竹清華」二十倍，甚至比台灣教育部與科技部用於高教的經費總和還要多，是很值得我們警惕的。

展望明年，除已規劃的三次旅遊外，希望在四月底校慶前，出版《清華的故事》新書。文稿已完成約百分之九十，但須稍加補充。《清華的故事》將分三部分，即「北京清華」、「新竹清華」以及「兩岸清華」，請大家熱烈期待。

最後祝大家身體健康，「新年行大運」，材料系捷報連連，清華校運昌隆。

▶ 一年中過兩次尾牙，好不幸福

▲①每個人學會游泳很是重要
　②沒有紀錄就等於沒有發生
　③看不出玄機
　④天真活潑

2020年中清華材料系學期末歡樂聚

2020 年 6 月 20 日   星期六

　　今天很高興參加材料系學期末餐會。並蒙系主任代表學校頒發「侯金堆講座」證書；同仁們可能好奇，以金堆的講座含金量是多少，由於在座許多同仁在幾年內會退休，我也破例透露一下，依公教人員退休辦法，含金量並不高；但講座身分可讓我繼續在學校從事我喜歡的工作，所謂發揮剩餘價值，是沒有理由可以抱怨的。

　　同時也由於公教人員退休辦法，連帶讓我只能以志工身分擔任台灣聯合大學系統校長。但對這項與我志趣相合的工作，我是極為珍惜與感恩；台聯大與清華本為一體，我的新職務讓我與清華緣分更為加深，也希望有機會為大家做些事，還望大家鼎力協助。

　　由於我與清華的深厚淵源，以及個人對歷史的興趣，以及各種機緣，漸自許為業餘校史研究者；在 2014 年卸任校長職務後，於網路上開闢「清華一百問」部落格，梳理與清華有關之各種典故、事件與趣聞，累積下來，條目超過一百則，約十幾萬字；有感現今尚未有從新竹清華人的觀點，講述清華大學故事的專書，決定嘗試整理增補部落格文章集結成書；《水清木華：清華的故事》內容包括一百五十餘則，共二十餘萬字，並附有約 400 張圖片；「清華大學」是一本大書，與民國同壽，校史波瀾壯闊，執國內高教之牛耳，影響無遠弗屆；而自 1949 年兩岸分治後，各自有獨特的發展軌跡；由於新竹清華與北京清華同根同源，典章制度多一脈相承，因此本書第一部分即從國民政府遷台前北京清華說起，約佔 1/3 篇幅，第二部分則聚焦新竹清華，約佔 40% 篇幅；近年來，由於兩岸清華特殊淵源，有密切的互動，因而第三部分主題為兩岸清華，約佔 27%。出書的理念除記錄與紀念外，盼望能表達出清華是一所偉大的大學，但限於個人文字修為，力有未逮，希望將來有機會加以增補，更期待

未來識者能「繼往開來」，續寫清華之華美篇章。

今年是庚子年，當初原定趕本年校慶前出版，適逢學校配合政府防疫措施，取消校慶大會，所以時程上較不匆促，抱持「出版早不如盡力而為」的態度，也就較無急迫感。月初承代銷的「水木書局」老闆提醒，敦促出版商在清華畢業典禮前出書，因此《清華的故事》已於一週前出書。初步反應相當熱烈，有兩位校友分別採購了五百與一百本，應有相當可讀性。

對於材料系的同仁，我最先的想法仍是一律贈閱，但考慮「買的書才會看」的說法，而自認本書是清華人應讀之書，所以我與「水木書局」商定長期以八折出售（獨立書局通常以九折出售），另一方面，由於有同仁在 Line 群組中詢問是否會依例贈閱，我初步反應是「可商量」，現採折衷辦法，相信在 Line 群組或電子郵件中有回應的同仁會看本書，因此將各奉贈一冊，還望不吝指教。

最後是一項誠摯邀請，就是「台聯大」將於七月八日下午三時在旺宏館三樓舉行「新行政總部」啟用茶會，期待屆時大家共襄盛舉。

◀ 極為珍惜與感恩

▶ ①以金堆的講座含金量並不
　高
②難得的歡聚
③豐盛美味的十全烤鴨餐象
　徵十全十美

有花堪折直須折：清華材料系庚子年尾牙致詞

2021 年 1 月 6 日　星期三

　　往年到歲末聚餐，大家會想到：「一年容易又尾牙」，今年恐怕要說：「好不容易到尾牙」，2020 年對全世界的人來說，都不好過，新冠疫情讓全球確診人數接近九千萬人，死亡人數接近兩百萬人，堪稱百年大疫。

　　台灣至今堪稱防疫模範生，與國外親友相比，似乎處於平行宇宙，應歸功於鎖國以及全民警覺積極配合，成謎的是零星社區確診似乎「傳不開來」；但在至今國內仍遲遲沒有開發出篩檢試劑以及疫苗情況下，大家仍需警戒，以確保上半場的佳績，直到大部分民眾施打疫苗為止。

　　今年又是庚子年，從 1840 年鴉片戰爭開始，逢庚子年必有令人震撼的凶險，今年對材料系來說，在年尾有兩位退休同仁萬其明與陳建瑞教授逝世，對清華來說，則折損了劉炯朗校長以及黃秉乾與張石麟三位院士，上一個庚子年陳誠副總統在日記中說：「庚子年是可怕年，慎之，勉之」，不能不讓人驚懼。

　　另一方面，清華大學是由美國退還多索的庚子賠款而設立的，可以說相當大程度抵銷了庚子年的煞氣。以 12 月中大陸的「嫦娥五號」登月並帶回月球表面土石樣本為例，是人類自 1976 年，距今 44 年，第一次從月球帶回岩石，是一項極其重大的科技成就，而其最主要的功臣是中國飛彈之父錢學森與中國力學奠基人錢偉長兩位清華人，而他們只是兩岸清華眾多對國家社會有重大貢獻的清華人的代表性人物；今年大家在疫情之下，仍孜孜不息教學、研究與服務，也很恭喜多位同仁有很優異的表現，獲得許多榮譽，將永留清華校史。

　　去年 1 月中與系裡其他四位同仁一起到緬甸旅遊，20 日才回到台灣，而大陸於 23 日宣布武漢封城，從此世界就不一樣了。二月初，中研院的院士會議會前會宣布延期，原定三月底在美國要舉行的家族重聚郵輪之旅、以及暑假

南法之旅、七月份的兩年一度的院士會議也一一跟著被迫取消，這些都是完全沒有預見的，正所謂世事難料，給我們機會反思生命中哪些才是重要的事；不久前美國紐約時報記者 Tariro Mzezewa 撰文 When the Pandemic Ends, Don't Put Off Any More Adventures（當疫情結束後，不要再推遲做一些很想做但未做的事），她雖然是針對旅遊，事實上可擴及我們生活或生涯中很多事，避免追悔莫及，正如大家熟知的金句：「有花堪折直須折，莫待無花空折枝」，空留遺憾，值得我們參考。

展望明年，由於有多款疫苗已經上市，疫情應該會告一段落，另外，幸好美國狂人總統川普終於在選舉中落敗，大約在兩週後必須卸任，世界局勢由中美對抗的緊張局勢應會漸漸舒緩，讓世人能夠鬆一口氣面對真正的挑戰，如貧富不均、環境污染、氣候變遷等問題，考驗人類的智慧，應是朝正面發展。

今天在場有許多材料系的貴人，我們要歡迎雙百會的新會員蔡能賢教授，也要恭喜在成立雙百會出力最多的系友會會長陳超乾總經理，當選今年度的校傑出校友，弘塑科技石本立總經理榮獲第 17 屆新竹市企業經理協進會傑出總經理獎等；最後祝大家新年行大運，心想事成。

▶ 莫待無花空折枝

▲①臺風穩健
　②後起之秀
　③兒時歡樂
　④一獎得主喜洋洋

2021年「材料系校友回娘家」活動

2021 年 4 月 26 日　星期一

　　很高興一次就能與畢業多年多屆值年系友同時見面；因為疫情關係，去年值年系友無法回校聚會因而延到今年舉行，也讓今年難得的是有八屆系友同時與會，格外熱鬧。

　　大家離開學校一段日子，一定發現清華和材料系有許多變化，十年前，清華與新竹教育大學還未合校，還沒有旺宏館、台達館、清華實驗室、創新育成中心與校友體育館，二十年前，南校區剛開始整地，台積館還沒有影子，三十年前，清華還沒有生科院、電資學院、科管院，四十年前，材料系還沒有博士班，還沒有材料科技館等，不僅時遷事異，而且多有物故人非，回首來時路，一定感慨良多，

　　從系主任向大家報告系務近況，我們應很欣慰材料系在校內外仍穩居龍頭地位，這有一大部分要歸功於陣容強大的系友群；據統計，到上學年度，材料系畢業生約 7,000 人，其中學士、碩士與博士生各 3,348、2,918、727 人，不僅表現格外優異，而且對清華與母系的向心力特別強；這以兩個例子可以清楚說明，一是 2010 年清華為籌建多功能體育館，後命名為「校友體育館」，成立會員每人至少捐贈一百萬元的「清華百人會」來推動，材料系系友不僅在會員人數與總金額上都勇奪第一，而且把第二名系所遠遠拋在後面；同時在「清華百人會」材料系系友會員基礎上，2018 年由材料系教師與系友發起成立「雙百會」，籌募永續基金協助材料系系務推動，也交出亮麗的成績單，初期即籌募到約三千萬元，委託校務基金管委會投資，而以每年所得孳息，全數提撥材料系獎助新進教師與優秀學生；去年所得孳息約 109 萬元，今年更超過 150 萬元，很讓其他系所羨慕，並有意仿效，但至今仍無第二個系所成功建立類似基金。另一方面，如果基金規模更大，效益會更顯著，因此「雙百會」仍在持續

招募中，歡迎大家參加。

今天有很多參加百人會與雙百會系友回娘家，我也要代表清華與材料系在此向他們致謝。同時要特別恭喜陳超乾系友，也是系友會的會長，榮膺今年清華傑出校友，是實至名歸，也是材料系的榮耀。

清華人都知道清華是以美國退還多索的庚子賠款成立的，庚子年對清華有特殊意義；去年由於疫情影響，許多在國外或台北召開的會議改以視訊方式開會，得以利用多出的時間完成了規劃已久的《水清木華：清華的故事》新書出版；出書的目的是希望能夠展現清華是一所偉大的大學，清華人對國家社會有重大的貢獻，很感謝得到眾多校友熱烈迴響，有多位校友訂購 100 到 500 本，總共超過 1,300 本，讓本書兩次衝上金石堂文學類書籍暢銷書排名榜前三名，出書三個月後就需要二刷；今天我準備了八本，贈送給每屆值年系友一本，至於如何分配，則由各屆同學自行決定。

最後要再次告訴大家，很高興看到好幾屆多年不見的同學，祝大家健康快樂，一切順利。

◀ 校友是清華三寶之一

▲ 系友陣容強大

▲ 是材料系的榮耀

重新賦予好書生命力：110年材料系好書共享活動致詞

2021 年 12 月 17 日　星期五

今天的「材料系好書共享」活動，記憶所及，應是本系創舉。很感謝杜正恭老師以及許多同學共襄盛舉，也特別感謝系辦公室承辦各項繁瑣業務。

材料系的公告說明活動背景及目的：由本人率先捐出幾百本書籍，並號召師生一同響應，希望透過全系師生彼此交換珍藏之圖書，重新賦予好書生命力，帶動材料系師生閱讀風氣。我自己不敢奢望能帶動閱讀風氣，比較適切地說法應是在循環經濟的思維下，進行資源再利用。

因為我自己是一個愛書人，所以自念大學起，逛書店是我最大的喜好，從在美國留學開始，陸續參加幾個國內外讀書俱樂部，方便買書，近年來更容易從網路購書，累積下來，以書櫃估算，大約有一萬本書，需要以一個約四十坪大的公寓收藏。

所以會成為愛書人，因為我深得讀書的樂趣與益處，除獲得新知以及娛樂外，與古今中外各界達人相會，不僅開卷有益，而且樂在其中；大家一定聽過「書中自有黃金屋；書中自有顏如玉。」名句，如果把它解釋成，讀書充實自己，獲得精神上或實質的財富，贏得意中人的欣賞，都創造了可能，有相當道理。

「書中自有黃金屋；書中自有顏如玉」語出宋真宗〈勸學詩〉中：宋真宗是宋朝第

▲ 活動海報

三個皇帝，很巧的是，他於 1022 年逝世，到明年正好一千年；與材料科學有關的，真宗時，鐵製工具製作進步，土地耕作面積得以大幅增加，農作物產量倍增，紡織、染色、造紙、製瓷等手工業、商業蓬勃發展，景德年間，專門製作瓷器（原名白崖場）的昌南鎮遂改名為景德鎮，沿用至今，另外他與遼國訂定「澶淵之盟」合約後，宋、遼之間百餘年間（約 120 年）不再有大規模戰事，也得以將產品傾銷至遼朝，將送出的歲幣賺回並獲取大量利潤，國防外交上更不必苛征稅務，使得人民逐漸富裕。另外，宋真宗亦是著名戲曲《狸貓換太子》主角之一，種種衍伸，可讓人發思古之幽情，嘆世事之遷移，多讀書可觸類旁通，是讀書之樂的一個例子。

　　這次所以會發起「材料系好書共享活動」是因為去年看到本校圖書館舉辦的好書共享活動而發想，而我原來就在思索如何處理我的藏書，本打算今年參加圖書館活動，後轉念一想，何不從材料系開始，也很感謝系主任的支持；愛書人的藏書幾乎都是本人經過挑選才選購的，雖然不會本本精讀，但都有一定的興趣；不可諱言的，選書的標準是我未來不大會重看的，因此包括一些工具書與教科書、參考書；如果以「經、史、子、集」來分類，多屬集類，而以散文、評論為主，另外包括一些科普、經濟、管理方面書籍。同時值得一提的是，在材料系公告後，有系裡老師提議擴大舉行，讓高中生、家長、老師索取，藉以增加高中生與本系的深度互動。立意良好，但考慮這次是我首度參加活動，是基於共享好書可以嘉惠眾人的理念，多少有些試水溫的用意，同時因需要進行事前募書及相關事務安排，相當勞師動眾，所以還是維持原來方案，但如反應良好，未來應有許多可能。

　　最近兩周花不少時間選書，頗有依依不捨的感覺，到系辦收書時限一到，書櫃也整理了一定程度，清爽很多，又頓覺輕鬆不少，所謂有捨才有得，是很恰當的寫照。

　　最後祝大家閱讀愉快，如有一得，也會讓贈書人感到欣喜。

▲ 開卷有益

▲①資源再利用
　②有捨才有得
　③本系創舉
　④多讀書可觸類旁通

協助延攬人才：110年材料系雙百會頒贈成績優異獎學金典禮致詞

2021 年 12 月 22 日　星期三

很高興又一次來參加材料系雙百會頒贈成績優異獎學金典禮，今天受獎的同學有七位，包括兩位同學，於 110 學年度、109 學年度皆獲得成績優異獎學金，5 位同學，於本年度獲獎，首先要恭喜這七位同學。

雙百會是在材料系教師與熱心系友倡導下於 2018 年成立，由會員捐贈成立「材料系永續基金」，主要是由創始會員每人捐贈一百萬元，至今累計已超過三千兩百萬元，「材料系永續基金」由校方財務專家操作，這三年都約有 5% 以上的收益，今年約有 155 萬元，由於股市活絡，明年更是看好；更好的消息是系友會陳超乾會長有意努力將「永續基金」規模加倍，對材料系延攬優異師生的力道，將更為增強。

材料系雙百會的成立是繼 2010 年清華為籌建多功能體育館成立百人會時，材料系系友在參加人數以及捐獻金額均在全校所有系所中勇奪冠軍以來，再次展現系友的向心力與實力；如果我們看雙百會會員名單，會發現聯華電子五位擔任副總以上職位清華校友都是材料系的系友，台積電有三位現任或前任副總也是系友，還包括許多董事長與總經理，顯示系友的實力驚人，而對材料系的向心力則令人感動。比較之下，目前全校尚無其他系所得以組成像雙百會的組織，顯示材料系的不同凡響。

這裡要特別感謝陳超乾會長，他是「材料系永續基金」最主要的推手，創始會員幾乎都是由他一一聯絡延攬；上星期在慶祝葉均蔚教授榮獲【2021 年行政院傑出科技貢獻獎】感恩宴時，葉老師特別提到多做善事，常得到加倍回報，當時他約略提到「暗物質」、「暗能量」與共振觀念，也就是說「積善之家，必有後福」，或是「好人有好報」，也讓我想到，葉老師率先成為雙百會

會員，一路屢獲大獎，可能也不完全是巧合，再看彭宗平老師近七年協助台達電基金會製作從技職院校到高中高職精緻的摩課師課程，斐然有成，游翠蓉老師除創業有成，也屢得傑出導師、傑出教學大獎。陳超乾會長擔任創意電子總經理，業績蒸蒸日上，目前股價已超過六百元，其他許多會員多有亮麗表現，是葉老師共振觀念的見證。

最近有人在兩岸清華交流方面，大做文章，反而讓兩岸清華同根同源，新竹清華至今仍受惠於庚子賠款孳息的史蹟，讓台灣民眾能有所了解，可謂收到了反效果；「身為清華人，當知清華事」，基於這個理念，我去年出版了《水清木華：清華的故事》一書，很得到校友們的歡迎，光是團購就超過一千五百本；今天我也循例，贈送給得獎同學，由於有兩位同學去年也得獎已獲得贈書，我也帶來拙作《清華行思與隨筆》上、下冊各一本分贈，內容幾乎都與清華有關，如果有興趣的話，不妨交換來看。

最後再度恭喜得獎同學，希望再接再厲，更上層樓。

◀ 增強延攬優異師生力道

▲①雙百會協助系務發展
　②兩度獲獎
　③受獎的同學有七位
　④系友向心力令人感動

福虎生豐：111年清華材料系尾牙歡聚

2022 年 1 月 14 日　星期五

每年材料系尾牙都是與老朋友、新朋友、大朋友、小朋友相聚的時刻，令人特別開心。

剛才聽系主任報告材料系今年各項成果豐碩亮麗，值得特別恭喜，預祝虎年更「福虎生豐」、「龍騰虎躍」。

由於我已半退休，研究室又留在工四館，而材料系系辦公室與大部分老師都集中在台達館，所以與某些同仁幾月不見是常事，與之相對的，因常與幾位交大材料系的教授朋友一起健走，有時感覺掌握交大材料系時事比清大多，這點是希望明年能大大改進的。

另一方面，回顧參與材料系的活動，在十二月倒是不少；這包括「材料系好書共享」活動，很感謝杜正恭老師以及許多同學共襄盛舉，也特別感謝系辦公室承辦各項繁瑣業務。最後得賦予五百多本好書新生命，遠超過預期，期間很多同仁表示，有意參與但來不及整理藏書，寄望來年，「材料系好書共享」會更豐富多元，成為一優良傳統。

其次是參加材料系雙百會頒贈成績優異獎學金典禮；雙百會是在材料系教師與熱心系友倡導下於 2018 年成立，由會員捐贈成立「材料系永續基金」，主要是由創始會員每人捐贈一百萬元，至今累計已超過三千兩百萬元，「材料系永續基金」由校方財務專家操作，這三年都約有 5% 以上的收益，今年約有 155 萬元，由於系友會陳超乾會長有意努力將「永續基金」規模加倍，對材料系延攬優異師生的力道，將更為增強。

這裡要特別一提，材料系雙百會的成立，再次展現系友的向心力與實力；如果我們看雙百會會員名單，會發現聯華電子五位擔任副總以上職位清華校友都是材料系的系友，台積電有三位現任或前任副總也是系友，還包括許多董事

長與總經理，顯示系友的實力驚人，而對材料系的向心力則令人感動。比較之下，目前全校尚無其他系所得以組成像雙百會的組織，顯示材料系的不同凡響。

　　第三是欣喜參加葉均蔚教授榮獲【2021 年行政院傑出科技貢獻獎】感恩宴，葉教授不久前被抹紅，但他最近光靠表現就已紅得發紫，抹紅注定失敗；這裡也要特別恭喜與感謝材料系同仁在過去一年，在教學、研究以及服務方面各崗位盡心盡力，有許多優異的表現，所謂「罄竹難書」、「族繁不及備載」。

　　最後是十二月初參加清華大學「退休人員聯誼活動」，喜見許多老朋友；由於今天在場有許多退休同仁，也有多位同仁即將退休，而大家終究也會退休，我也在此向大家報告清華已成立「退休教職員工聯誼會」，本人蒙大家抬舉，忝任榮譽會長；「聯誼會」第一要務是協助退休教職員工妥善規劃退休後的人生，以現代人的健康情況而言，退休後「第三人生」其實相當漫長，將從講座開始，作些實務工作，則功德無量。

　　「新冠疫情何時了，病毒知多少」，惱人的新冠疫情，延燒已近兩年，何時告一段落，還在未定之天；由於最近全球各地，確診人數節節上升，台灣境外移入染疫人數也跟著飆高，新春群聚機會增多之際，大家仍須格外謹慎保重。

　　最後祝大家虎年行大運。

▲①成果豐碩亮麗
　②濟濟一堂
　③顯示材料系不同凡響
　④幸運得主

「風雨力行真駿驥，桃李俊秀皆惠連」

2002 年 4 月

材料系創立周年紀念特刊文章

　　十年前材料系二十周年慶時，曾寫過一篇「匆匆十五年」的短文，回憶初到清華大學的「陳年往事」，倏忽又過了十年。這十年似乎越過越快，執筆（按鍵）之時，不禁警覺在清華的「好日子」不多了，也許是個適當時機「緬懷過去，策勵將來」。由於稿約言明這篇短文要在一千五百字左右，只好從頭說起，以充篇幅。

　　清華大學剛卸任的劉炯朗校長，溫文儒雅，閒時喜歡吟詩作對，並常以友人姓名入聯，曾手書「風雨力行真駿驥，桃李俊秀皆惠連」對聯相贈，現正懸掛在我的辦公室裡。劉校長此對，顯然受到我常向他誇說材料系畢業生有多麼優秀影響。在清大度過四分之一的世紀的「黃金歲月」，回顧起來還真千頭萬緒，舉頭看到劉校長的對聯，想想不如就從「師生誼」切入。

　　在台灣唸大學與在美國唸研究所都是在物理系就讀，感覺上台大物理系學生認為相當艱難的「天書」，在美國唸起來則相對「得心應手」，最主要的差別在於教授是否有「點化」的工夫，對「好教授」益發欽佩與憧憬。在美完成學業，擔任博士後研究員期間，與當時一般留學生一樣徘徊於留美或返國就業之間。民國六十五年底，家母不幸因病去世，自發病到逝世，不過短短四個月，深感人生無常，想做的事，要及時去做，乃下定決心返國服務，因緣際會之餘，來到清華大學材料系。

　　在材料系做「新鮮人」時，材料系教授陣容僅為個位數，碩士班每屆僅二十人，大學部學生也不多。初嘗教學滋味，頗覺教學相長，樂在其中。最先教的是七八級的「固態物理導論一」，學期末「當」掉了幾個同學，選修課「當」人，在當時材料系似不多見，下學期選修「固態物理導論二」的只剩八

人，不到上學期的三分之一，不免有些失望。所幸此八人日後個個「飛黃騰達」，其中包括兩位國內上市一線大廠總經理，也可讓個人略可交代為「擇英才而教之」。在清華第一學期教的另一門課為七九級的「Ｘ光與電子顯微鏡一」。感覺上七九級比七八級讀書風氣好很多，用功深思的同學不少，也常會在課後問好問題。印象比較深刻的是有位同學好「大哉問」，常問些人生哲理問題，有次在得知我下學期將不再教他們「Ｘ光與電子顯微鏡二」時，還質問「你就丟下我們不管了？」另有幾位同學，在我當年赴美做研究前，很鄭重的邀我茶敘，主要是希望我暑假結束時一定要回清華任教，回想起來，倍感親切溫馨。七九級在學時的突出印證在日後出了三十幾位博士，十幾位教授，許多位董事長與總經理上。

在學校裡最常接觸的還是實驗室裡的研究生。尤其在趕論文時，無日無夜，朝夕相處如親人一樣。早年實驗室學生不多，一旦畢業，人去室空，常會令人惆悵不已。在做研究上，初期設備較差，幸好研究生的水準相當整齊，也能有不錯的成果。在清華第一年印象最深刻的是暑假赴美做研究前，學生的研究已經有相當的進展，不料暑假結束回校時，發現大致在原地踏步，推究原因還是實驗遇到了瓶頸，而這些瓶頸如果我在的話，應可迎刃而解，也深切的了解「指導教授」的意義跟責任。值得一提的是，當年研究生對研究較為專注，在我赴美期間未曾懈怠，這和近年有時出國較久後，有些同事通報實驗室晚間一片漆黑，同學們做研究報告時也不經意的透露曾集體「幾日遊」，略有不同。

與研究生相處，趣事不少，在「匆匆十五年」略有介紹。本文另擷幾則。首先是個人一向認為「玉不琢，不成器」，在研究上不吝「指點」。一般同學也能「小杖則受」。有次在「指導」一位女學生時，自認相當委婉，不料此女弟子悲從中來，淚流滿面，弄得我不知所措。從此對「男女有別」牢記在心，近二十年也幸好未再歷史重演。

「看走眼」可能是選定研究生時難免發生的事，我的經驗裡，低估比高估的多，有幾次真是「跌破眼鏡」，研究成果比當初預期的超過許多成為意外的驚喜。另外，一種「識人不明」則是有位看起來木訥老實的同學，曾讓我擔心可能在尋覓理想對象時會吃虧。日後才知此君原屬風流名士，交遊甚為廣闊，該煩惱的與當初所了解的大不相同。

研究生來到實驗室時，少數已「攜家帶眷」，因而去年有首度教到以前學生子弟的「佳話」，其餘大部分都是適婚年齡的單身青年才俊，多年來也眼見不少情海浮沉事。總體而言，戰果堪稱輝煌，造就兩對「博士夫妻檔」、兩對「研究生助理檔」。「博士夫妻檔」中有一對還順便把妻妹介紹給實驗室的學弟做「牽手」。同時研究生也有成功的把觸角伸展到系辦公室的記錄。當然偶然也會有「傷心事」。如果要我對青春盛年的同學有所勸告的話，可能是碰到「窩邊草」情事時，切忌「大張旗鼓，未演先轟動」要「細火慢烹」，成功的希望較大。實例之一是當時助理結成「佳偶」的反而是另位當場未表態的同學。

　　早期畢業同學，到美國深造的很多，在國外開學術會議，曾有在會場每走三、五步，就碰到一位清華學生的經驗。近年來鼓勵博士班同學到國外參加學術會議，足跡遍歷各大洲，除了學術交流與增廣見聞外，感覺上另一大收穫是師生間的距離拉近不少。因此近年實驗室也辦了許多次國內旅遊活動，除北部地區外，也遠征花東、綠島、澎湖。到澎湖的那一次，適逢颱風要來不來，我們在台中乘的飛機是當天得以降落澎湖的極少數班機之一。因而在澎湖三天雖然大抵天候良好，但在每個觀光景點清華團都成了大戶，算是相當奇特的經驗。另外一大樂事，則是與已畢業的同學一起出國開會或出遊。1994 年曾有與五位過去博士生同赴義大利西西里島開會的盛況。當然與昔日弟子一起暢遊歐、美、亞洲各國以及三峽、絲路與東北之旅也是彌足珍貴的「生活彩繪」。

　　在清華眼見近鄰的科學園區由無到有，成長茁壯，對同學的出路也有深遠的影響。科學園區不僅是近年絕大多數未出國的學生就業所在，也吸引了許多早年出國，而在國外事業有成的學子回歸。大家常有機會相聚，在研究、事業上也屢有互動，這可能是在清大任教最可觀的邊際效用之一。當然不能不提的是，有幾位在產業界發達的同學在「未上市股」上的實質回饋，讓我得以無後顧之憂，專心教學研究，也間接造福學弟妹。

　　與研究生相處，少則兩年，多則六、七年，如今「桃李滿天下」，對我而言，每一段都是動人的「心情故事」，交織成「豐富人生」。「悲歡離合，盡付笑談中」，限於篇幅，也許待四十年慶時再次有所發抒吧！

「回首來時路 霞光尚滿天」：
清華材料系五十周年慶

2022 年 3 月 10 日　星期四

　　清華材料系開始慶祝逢十周年，應是自二十周年起。十周年時，也許是人氣尚不夠旺，記憶中並沒有特殊的慶祝活動，所幸在檔案中，找到 1982-1984 年擔任系主任時，由大學部同學主編《清華材工》雜誌中的〈天下無難事，只怕有心人〉[1]與〈自強不息〉[2]兩篇文章，可以一窺材料系草創初期吉光片羽，略補不足。

　　二十周年時，曾撰文〈匆匆十五年〉[3]，權充到材料所任教十五年的感想，內文中提到：「初到清華之時，聽說材料系在短短數年之間曾『脫胎換骨』一次。幸好教師流動率大的問題迅速獲得改善。近幾年來更靜如止水而待『新秀』來『揚波』。今年新聘教授，申請的各方碩彥達一百三十人，學經歷讓人激賞者不少，可謂有長足進步。」、「在清華多年，生活中的趣事回憶起來還是以與同學相處的時光發生的較多。（略）」

　　三十周年慶時，時任工學院院長，撰文題為〈風雨力行真駿驥，桃李俊秀皆惠連〉[4]，內容摘要為：「在清大度過四分之一的世紀的『黃金歲月』，回顧起來還真千頭萬緒，舉頭看到劉炯朗校長的對聯，想想不如就從『師生誼』切入。（略）」、「學校裡最常接觸的還是實驗室裡的研究生。尤其在趕論文時，無日無夜，朝夕相處如親人一樣。早年實驗室學生不多，一旦畢業，人去

---

[1]　〈天下無難事，只怕有心人〉，《清華行思與隨筆（上）》，陳力俊，第 226 至 229 頁，致出版，台北（2019）。

[2]　〈自強不息〉，《清華行思與隨筆（上）》，陳力俊，第 230 至 233 頁，致出版，台北（2019）。

[3]　〈匆匆十五年〉，《清華行思與隨筆（上）》，陳力俊，第 234 至 235 頁，致出版，台北（2019）。

[4]　〈風雨力行真駿驥，桃李俊秀皆惠連〉，《清華行思與隨筆（三）》，陳力俊，編校中，致出版，台北（2022）。

室空，常會令人惆悵不已。」、「與研究生相處，少則兩年，多則六、七年，如今『桃李滿天下』，對我而言，每一段都是動人的『心情故事』，交織成『豐富人生』。『悲歡離合，盡付笑談中』！」

▲ 清華材料系四十周年慶特刊

四十周年慶時，剛好任清華校長，以〈清華材料系四十而不惑〉[5]為題撰文，要言有「常言道，見果知樹。清華材料系四十年來培育了許多人才，在產學研界，無疑是金字招牌。」、「除證明材料系系友實力堅強外，更對母校有超強的向心力。」、「羅馬不是一天造成的，清大材料系能有今天，是多年來師生員工與校友努力的成果。」

在屆五十周年慶時，又巧在我擔任包括清華的「台灣聯合大學系統」校長任內。值得欣慰的是，最新發布全球約 800 萬名前 2% 頂尖科學家名單，清華大學上榜 73 位學者中，材料系獨佔 17 位，顯示在學術軟實力上，已達國際一流水準。

走筆至此，驚覺已達篇幅上限，百感交集，充滿感恩，謹以「回首來時路，霞光尚滿天」作結。

5　〈清華材料系四十而不惑〉，《一個校長的思考（二）》，陳力俊，第 60 至 61 頁，致出版，台北（2019）。

記憶之網：清華材料系系友會第六屆第一次理監事會議

2022 年 3 月 19 日　星期六

　　很高興來參加今天的餐會，我在 1999-2005 年間，擔任工學院院長時，就注意到四系之中，材料系系友會最活躍，同時在推動「產學研聯盟」時，首批招募到的五十八個團體會員，有一半以上與系友有關。到 2010 年擔任校長時，為籌建多功能體育館成立的「百人會」之役，材料系系友無論在會員人數，以及捐贈金額上，都勇奪全校各系所冠軍；2018 年又在系友的支持下，順利成立「雙百會」，協助母系發展，特別在招攬優秀師生方面，已有顯著的成果，這些都顯示材料系系友在實力與對母系向心力方面，均不同凡響，照流行話說，是讓清華別系看不到車尾燈，不僅是材料系的驕傲，也是我本人要深深感謝的。

　　今天受邀與會，注意到是「系友會第四屆第一次理監事會議」餐會，引起我很大的好奇心，因為我與系友會從創立伊始，都有各種程度的接觸，歷經施義成、汪大永、謝詠芬、曾炳南、陳超乾五位會長，何以這一任理監事是第四屆？所以我略作了一番探究；首先看材料系辦公室有什麼資料，承黃雅怡小姐提供歷屆「系友會組織名單」，包括 2006-2008 年謝詠芬會長、2009-2011 年曾炳南會長、2014-2022 年陳超乾會長時期，從這名單以及記憶所及，首先 2011-2014 年可能仍是曾炳南會長時期，同時系友會算屆，可能是從謝詠芬會長起，施義成與汪大永會長成了不算屆的會長，這點也許能從今天到會的系友處求證；另一方面，根據施義成會長在《清華材料系創立四十周年專刊》中撰文回憶：「1994 年四月回國時，第一個週末即回清華材料系參加系友會成立大會，不小心被選上擔任系友會會長，一口氣就當了七年會長。」所以最先一屆應是 1994-2001 年，次屆可能是 2001-2006 年。因此校正後本屆應是第六

屆；同時我個人可做見證的是，材料系系友會有今日榮景，施義成創會會長的努力經營，功不可沒。

從尋找系友會的資料，也許我可與大家分享「紀錄」的重要，我有位對新竹地方風土人情很有研究的朋友曾說：「沒有紀錄就等於沒有發生」，可謂金玉良言，尤其在事情發生許久以後；對於當事人來說，某些情事，也許很多年後還會「記憶猶新」，對大多的事情，就不會一直維持清晰感，對比較不直接相關但有興趣的他人，可能就「霧煞煞」了，即使花一番功夫，也不一定理得出一番脈絡；就以系友會來說，今天我們仍能追溯發展的沿革，但隨著人事更迭，年久可能就永遠逸失，讓後人嘆息不已。

材料系今年擴大五十周年慶，準備出專刊慶祝，系友會的沿革與動態，應是其中華美篇章，希望各位理監事能共襄盛舉，為材料系留下寶貴紀錄；同時也期盼以後理監事會各項活動都能至少有簡要紀錄，送交系辦公室留存，材料系有責任與大家一起為系友會編織起記憶之網，不僅為知者懷念，也有見證大家共同的努力之意義。

▶ 清華材料系的驕傲

閎康科技謝詠芬董事長演講致詞

2019 年 11 月 19 日　星期二

　　由蔡能賢與游萃蓉老師開授的【半導體製程】課程很難得的請到「閎康科技」謝詠芬董事長來演講。今天我來聽講有多重意義，一來謝董事長是我指導的碩士生與博士生，二來我很希望了解「閎康科技」近來的成就，三來也是藉此機會贈送我的新書《清華行思與隨筆（上）》以感謝她參加為支援材料系發展籌募「永續基金」而成立的「雙百會」。同時我也要贈書給蔡能賢與游萃蓉老師，蔡能賢老師是「雙百會」的最新會員，游萃蓉老師則是老牌會員。

　　大家也許記得九月份我也在此贈書給台積電余振華副總經理，為免大家誤會我因出版的書銷路不好，而到處送書，在此特別聲明當時送的是我的演講集《一個校長的思考》第三冊，今天送的則是最新出的散文集《清華行思與隨筆（上）》。這本書是我整理歷年來所寫的文章全二冊的上冊，特別的是至少在三篇文章中有謝董事長照片或對她有所報導；其一是在〈科學工業同業公會三十周年〉專刊序言一文中。附有 2008 年我以國科會副主委身分，參加「閎康科技」園區分公司開幕典禮的合影照片，其二是 1997 年 3 月我擔任「中國材料學會」理事長時所寫會員動態，報導〈謝詠芬博士榮獲『電子元件與材料協會』傑出青年獎〉，再者是 1998 年 9 月報導〈謝詠芬永久會員喜獲麟兒〉。

　　很湊巧的是我在上週五「中國材料學會」年會中曾與謝董事長同台。當時是參加由「中國材料學會」彭裕民理事長主持的「台灣材料領航者人生故事座談」，我與謝董事長都忝列「領航者」，應邀以代表身分與會。在第一輪發言完畢後，彭理事長問我謝董事長在就讀研究所時，是否能夠看出他將來的成就？雖然我不太可能給否定的答案，但我可以很肯定的說，是很清楚的看到，而這是根據大數據分析得來的結論。

　　謝董事長在發言時曾提到她在我的研究室曾擔任過總務工作。上個月我

指導的第 106 位博士生畢業，在這些博士生中比較有成就的共同的特色正是曾在研究室擔任總務。而研究室總務通常不是由我指定，是在同儕中自然產生，必備的條件是具有服務精神以及領導能力。現成的範例除了謝董事長外，當天在場的有今年國科會傑出研究獎得主交大吳文偉教授、榮獲今年「中國材料學會」唯一會士榮銜的台大楊哲人教授，還有今年國科會「哥倫布計畫獎」得主以及榮獲「中國材料學會」青年學者獎的清大呂明諺教授等。他們另外的共同特色就是善於溝通，就學期間就會與師長比較親近，增進彼此了解。

　　很高興地看到謝董事長創立以及持續經營的「閎康科技」建立了很好的口碑，業務蒸蒸日上，成為世界級的分析公司。這裡我必需要承認的是，當年她打算辭掉待遇優厚的職位創業時，我是極力勸阻的一位，顯示謝董事長不是很聽老師話的學生，而闖出今天的成就，這告訴各位同學不一定要聽老師的話。但要注意的是也不能完全不聽話，否則你要學成畢業可能會有困難。

▲ 至少在三篇文章中出現

▲ 「雙百會」最新會員

▲①來聽講有多重意義
　②2008年「閎康科技」園區分公司開幕
　③贈送新書
　④世界級分析公司

廬山煙雨浙江潮：簡朝和教授榮退歡送餐會

2022 年 6 月 15 日　星期三

　　帶著很複雜的心情，又一次參加同仁退休歡送餐會；對現今六十五歲自系裡退休的同仁來說，可以說是第三人生的開始，以後海闊天空任我遊；但以後大家見面機會不可避免地還是會少許多，令人不捨。

　　繼去年甘炯燿教授退休，簡教授是系裡我教過的第二位屆齡退休的同仁，他們分別是清華七八、七九級的畢業生，當年材料系還沒有博士班，碩士班每屆二十人，學士班每屆四、五十人，總人數不多，所以對大部分學生都有印象，簡教授給我的印象是很活躍，經常出入系辦，這裡可能要說明，當時材料系僅有七、八位教授，共處於現在「教育館」的一角，材料系辦公室則在一樓大門口同一側，所以如果學生常出入系辦的話，容易盡收眼底。

　　另一方面，七九級的表現非常耀眼，全班不到五十人，有三十幾位博士，學術上有十幾位國內外教授，包括一位教育部國家講座，兩位美國名校教授，企業界有台積電副總經理，以及好幾位有相當規模私人企業董事長或總經理，成就非凡，是材料系可以引以為榮的紀錄。

　　朝和後來到美國「麻省理工學院」獲得材料博士學位，在美國產業界工作了幾年，於 1993 年回到母系任教，當時正是台灣高教黃金時期，留學生大批返國，頂尖大學教職通常都至多百中選一，而朝和正是其中一員，可見其受到肯定程度，不是一般。

　　我個人很感謝朝和的是，他在我擔任「材料學會」理事長後期一段時間，擔任秘書長，這是一個事務很繁忙的之職務，但他處理的井井有條，貢獻良多，也展現他的辦事與管理能力。

　　約在那個時期，朝和創立了「璟德電子」，我還記得在成立典禮時，參觀

廬山煙雨浙江潮：簡朝和教授榮退歡送餐會　127

新建的工廠，廠內一塵不染，自動化程度很高，讓人印象深刻，「璟德」在成立十年後上市，是一個材料系友創業成功的佳話。我有兩次在「兩岸材料高峰會議」上，聆聽他關於高頻陶瓷元件的演講，欣見「璟德」在相關領域已闖出一片天。

朝和在創業成功以後，不忘回饋母系，捐款裝修璟德演講廳。另外在清華成立「百人會」以協助興建「校友體育館」時，也慷慨解囊，是值得大家深深感謝的。

在清華的教授中，朝和是極少有的產學兩棲，而同時表現優異的同仁，經歷也更豐富多元，相信自學校退休後，一定有很精采的規劃；我自已處於半退休狀態，對於退休生活有過相當的思考與體驗，可以分享的是要經常運動而維持身體健康不可少，甚至是第一要務；再者是盡量將自己的經歷記述下來，我本身深深感受到一位朋友所說的：「沒有紀錄就等於不曾發生」意思的真切，這不僅為自己或家人留紀念，對材料系或「璟德」甚至清華與台灣產業界都會很有價值；其次客觀條件已變，生活重點不同，更有本錢往自己興趣所在發展；有一位廣告界達人，規劃每年專心做一件事，例如學唱、練舞、習字，作畫等，很有參考價值。

最後我引蘇東坡晚年時寫的一首名詩〈觀潮〉：「廬山煙雨浙江潮，未到千般恨不消。及至到來別無事，廬山煙雨浙江潮。」相贈，有人解釋為人生「不過如此」，事實上「就是如此」，代表對人生的豁達與瀟灑，以此祝福朝和退休後能隨緣自在以對千般生活況味。

▲①第三人生的開始
　②成就非凡
　③闖出一片天
　④豁達瀟灑面對人生

任重道遠：清華材料系第十七任系主任交接典禮

2022 年 7 月 29 日　星期五

　　在清華材料系第十七任系主任交接時，我雖身為第三任系主任，還是第一次參加新舊主任交接典禮，原來以往學校不流行辦交接典禮，通常是在新主管履新當天，自行進辦公室上任，雖然略感尷尬，卻也沒有大問題。不知何時起，清華各單位大都會辦交接典禮，以前我都因故沒有參加材料系主任交接典禮，今天很高興能躬逢其盛。

　　在清華，擔任系主任可以看作服「有期徒刑」，尤其對材料系這種規模的大系，師生職技人員達到八、九百人，系館又分布在五個不同的館舍，系內外有繁多事務，像昨天晚上九點台達館二樓誤傳火警，系主任就必需要關心處理，由於現在材料系老師有社交媒體群組，所以看得到系主任這方面的辛苦面，但是還有更多的辛苦處，是大家看不到的，而且有許多隨著職務而來的外加公共事務，所以要能安全下莊，一定要有超絕的能力，因此我們要感佩張主任願意服刑超過一般刑期，達到四年，不辭辛勞，同時領導有方，讓材料系在穩定中求進步。

　　今天我們當然也要感謝新任的陳柏宇主任願意接下重擔，以柏宇以往為人處事的態度和展現的能力，相信這一棒一定接得很好。剛才我講了許多恐嚇的話，事實上，擔任系主任，也是有喜有樂，首先是得到與你長期相處同事的肯定與信任，才可能榮膺重任，這是心理學家馬斯諾「自我實現的人本主義理論」一種高層次的實現，也讓外人刮目相看，只有少數人能達得到，值得恭喜，另外是一個機會，展現服務大眾的能力，同時也擴大了校內外接觸面，建立人脈，而且生活將更多彩多姿；雖然接下系主任的重擔不可避免地將會剝奪個人研究的時間，但可能的補償是，在許多學術獎項評審中，如果研究表現差異不大，熱心公

共事務絕對是加分的，出線機會往往會較大，這種情況是屢見不鮮。

　　另一方面，系主任群組也是一個很好的人才庫，通過這個試煉，表示具有一定的人望與能力，足堪大任，本系就有不少顯例，如果不算我自己，就校內主管而言，包括一位副校長、兩位教務長、一位總務長、一位全球長、一位工學院院長，相當亮眼，這些工作不僅具備我剛才所說的好處，同時反而不如系主任辛苦，更重要的是有助材料系的發展；一般的經驗是，如果高層有人，在重要訊息的取得以及資源的分配上至少不會吃虧，所以我們也祝福柏宇在任內大展長才，以後有機會與守一雙雙更上層樓。

　　材料系成立到今年剛好滿五十年，柏宇在此際擔任系主任，具有特別的歷史意義。一方面承繼了前賢所建立起在清華以及台灣材料系的龍頭地位，一方面也面對很多挑戰，可謂任重道遠。近年來很欣慰地看到材料系整體而言是一個能團結一致，力求進步的團體，相信大家能維持這優良傳統，協助新主任繼往開來。

▲ ①歡喜做甘願受　　②有苦有樂
　　③展現服務大眾能力　　④協助新主任繼往開來

清材五十　精采一百

2022 年 11 月 1 日　星期二

　　今天臨時受命代替有微恙而無法參加的高為元校長致開幕詞，其實我本來很盼望剛到清華不久，對材料系尚不熟悉的高校長今天能前來參加各項「清材五十，精采一百」活動，見證材料系五十年來的蓬勃發展。清華材料系在1972 年成立，是工學院最先成立的三系之一，仰仗當年徐賢修校長遠見，得以設立了當時即使在世界上其他先進國家都少見的「材料科學與工程系」，再憑藉清華的固有聲譽，掌握了先機，招收到眾多優秀學子，到 2021 年為止大學部、碩士班、博士班畢業生總計各為 3453、3043 與 750 人，開枝散葉，在台灣材料界，不論是產業界與學研界，都舉足輕重。

　　在學術上，材料系教師與系友囊括國內材料所系僅有的中研院院士一名、國家講座兩名，另有教育部學術獎三名、不可勝數的國科會傑出研究獎、新進人員吳大猷獎得主等，同時至少有八人擔任過大學校長，在清華，包括教務長、學務長、總務長、全球長以及工學院院長，在其他學校，尤其是國立大

▲ 右：精彩五十
　左：見證材料系蓬勃
　　發展

學，從北到南，清華系友出任許多大學副校長及一級主管、院長，以及所有主要材料系都各至少有兩位系主任，坐實了台灣材料學研龍頭。

在產業界，系友創業成功，經營上市公司，可謂比比皆是，在大型高科技公司經理人中，僅從四位台積電副總，聯華電子一位執行副總與五位副總為系友來看，就可感受到材料系的實力驚人，同時母校從 2000 年起選拔校級傑出校友，材子材女有十位入選，與清華其他所有系所相較，比率超乎尋常的高。尤其難得是，系友們對母系向心力極強，除了多位長期擔任學生業界導師外，在清華兩次較大型的捐贈活動中，材料系友都一支獨秀，這包括約十年前為籌建綜合體育館而發起成立的「百人會」，材料系友在人數以及金額上，都勇奪清華所有系所第一；同時在系友與教師的倡議下，為籌措永續基金，於 2018 年成立「雙百會」，號召「百人會」系友捐贈第二個一百萬，並連同其他系友捐贈，加入「清華永續基金」之次基金投資所得孳息方式支援系務發展，獎助教師與學生；「雙百會永續基金」入帳從最初 2,400 萬元增加到現今的 3,500 萬元，而從 2019 年起，材料系在前三年已支用金額約 340 萬元。今年的孳息高達 288 萬元，除用以獎勵新進教師及大學部新生外，將擴增發放獎勵碩士班甄試入學獎學金，已發揮相當效果。

另外值得特別一提的是，材料科技在台灣蓬勃發展，並使台灣成為世界製造業重鎮，材料系除培育大量優秀人才外，更積極參與政府各項鼓勵材料科技發展政策制定，包括行政院於 1980 年明定材料科技為四大重點科技之一，教育部於 1980 年代後期，推動材料所系「第二專長」方案，協助各主要材料系拓展金屬材料以外的研究領域，例如讓清大與成大分別重點發展電子材料與陶瓷材料，都開花結果，達到預期目標。

同時清華材料系在台灣材料社群中無疑也居領導地位，以材料科技最主要的「材料科學學會」而言，理事長原來長期都是由擁有較多資源的主要研究單位首長擔任，本系教授是首位以學界身分出掌學會，打破傳統，並證明毫無窒礙，其後另有兩位本系教授出任理事長，可見一般。這次系慶主題是「清材五十，精采一百」，采與彩雖通，要區別的話，采特指精神煥發，所以清材人歡慶五十，精神抖擻破表，另一方面，精彩代表出色；顧往思昔，清材五十，確實可謂「精彩五十」，還待大家繼續努力，達成「精彩一百」目標。

清材五十　學研卓越

2022 年 10 月 31 日　星期一

　　歡迎大家來參加「清材五十，精采一百」活動之一的「學研卓越：教育科研相關內容分享」座談會，與談人都是學研卓越的系友，精彩可期。

　　清華材料系是在 1972 年成立，我在 1977 年加入材料系，當時的清華材料系，共有教師七人，由於台灣當時幾乎沒有博士班，在國外獲得博士學位的教師很稀缺，因此大學大部分領域研究還算是蠻荒地，清華材料系是國內第一個材料系，七位具有博士學位的教師形成國內材料研究的最大聚落，現在看來，很不可思議。

　　1977 年時，大學部畢業生只有兩屆 103 人（76 及 77 級各 52 與 53 人），碩士班畢業生只有四屆 37 人（74、75、76 及 77 級各 4、11、10 與 12 人），到 1981 年，博士班方成立，從 1985 年起，才有畢業生，1985-1989 年共五屆 23 人，與之相對照的是，2021 年大學部、碩士班、博士班畢業生各 105、125 與 23 人，變化相當大，到 2021 年為止大學部、碩士班、博士班畢業生總計各為 3453、3043 與 750 人，由於清華的固有聲譽，以及徐賢修校長遠見，設立了當時即使在世界上都少見的「材料科學與工程系」，是清華工學院最先成立的三系之一，掌握了先機，招收到眾多優秀學子，五十年後，畢業生在台灣材料界，說喊水會凍，並不太誇張。

　　材料系的發展，除了同仁們的努力外，也得到不少外部的助力，首先是政府在 1980 年推動包括材料科技在內的四大重點科技，有特別經費支援，讓材料系購置了不少貴重儀器，也有本錢加入國科會「貴重儀器中心」，得以打造位於「材料科技館」底層的「黃金走廊」，同時也協助清華成立「材料科學中心」，以及「合金鋼廠」的建造與相關設備的購置。

　　政府能在 1980 年代初期以材料科技為四大重點科技之一，主要得力於當

時「中國材料學會」理事長吳伯楨先生建請行政院科技顧問組設立「材料科學顧問小組」，由美國加州大學柏克萊分校材料系湯瑪斯（Gareth Thomas）教授為召集人，最後行政院採納顧問們的建議，而得以成案，對台灣材料科技發展，有重大影響。

這裡不能忽略的是國科會約於同期成立「貴重儀器中心」，先是對審核通過的儀器提供人事與維護費用，其後更在適當時機協助汰舊換新，材料系現今受惠儀器包括高解像能電子顯微鏡（HRTEM）、場發射掃描穿透式球差修正電子顯微鏡（UHRTEM）、場發射電子微探儀（FESEM/EPMA）、X光粉末繞射儀（XRD）、歐傑暨化學分析電子掃描微探儀（Auger/ESCA）、化學分析電子能譜儀（ESCA）以及掃描探針顯微鏡（SPM），洋洋大觀，也是材料系發展的一大助力。再者，教育部於1980年代後期，推動材料所系「第二專長」方案，協助各材料系拓展金屬材料以外的研究領域，原由是教育部聘請美國麻省理工學院柯漢（Morris Cohen）教授來台評估台灣主要材料所系發展，本人受託陪同參訪各材料所系，柯漢教授給教育部的報告指出，台灣各材料系所師資、課程與設備太偏重金屬材料，建議教育部提供資源，協助各所系發展「第二專長」，譬如在清華以電子材料為第二專長，教育部從善如流，以專案方式，分年挹注，對當時主要材料系所發展幫助很大。

其次則是教育部於2000年左右推動「追求卓越」計畫，雖然不是只針對材料系所，但如經過激烈競爭，得到補助的話，對研究水準的提升，大有助益。本人與約二十位清華教師團隊幸運中選，申請到一個四年兩億六千萬元的計畫，也大大充實了材料結構原子層級臨場動態觀察能量。

由於材料系師生同仁多年來「自強不息」以及一些特殊的機遇，清華材料系五十年來不僅在台灣材料界建立龍頭地位，揚名海內外，同時開枝散葉，除在產業界大放異彩外，也確實做到「學研卓越」，今天邀請的與談人是系友中代表性人物，都是台灣學研界的巨擘，一方面是材料系的榮耀，也希望大家在未來更能「繼往開來」。

▲ ①喊水會凍
②不可思議
③湯瑪斯教授與在台學生
④柯漢教授在台灣
⑤繼往開來

厚植未來：清華材料系「雙百會勒石揭牌」典禮

2022 年 10 月 30 日　星期日

歡迎大家來參加「雙百會勒石揭牌」典禮，一般以為勒石揭牌只有一次，而今天是第二次，原因是自上次揭牌後，「雙百會」增加了不少新會員，在材料系歡慶五十周年時，再揭一次牌，別具意義。由於「雙百會」仍在持續招募中，依此邏輯，希望可以在不久以後，能第三次揭牌。

這次揭牌，原定在今年校慶時舉行，因疫情影響與材料系系慶一起順延，幸好目前有「疫情感冒化」趨勢，得以在今天順利舉行。

「清材五十，精采一百」，如取采與彩相通之意，對材料系來說，有雙重意義，一是預祝系務欣欣向榮，向百年大業邁進，另外材料系在約十年前清華「百人會」一役中，勇拔頭籌，不管在人數上以及金額上，都是清華所有系所第一，極為精彩。另一方面，材料系首創「雙百會」，是在「百人會」基礎上，加強對系務支持力道，獎助教師與學生；清華許多其他系所主管，都認為是好主意，卻坦承無法做到，可見材料系系友的不同凡響；如果大家繼續努力，到材料系百周年慶時，應該可以說「清材一百，精彩雙百」。值得一提的是，從上次揭牌到今天，新加入的會員包括兩位台積電的副總，一位聯華電子的執行副總以及四位副總，也可見材料系系友實力強大之一般。

「雙百會」在約四年前成立，以加入「清華永續基金」之次基金投資所得孳息方式支援系務發展，首次揭牌是在 2019 年校慶日，根據紀錄，「雙百會永續基金」入帳從最初 2,400 萬元增加到現今的 3,500 萬元，而從 2019 年起，材料系在每年獎勵優秀新進教師與大學部入學獎學金得以支用金額從約 80 萬元、120 萬元增加到去年的 140 萬元。今年的孳息由於去年產業情況與股市大好，達 288 萬元；今天除揭牌外，也同時舉行頒獎典禮，受獎同學除新生外，

◀ 厚植未來

還有入學後能維持優異成績的以前得獎同學，同時目前也有兩位新進教師得到獎助，系主任與系會會長以及本人等管理委員商議後，決定擴增發放獎勵碩士班甄試入學獎學金，據告知今年甄試生報名人數自 220 名大增約 100 人，獎學金鼓勵應有相當大的效果。

展望未來，當然希望「雙百會永續基金」日益壯大，得以對系務發展有更大的幫助，事實上我與系友會陳超乾前會長曾商量配合「清材五十」，再號召系友們進行新一輪的捐贈，由於今年孳息約為去年支用金額一倍，在系裡想出能被會員認同的創造性用途前，也許不太適合，很高興陳主任提出獎勵碩士班甄試入學的想法，也盼望大家以後能多發揮創意。

另一方面，有感於政府在很多地方浪擲納稅人的稅金，個人收入如有餘裕，最好的辦法是依法節稅，捐贈於覺得有意義的地方，「雙百會永續基金」自然是一個理想的標的，年底將屆，請大家好好考慮。我自己今年的做法是預捐出版新書版稅五十萬元，以拋磚引玉，請大家告訴大家。

▲ ①材子材女
　②第二度揭牌
　③實力強大
　④日益壯大
　⑤極為精彩
　⑥多發揮創意

清華材料話當年：材料系穿透式電子顯微鏡設備變遷

2022 年 10 月 30 日　星期日

　　清華材料系慶祝五十周年，規劃「材料話當年」橋段，先是以創系歷史分享號召，最近又加註「軼事趣」，重點不太一樣，限於時間，現就材料系擁有主要設備之一的穿透式電子顯微鏡（TEM）設備變遷，談談一些軼事，希望部分有趣味效果。

　　我是在 1977 年，也就是四十五年前，加入材料系，當時月薪是一萬四千元，約為在美國擔任博士後研究員的四分之一，但很驚喜的發現，材料系已擁有一部十萬電子伏特（100 KV）TEM，由於我在讀博士以及擔任博士後研究員期間都是以 TEM 為主要材料分析工具，因而以此開始從事各種固態材料研究，比較容易上手，可以說是相當幸運。另一方面，系裡的 JEOL-100B TEM 配備的是從上置入的試片基座（top entry specimen holder），設計脆弱，很容易損壞，而必須送回日本原廠修理，發揮功能受到很大限制。幸好當時「中山科學院材發中心」有一部同型儀器，但試片基座為從旁置入式（side entry specimen holder），而主管對支援學術研究很是慷慨，幫助很大。

　　材料系所擁有的第二部 TEM 型號為 200 KeV JEOL-200C。機緣是政府正推動包括材料科技在內的「四大重點科技」，有特別經費支援。材料系申請項目包括 TEM，但起先並不順利，主要是售價 20 萬美金（時合台幣 800 萬）是當年時空背景下的天價，幸好有機會當面向主管科技的李國鼎政務委員說明，獲得支持而於第二年順利購置，加上所購機型恰當，使用率得以大增，發揮了很大功能，成了材料系研究一大利器。

　　材料系 TEM 更上層樓是購置了型號為 400 KeV JEOL-4000EX TEM，也是台灣第一部具有原子分辨功能的 TEM。這要拜教育部推動材料所系「第二

專長」方案，協助各材料系拓展金屬材料以外的研究領域，當時也有別的學校在積極爭取，最後清大得以勝出，除了靠研究業績外，清大材料中心提供配合款的全力支持也是關鍵因素之一。

下一階段則是在 2003 年購置的 200 KeV JEOL-2000V TEM，這是一部超高真空 TEM，除真空度高達 10-10 torr 範圍外，最主要配備有兩支電子槍，可臨場沉積金屬原子，同時可通電流以及加熱試片，最強大功能是可以從事原位原子層級動態觀察。這一類 TEM 當時全世界只有十部左右，原因之一是因為售價高達兩百萬美金之譜，當時是因為申請到教育部「追求卓越」項目下一個四年兩億六千萬元的計畫，因而得以訂製一部威力強大而珍稀的儀器；值得一提的是，這部研究利器確實發揮了強大功能，造就了許多傑出的研究成果，包括在 2008 年在頂尖期刊「科學」中出版的一篇文章的成果。

再次就是在 2011 年購置的場發射掃描穿透式球差修正電子顯微鏡（型號：200 KeV JEM-ARM200FTH），這部超高解像率（ultra-high resolution）UHR-TEM 特色是配備了球面像差校正器（spherical aberration corrector），因而解像率可達 0.08 nm，是頂級的原子分辨顯微鏡，當初購置時，因歐元貶值，歐洲廠商 FEI 報價極具競爭力，最後日商 JEOL 以加碼免費負責裝修要求極高的防震、防磁設施而得標；同時因為在材料系所有場館中，只有合金鋼廠一隅之地才符合防磁要求，所以有點不搭調的設立於合金鋼廠中。在此也可順便一提的是，由於這部 UHR-TEM 發揮的功能，助成了清華於 2012 年在頂尖期刊「科學」中出版的一篇論文成果。

從材料系擁有 TEM 的一連串變遷，我最大的感想是充滿感激，可謂因時際會，有機會無役不與，而且有豐厚的回報，事實上在每一階段，要感謝的人都很多，限於時間，無法一一感謝，在此一併致謝。

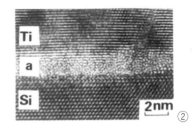

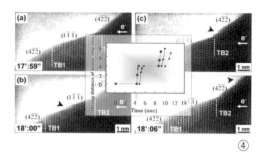

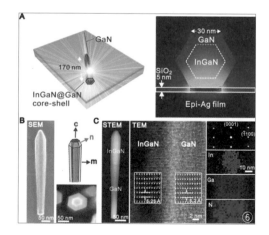

▲ ①JEOL-4000EX TEM
②具有原子分辨功能
③JEOL-2000V TEM
④原位動態觀察Cu原子移動
⑤JEM-ARM200FTH TEM
⑥頂級的原子分辨能力

2022年清華材料系歲末聚餐

2022 年 12 月 23 日　星期五

很高興來參加材料系「歲末成果討論分享餐會」，今天有許多小朋友在場，可能會好奇歲末聚餐為什麼叫「歲末成果討論會」？事實上歲末聚餐以前是叫尾牙，民俗有「做牙」傳統，每個月兩次的土地神祭祀活動，源自古代軍旗，因旗竿上一般以象牙為飾，稱作「牙旗」，牙祭即為出兵時以祭拜軍旗之神，後來逐漸演變一年最後一次「做牙」，叫尾牙，大家分享豐盛的祭品，也是歲末聚餐的由來。

至於為何像清華一樣的公家機關稱尾牙為「歲末成果討論會」，應該是民國九十七年馬英九出任總統時，倡導廉潔，首先是喜慶不送花，餐飲有節度，公務機關到年終對是否辦尾牙有所顧忌，後來似乎是由行政院暗示改叫「年終業務檢討會」解套，沿用至今，也成為尾牙笑談，也許會讓小朋友領會大人的世界比較複雜。

不曉得材料系的同仁有沒有試用過最新網路聊天機器人 ChatGPT，以前只聽說有些軟體可寫出相當水準的文章，而美國非營利人工智慧研究組織 OpenAI 在 11 月 30 日推出 ChatGPT（其中 GPT 為（generative pre-trained transformer）之縮寫，意為「預習式文本生成器」，Chat 即聊天），能夠提供複雜、冗長甚至有趣的回應。一般的反應是能產生具有相當巧妙並無缺誤的文章。由於 ChatGPT 目前為研究預覽階段，開放用戶免費試用，我在上週末上網一試，只能以感到震驚形容，如果問了適當的問題，ChatGPT 所寫文章，從內容來看，恐怕要比現在一般大學生寫得要好。難怪有許多論者說：「大學作文已死」（The college essay is dead），甚至「文學已死」（Literature is dead）。

我個人的感覺，同仁們要趕快了解這項工具，同時在往後帶回家的考試或作業出題時要特別小心，否則難以判斷考試或作業是否有抄襲與剽竊情事。另

外建議您也趁現在免費試用期，上網一試 ChatGPT，不僅可了解未來的挑戰是甚麼，更進一步利用這有力工具，幫助你寫文章初稿，或了解一下主要是人文社會相關的議題。

材料系在今年歡慶五十周年，辦了許多紀念活動，也出版了紀念專刊，活動主軸是「清材五十，精彩一百」，材料系在過去五十年，確實很精彩，也有相當的機遇，可謂得天獨厚，教授與系友表現都非常傑出，尤其歷年培育出大學部、碩士班、博士班畢業生總計超過七千人，開枝散葉，在台灣材料界，不論是產業界與學研界，都舉足輕重。

尤其難得是，系友們對母系向心力極強，除了多位長期擔任學生業界導師外，在清華兩次較大型的捐贈活動中，包括成立「百人會」與「雙百會」，材料系友都一支獨秀。未來五十年，精彩一百可期。

這次系慶，系主任與許多同仁都花了許多心力，讓活動辦得有聲有色，值得大家深深感謝。前幾天碰到系主任與「材料學會」秘書長一起為了明年要在清華舉辦年會及國際會議探勘場地，因此大家明年又有得忙，不過本系的傳統是越忙越能看出本事，願與大家共勉之。

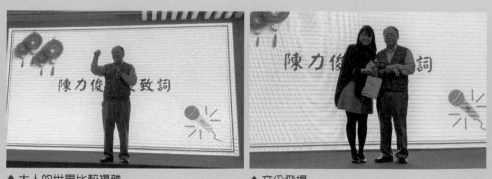

▲ 大人的世界比較複雜　　　　　▲ 文采飛揚

清華退休人員活動

　　樂見其成清華退休人員聯誼會的成立，期望退聯會加強
退休同仁間的聯誼與相互關懷扶持；並參與退聯會舉辦會所啟
用、慶生會、「預立遺囑」及「以房養老」講座等活動，共創
退休人員第三人生的精彩生活。

美滿「第三人生」：2021年清華大學「退休人員聯誼活動」與「惜別活動」致詞

2021 年 12 月 10 日　星期五

　　很高興來參加今天的活動，看到許多老朋友，回想當年在清華共事的時光，也不免感嘆歲月飛逝。

　　由於全球的人體素質或平均壽命，都隨著我們生活水平在逐年進步與提高。總部設於瑞士日瓦內的聯合國世界衛生組織 WHO，於 2020 年將年齡劃分的標準做出全新規定，將「18 歲至 65 歲」的人都定為青年人，而其他年齡則劃分成：0 至 17 歲為未成年人；66 歲至 79 歲為中年人；80 歲至 99 歲為老年人；100 歲以上為長壽老人。所以今天在座的退休同仁多是中年人，只有少部分是青年人或老年人。

　　在台灣一般的退休年齡是 65 歲，這退休年齡是一百多年前，考慮預期壽命，由德國開始，擴及各工業國家而制定的。以平均年齡而言，1910 年時，美國約為 50 歲，而 2020 年，國人的平均壽命為 81.3 歲，有約三十年的落差，如果考慮預期壽命及平均壽命的差別，65 歲退休後，有約三十年的健康生活。前幾年有本專著：《晚退休時代》，就是說明人類發展已到 65 歲無法順利退休的階段，所以我們可算是提早退休。

　　有人把人生分為三階段，分別是求學、就業與退休，所以將退休生活稱為「第三人生」；以現代人的健康情況而言，其實相當漫長；在身體健朗的時候退休，也有許多好處，相信大家都有妥善規劃，讓「第三人生」活得精采又有意義。在此我也要藉此機會，感謝在我擔任校長任內，許多退休同仁響應學校的號召，退而不休，無私無怨的擔任義工的工作，多方協助，令人感念。

　　剛才金主秘很清楚地說明清華大學退休教職員工聯誼會籌組背景。我個人

是非常樂觀其成；前幾個月與主秘以及人事室賴主任談起此事，知道賴主任在中興大學有成功創辦相似聯誼會的經驗；有聯誼會自然可加強退休同仁間的聯誼，但也有許多其他可能性；這部分，需要多聽聽退休同仁的意見，大家集思廣益，以有限的資源，發揮最大的效益。我個人建議，在聯誼之外，選擇最具需要性而普惠大眾的工作率先推動。

為拋磚引玉，我也不避諱的提出，協助大家預立遺囑可能很切合需要，所謂「死生亦大矣」；也許深受孔子「不知生，焉知死」思維影響，國人多避談生死，但正如文天祥在〈正氣歌〉中所說：「人生自古誰無死」，而一般人仍多有所忌諱，往往沒有在身心健康時，深思熟慮的情況下，交代身後事，其實是很遺憾的事；據我所知，沈君山校長很早就預立遺囑，內容包括捐建奕園，在清華遵囑實現後，讓清華成為世界圍棋界的聖地；我自己多年前就很認同這種作法，但一直沒有起而行，相信很多同仁都有相似的情況，據我所知，所需要做的就是請教專業律師，有現成的格式，訂立後再經過認證，商妥執行辦法，並不太複雜，如正切合大家所需，聯誼會能協助辦理，將是功德無量。

最後我祝福大家都有美滿的「第三人生」，聯誼會能發揮嘉惠造福退休同仁功能。

▲ 嘉惠造福退休同仁

▲ 祝福大家都有美滿的「第三人生」

▲①自強不息
　②與退休教官們合影
　③與工作人員合影
　④與人事室同仁合影

樂活退休講座：清華退休人員聯誼會 「預立遺囑」講座

2022 年 4 月 23 日　星期六

歡迎大家來參加清華退休人員聯誼會（清華退聯會）「預立遺囑」講座，這是「清華退聯會」成立後的第一次活動，也很感謝任秀妍律師擔任講座主講人。

「清華退聯會」在本月十四日才正式成立，但從倡議、籌備到成立，歷時約一年。宗旨是以增進退休人員情誼以及相互關懷扶持。雖然得到學校的助成，但主體是由退休人員組成的義工團體，從目前規劃到年底的活動，包括雙月樂活退休講座、旅遊、聯誼以及會員關懷，可看出努力的方向，今天的講座也是第一場樂活退休講座。以後陸續舉辦的講座，在規劃時自然會考慮到會員的興趣，譬如說很實際也可能有幫助的「以屋養老」問題，也請大家不吝指教或建議。

在去年 12 月 10 日，清大「退休人員聯誼活動」與「惜別活動」中，我致詞時曾提到個人以為「預立遺囑」很重要，但由於國人對生死的觀念較保守，常忌諱談往生，所以雖然已遠過退休年齡，也是大家常說的七老八十，一般都不會想到交代身後事；但事實上，「人生自古誰無死」，在身體健康，神智清明，將身後事清楚交代，遠比往生時，親友傷痛之餘，還要代位煩惱他人身後各項事務，並可能與當事人想法不符，甚至引起爭論，所以「預立遺囑」是我們應深思慎行之大事。同時「預立遺囑」的好處還包括可藉此回顧自己的一生，檢討一下有何心願未了，也相當重要。

我個人認為「預立遺囑」是個好主意，也常在朋友間宣揚，但一直沒有「起而行」，主要是了解要有法律效力的話，需要經過一定的程序，應尋求專業律師的協助，由於沒有急迫感，即使今天的主講人任秀妍律師是材料系的媳

婦，一年至少也會在歲末聚餐見面，多年來仍始終沒有找機會請教；相信與我情況類似的同仁不少，也多謝任律師抽空到本講座說明。

　　我以前對任律師的認識，主要知道她是台灣大學法律學系的高材生，也是有名的才女，由於總幹事請我今天來開場，所以事前在其律師事務所網站上查到她也是台大法律研究所畢業，曾到英國與美國留學，司法官特考、律師高考及格，考取公費留學，七十四年－迄今是碩彥法律事務所主持律師等，專長為公司法、商務契約、土地法、民法、民事訴訟法、營建爭議、海商法以及保險法等。經歷包括工商徵信通訊社記者、大學講師、包括清華大學、交通大學、中原大學通識課程特聘講員，以及中華電信獨立董事等，學經歷極為豐富。相信他今天的演講，一定切合大家需要；如有未盡之處，等下「問與答」時間，有機會向任律師請教。

　　最後要感謝「退聯會」淑嫻總幹事，益芬組長以及所有的工作人員，花費許多時間精力，才讓今天的講座能順利舉行；同時在此波新冠疫情延燒迄未見底之時，還請大家保持警戒，多多保重。

◀ ①從倡議到成立歷
　時約一年
　②由退休人員組成
　的義工團體

▲ ①增進退休人員情誼
　②成立後第一次活動
　③藉此回顧自己的一生
　④檢討一下有何心願未了

清華退休人員聯誼會會所啟用及慶生會

2022 年 10 月 5 日　星期三

今天是「退聯會」的大日子也是大喜日，很歡迎大家來共襄盛舉。會所啟用，一般說入厝，代表「退聯會」未來會有個方便聚會活動的場所，慶生會則是首次舉辦，所以今天有兩個第一。一方面要感謝校方在校園生活機能最強的地點，難得的是在同一「綜四館」內診所、郵局、便利商店等一應俱全，提供寬敞的場所，一方面要祝賀壽星們生日快樂。

「清華退聯會」是在今年 4 月 14 日才正式成立，宗旨是以增進退休人員情誼以及相互關懷扶持，首次活動是 4 月 23 日的「預立遺囑」講座，本來規劃緊接著辦「以房養老」講座，並預定邀請科管院榮譽講座教授，也是國內頂尖的房地產專家，張金鶚教授主講，因為疫情而有所延宕，很感謝人事室在下星期五，也就是本月 14 日與「退聯會」合作辦理「退休後的住房規劃─住房的自由人生」研習，並邀請張金鶚教授演講，對「以房養老」概念將有所闡發；「預立遺囑」以及「以房養老」對現今台灣社會都還不是大家習以為常的作法，但是可能是趨勢並適合部分同仁對未來的規劃，值得大家探討。

也是因為疫情導致延宕，「退聯會」剛在上星期二，即 9 月 27 日，舉辦第一次戶外活動，該日「圓山飯店參訪」活動包括精彩的飯店導覽，從建築外觀到室內景點、歷史足跡、東西密道、總統套房等，一覽無遺，對宮殿式建築，從外觀到內部，紅柱金瓦，處處可見龍形雕刻所展現的東方藝術之美印象深刻。中午則享用「總統國宴餐」美食，餐後並安排走訪附近的「士林官邸花園」，在自然美景中，除遠近馳名的玫瑰園外，正舉行為期約一月的「秋季蘭花及盆花展」，觀賞到許多珍稀蘭花，美不勝收，一直到下午四點才盡興而歸，「圓山之旅」要特別感謝長期在圓山飯店擔任義工的活動組胡益芬組長的精心安排，可惜益芬當天染疫隔離中，未能親自導覽。這裡也要提醒大家，台

灣疫情仍持續中，目前每天確診人數，竟然與人口為台灣十四倍的美國相當，現在還看不到底，自我防護還是要多注意。

今天另一活動是慶生會，這也是退聯會未來將定期舉辦的活動，「退聯會」希望協助退休同仁樂活，也就是快快樂樂的生活，與老同事們共同慶祝生日，可以說「不亦樂乎」？在此先祝賀壽星們生日快樂。同時希望各位會員對往後「退聯會」的活動提供寶貴的建議，讓大家活得精彩，活得快樂。

最後我們要感謝當初金仲達主秘與人事室賴主任倡議，清華各單位一路協助，讓「退聯會」順利成立與發展，同時也要感謝熱心的義工同仁，包括張淑嫻總幹事等最強的工作團隊，由於人數太多就不再此一一點名致謝，但讓大家對他們無私付出報以熱烈的掌聲感謝。

▲①大日子也是大喜日·（鄭毅強攝）
　②兩個第一（鄭毅強攝）
　③校園生活機能最強的地點（鄭毅強攝）

▲①大家活得精彩（鄭毅強攝）
　②協助退休人員樂活（鄭毅強攝）
　③生日快樂（鄭毅強攝）
　④當我們同在一起（鄭毅強攝）
　⑤長長久久（鄭毅強攝）
　⑥圓山飯店參訪(孫海珍攝)

「退休後的住房規劃—住房的自由人生」研習

2022 年 10 月 15 日　星期六

　　很感謝人事室與「退聯會」共同辦理「退休後的住房規劃—住房的自由人生」研習，並邀請張金鶚教授演講；張教授是國內頂尖的房地產專家，經常可在報章雜誌上看到他對國內房地產發展趨勢發表看法，尤其對「居住正義」的執著，讓人印象深刻。

　　「清華退聯會」是在今年 4 月 14 日才正式成立，宗旨是以增進退休人員情誼以及相互關懷扶持，推動「樂活的第三人生」，預定每兩個月舉辦一次「樂活講座」，首次是 4 月 23 日的「預立遺囑」講座，本來規劃緊接著是「以房養老」講座，並預定邀請張金鶚教授主講，因為疫情而有所延宕；「預立遺囑」以及「以房養老」對現今台灣社會都還不是大家習以為常的作法，但是可能是趨勢並適合部分同仁對未來的規劃，值得大家探討。

　　「居住正義」在舉世來說，可以說是「可望而不可及」，尤其離奇的是從比較自由民主的美國，到制度大不相同的台灣與中國大陸，都有嚴重的偏斜現象，讓許多人，尤其是年輕人，望屋興嘆。而在華人地區，由於家族觀念較為強烈，以及以往父母與子女同居的關係，常見的是長輩把房產遺留給下一代，但如今社會型態改變，成年子女多不再與父母住在一起，而可能仍期待繼承房產。另一方面，父母在老年如未受子女奉養，經濟上感到拮据時，「以房養老」也許是好主意，或者是不得已之舉。

　　今年三月份時，在「聯合報」上看到張金鶚教授所寫的「多元以房養老享受第三人生」文章頗有共鳴，張文重點是從財務規劃觀點，「以房養老」有助於讓老年人有品質的快樂生活，一方面是心態的改變，另一方面指出一些進行管道，如由銀行推動的「逆向抵押貸款」的利弊，建議政府應仿效國外作法，

積極推動由壽險業者主導的「售後租回」方式，也期待政府推廣由社福團體主導的「社會照護贈與」的以房養老方式，這讓老人不是拿到現金，而是住在自家且獲得長期的照顧服務，百年之後，再把房屋捐贈給該社福團體，達到「利人利己」目標。同時建議政府透過立法提出「以房養老條例」，明確規範相關參與單位，提出配套措施，建立監督評鑑機制，以確保老年人享有尊嚴且樂活的第三人生！都非常有見地。

今天張教授的講題是：「退休後的住房規劃—住房的自由人生」，當然不止「以房養老」，譬如說老年人不見得每個人都有房，但還是有居住的需要，有房的老年如子女孝順，又樂意同住，贈與房產可謂名正言順，但有時又並沒有自己樂意贈與房產的子女，有的老年人需要專人照護，同時可能分階段而有所差異，種種情況，有各種處理方式，需要好好的規劃，重點還是達到張教授擬定的題目所說的「住房的自由人生」，值得探索，找到最佳方案。

〔後記〕

張教授幽默風趣，除了闡述「住房的自由人生」方方面面，更介紹其參與創建的「好時價」公益網站，只要鍵入現在住址，說明屋齡、房屋形式、樓層、坪數、停車位等，立即可對住屋估價，事後一試，發現相當實用，值得推薦。

張教授也不吝分享對退休生活的看法，提出一些值得參考的建議，如「做一些以前想做但未能做到的事」、「規劃花錢到淨現值（net present value，NPV）為零」，持續從事傳承經驗公益事業，移地居住體驗等；其本人雖已自職場正式退休，但活力十足，以大眾福祉為念，可謂退休人生典範。

▶ 退休人生典範（孫海珍攝）
▼ 住房的自由人生（孫海珍攝）

111年「清華大學退休人員聯誼活動」

2022 年 10 月 19 日　星期三

　　今天很高興看到許多平常不常見的老同事，我在卸任校長後，有很多年沒有參加退休人員活動，一個主要原因是我在屆齡而被教育部除籍後，承蒙學校約聘，可以繼續指導研究生，近兩年並擔任台灣聯合大學系統校長，所以身分上算不算退休人員有些疑義。另一方面，從去年開始籌畫的「退休人員聯誼會」的同仁們，從頭就認定我算退休人員，大概以退休人員自居，也不為過。

　　在去年「退休人員聯誼活動」活動中，當時的金仲達主秘很清楚地說明籌組清華大學退休教職員工「聯誼會」背景。經過好幾次籌備會，在今年 4 月 14 日正式成立；我本來是答應做榮譽會長。計畫趕不上變化，不小心就當上了會長，既然蒙同仁們抬舉，自然要盡力而為，協助「聯誼會」打好基礎。很幸運的「聯誼會」有約二十位熱心的志工，包括葉銘泉副會長，張淑嫻總幹事，胡益芬、孫海珍、施竹東、高天慶組長等，凡事辦理的妥妥當當，我則是「坐享其成」。

　　「聯誼會」的宗旨就是加強會員聯誼，以及相互關懷，希望對大家過樂活的第三人生有幫助。很感謝活動組胡益芬組長的規劃，本來是每月固定一項活動，唱歌和郊山健行輪辦；每半年舉辦一次慶生會；每半年舉辦國內旅遊（一日遊及多日遊各一次）；每兩年舉辦一次國外旅遊（疫情期間暫停）。雙月樂活退休講座（與人事室合辦或聯誼會自辦）以及會員關懷。

　　由於疫情關係，很多活動無法進行，到目前為止辦的樂活講座有 4 月 22 日的「預立遺囑」講座，本月 14 日與「人事室」合作辦理「退休後的住房規劃—住房的自由人生」，另外在上月 27 日辦理「圓山飯店參訪」，本月 5 日則有「聯誼會會所啟用及慶生會」活動，可以大概看出「退聯會」活動的方向；樂活講座正如其名是探討如何快樂生活，選的題目希望有啟發性與趣味性

並重，例如「預立遺囑」可能適合某些退休同仁，打破忌諱，預做規劃，較無遺憾。例如在財產上，預留足夠快樂生活，對家人有所安排部分外，妥善處裡如何運用剩餘資產於自己覺得最有價值的事，也是同樣重要。

與「人事室」合作辦理「退休後的住房規劃—住房的自由人生」講座，由張金鶚教授主講，張教授是國內著名房地產專家，當天除暢談退休後的住房規劃外，也分享他對退休人生的看法，如在退休後開始學習繪畫，做一些以前想做但未能做到的事，同時規劃花錢到淨現值（net present value，NPV）為零，持續從事傳承經驗公益事業，移地居住體驗等；其本人雖已自職場正式退休，但活力十足，以大眾福祉為念，很明顯有個快樂的退休人生，很有參照價值。

這裡要特別感謝學校各單位對「退聯會」的鼎力支持，尤其在學校生活機能最強的「綜四館」提供空間作為會所，讓會員在會所休憩聯誼之餘，也可以很方便的利用同在「綜四館」的診所、郵局與便利商店以及「自強基金會」所辦的樂活課程等，堪稱「五合一」會所。

最後歡迎還沒有成為會員的退休同仁加入「退聯會」，也希望大家對「退聯會」多所建言，讓「退聯會」發揮最大的效益。

▲ ①歡迎退休同仁加入「退聯會」
　②坐享其成

▲ ①加強會員聯誼
　②過樂活第三人生
　③感謝清華對「退聯會」的鼎力支持
　④指向未來

「退休旅遊，暢行世界」樂活講座引言

2022 年 11 月 8 日　星期二

　　很高興來參加今天的樂活講座，聆聽葉副校長分享他的旅遊經驗。今天演講題目是「退休旅遊，暢行世界」，似乎是指葉副退休後所作的旅遊，由於葉副在去年才退休，時間上有所壓縮，如果是指退休人以往所做的旅遊，則時間跨度可長的多。

　　旅遊是現在台灣人普遍有的經驗，但並非一直都是如此，對已屆退休年齡的人來說，相信大部分人年紀輕的時候，較少旅遊，原因是交通不是很方便，經濟情況不允許，旅遊設施不完善，資訊不發達等，回想起來，我在到台北唸大學以前，從來沒有去過中南部，不要說去東部了；隨著時代的進步，這些因素逐漸消除，大家開始注重旅遊起來；很多人也許不知道，台灣以前有個「警備總部出入境管理局」，出入境都要申請，到 1987 年解嚴後才撤銷，現在大家只要有護照，隨時可以出國，是當時無法想像的，現今出國旅遊也漸漸普遍。有趣的是據一位歷史名家的說法，出國旅遊成為時尚，並非自然演變，而是旅遊業大力推廣的結果。

　　最近聽到一個「三高族」的說法，是指高壽、高智能、高資產的人，可能大家都屬於這一個族群，這是因為第二次世界大戰結束以來的七十幾年，世界沒有大規模的戰爭，尤其在先進國家間，得以和平發展，科技進步導致經濟繁榮，醫療進步，不僅比較能夠注意健康，平均壽命顯著增加，以前常

▲ 暢行世界

說半百老嫗或花甲老翁，現在六、七十歲的人大部分都如生龍活虎，同時比較有機會受到較好的教育、也有比較好發揮智能的空間，種種因素，累積下來，造就了可被稱為幸運的一代，最具有暢行世界的條件。

清華國際志工在招募新團員或募款時，常會提到「讀萬卷書，行萬里路」，中國歷史上孔子周遊列國，太史公司馬遷遍歷名山大川，以及明朝徐霞客都是旅遊名家，李白執劍走天涯，也膾炙人口，同時還有張騫出使西域，玄奘法師西天取經，鄭和下西洋等負有特殊任務的出行。這裡值得一提的是「讀萬卷書，行萬里路」最先語出明代繪畫大師董其昌。當時他認為讀書與旅行有益作山水畫，清朝道光年間筆記大家梁紹壬先生闡述為多讀書，則見多識廣，後人進一步引申為人不僅要多讀書，而且要行萬里路，才有足夠的見識。

所以旅遊的一個主要好處，就是增廣見聞，所謂百聞不如一見，譬如從小就聽說在外太空上，唯一可用肉眼可見到的人造建築物是長城，但親眼目睹長城的壯麗，是真正勝過千言萬語，另外一大功能則是調劑身心，旅遊可藉機舒散身心，暫時遠離工作繁忙、人際關係等日常生活中的各種煩惱，放鬆心情，有益身心健康；同時不可忽略的是提供體會文化、深度學習的機會，例如可以有文學、歷史、地理，建築、繪畫、音樂之旅等，對少部分人則是可能是為了探險，挑戰極限，完成某種設定的艱難任務。

另外或許值得與大家分享的是寫遊記，我個人回想以往旅遊的經驗，如果沒有特別記述，除了片段外，其餘都很模糊，但如果有記述下來，則歷久彌新，尤其配以現在人人都有的手機攝得高品質照片，翻閱時，常感覺又重遊了一次，大家不妨試試。對應剛才提到的「三高」，樂遊的人實際上是「五有」的人，具備的條件是有健康、有時間、有金錢，再加上有興致，同時不可忽略的因素是有好同伴，具備「五有」，是有福之人，祝大家經常能有快樂而豐富的旅程，快快樂樂出門，平平安安回家。

▶ ①有益身心健康（陳永鎰攝）
　②增廣見聞（陳永鎰攝）
　③有福之人（陳永鎰攝）

增強退休力：退聯會歲末聚餐

2022 年 12 月 15 日　星期四

今天是退聯會成立後第一次歲末聚餐；首先歡迎各位來參加今天的餐會，剛才大家一定感受到整個餐館地動天搖，根據網上資訊，是發生了芮氏規模 6.2 有感地震，似乎顯示老天也格外重視這次餐會。

退聯會自今年四月成立以來，因受疫情影響，原定每月舉辦一次活動，略有延宕，但也辦了三次樂活講座，一次入厝與慶生以及一次旅遊活動，再加上今天聚餐，以及人事室辦理的年度聯誼活動，約八個月時間，辦理了七次活動，每次會員們參加情況也相當踴躍，大致而言，發揮了原來意想的聯誼功能。另一方面，退聯會的關懷活動也積極展開，目前是鎖定住在學校宿舍，包括東院、西院與金城各期公教住宅，八十歲以上的同仁，中間要感謝葉副會長、張淑嫻總幹事，胡益芬、孫海珍、施竹東、高天慶組長以及其他許多熱心的義工同仁，當然我們也要感謝清華校方，尤其是人事室的全力支持。

「聯合報」在最近一週有一系列關於「退休力」的報導，「退休力」是指退休後仍能快樂生活的能力，包括健康、財富、社會連結、自在獨立、好學活躍等共五個面向，以健康、財富為支柱，在財富以及自在獨立方面，「退聯會」較施不上力，但透過聯誼，可增強社會連結，並經由各項活動，有可能增進健康以及助成好學活躍，是聯誼會努力的方向。

對於退休人來說，現時心境當然與年輕時不同，最近看到知名作家王文華所寫的一篇文章「陸上相識，海上重逢」，很值得大家思索與參考；這篇文章光從標題看不出是甚麼意思，後來發現是講朋友相聚，年輕時和中年後的差別；年紀越大，相聚的次數越少、時間越短，相聚的原因越來越少，而不見的原因越來越多，相聚的目的越來越抽象，以至於不急著發生。最大的差別是年輕時，在「陸地」相遇，中年後，在「海」上相聚。意思是年輕時，生活環繞

著自己,所以可以百分之百控制步伐、速度、和目的地,就像行走在陸地。中年後,生活環繞著很多人,自己能控制的比例越來越小,像在海中漂浮。但對退休人員,情況又不一樣,以現代生活型態來說,生活環繞的人不多,自己能控制的時間較多,有一定的安定感,現在不流行串門子,大家也不太會呼朋引伴聚會,所以有退聯會號召,是個能與許多舊時老友相聚的機會,這也是退聯會最能發揮的功能。

大家生活受新冠疫情到現在已接近三年,一定迫不及待希望能恢復正常生活,但從台灣與美國最近的數據,可能是受冬天大家比較容易群聚於室內影響,確診人數不降反升,如美國從約每天兩萬人低點,到今天的六萬六千人,所以目前還不能高枕無憂,未來也可能要準備與病毒共存,因此身體健康,維持較強的免疫力非常重要,盼望大家多多保重。最後祝福大家身體健康,不愁財富,好學活躍,自在獨立並有滿意的社會連結。

▲ 地動天搖

▲ 快樂退休生活

▲ ①發揮聯誼功能
　②身體健康最重要
　③增強社會連結
　④熱心義工同仁

台灣聯大系統活動

於 2020 年接任台灣聯合大學系統校長，親自參與政大加入台灣聯大系統、各校重要慶典、人事交接、運動會、亞際文化研究國際中心教育發展、聯合書展等多項活動，見證台聯大系統的新局與契機。

台灣聯合大學系統「面對未來」的三把鑰匙

2020 年 5 月 20 日　星期三

　　六年前在清華大學校長任滿時，以為這是我擔任的最後一個公職，更沒有想到會再任校長，所以接任台灣聯合大學系統（「台聯大」）校長，是充滿了驚奇。

　　在網路上有一篇頗為有趣的文章認為理想工作是「錢多事少離家近，位高權重責任輕」，我在 2006-2008 年曾擔任「台聯大」副校長 28 個月，2010-2014 年在清華校長任內，也是台灣聯合大學系統委員會的委員，對「台聯大」有相當了解，依我個人來看這職位是「錢少事多離家遠，位尊權輕責任重」；由於我已從正式教職退休，依法最多只能領最低工資，也就是每月 23,800 元，目前「台聯大」總部在台北，所以離家不近，學術職位無所謂高不高，要自許做得讓人尊重，而根據教育部「大學系統組織及運作辦法」（「運作辦法」），校長綜理系統校務與聯合發展相關事宜，執行系統委員會之決議，對外代表大學系統，責任不可謂不重，事情可以很多，同時在充分尊重各校自主下，也不會權重。我所以會接任校長職務，最好的理由是「使命感」。我在卸任清華校長後，曾有機會擔任有一定規模的機構政務官，在經過一天的考慮後婉拒出任，對「台聯大」系統委員會的託以重任，則毫不躊躇，也很珍惜與感謝有這個機會，能有一個相當重要的平台，繼續為台灣高等教育貢獻一份心力。

　　我個人從求學到就業，可謂很幸運，大體上相當順利，尤其在清華大學有長達四十三年的教師資歷，但也很能體會台灣高教的問題；「台聯大」四所大學皆為台灣教學研究各具特色、各有傑出表現的優秀大學。但相較於國際一流名校，四校皆有規模過小，學門不完整的缺憾，面對未來的激烈國際競爭，除

需積極加強校內各學門領域之整合外，實有必要成立大學系統結合四校教學研究之能量，整合資源、發揮互補性，提昇四校教育品質與追求學術卓越，俾達到世界一流大學之目的。有鑑於此，四校在教育部宣布施行「推動研究型大學整合計畫」後，即凝聚共識，以具體行動於 92 年 10 月 8 日試辦共組「台灣聯合大學系統」，並於 97 年 1 月 24 日奉教育部核定正式成立。

在「台聯大」於本月初對「系統委員會」所做的簡報中，可看到「台聯大」發展至今，已逐步達到發揮互補性及整合資源的目標，對於四校之教學與研究的成長皆有極大的助益。目前立即要面對的變化是陽明與交通大學的合校以及政治大學與海洋大學申請加入系統的問題，需要妥善處理。

在今後「台聯大」的運作上，當「承先啟後，繼往開來」，面對迅速變遷的未來，我個人認為有三個關鍵，或三個 key，也可謂三把鑰匙：

第一個是 key point。成立大學系統有許多 key words，就是關鍵詞，如整合、協調、合作、互補、特色、平台、共享、交流，協助、強化、加乘、爭取、拓展、國際化等都是分內之事，但最主要的還是提升，所謂重中之重，勿忘初衷。

第二個 key 是 key tasks，系統現正辦理、執行多項工作，除應定期檢討，讓完成階段性目標的工作退場外，更要在策略性考量下，集思廣益，勇於創新，選擇關鍵性工作重點推動；譬如說，新冠病毒疫情，對全球高教都造成重大衝擊，美國加州州立大學系統甚至已宣布，該系統二十三所學校下學期除少數實習課程，全部改成線上教學，而今天的《紐約時報》更報導劍橋大學計畫下一學年都改成線上教學；「台聯大」是否在去全球化的趨勢下，積極部署，推出改良式線上學分班，如國際線上－校園實境組合碩士班等，是值得多所考量的。

第三個 key 是 KPI（key performance index），也就是關鍵成果指標，「台聯大」做了很多事，成效如何，應定期盤點過去的工作，作客觀的評估。一流的評估才有一流的成果；畢竟活動（activity）不代表成就（achievement），有效率（efficient）不代表有成效（effective）。

「台聯大」成立十八年來，除了劉兆漢與曾志朗校長、吳妍華代理校長，四校前後都有多位一時之選的副校長參與工作、奉獻心力，在四校共襄盛舉之下，因而有相當優良的成績，今後希望與諸位共同努力，更上層樓。

▲ ①由劉兆漢院士監交
②「面對未來」的三把鑰匙
③秀才人情紙一張
④防疫期間一切從簡
⑤攝於「台聯大」總部前

新階段的開始——台灣聯合大學系統新行政總部啟用典禮與茶會

2020 年 7 月 8 日　星期三

今天非常感謝各位舊雨新知，參加台聯大清華總部啟用典禮與茶會。當初對是否要辦這個活動，而驚動許多貴賓，有些疑慮，後來轉念一想，趁今天台聯大校長會議之便，一方面昭告與台聯大有關的各界新階段的開始，另一方面也藉此機會感謝台聯大與清華團隊，在極短時間，即完成交接以及新辦公室的整理工作，期間充分顯示台聯大與清華為一體，是非常正面的訊息。也是在這樣的精神下，感謝清華賀陳弘校長沿襲以往在中央與陽明地主學校的傳統，不僅提供很理想的總部新址，並慨允無償使用。

有人把人生分為三個階段，第一是求學，其次是就業，再來就是退休。個人三年多前從清華教職退休。進入人生 3.0 階段，感謝清華回聘為約聘教師，讓我得以繼續從事研究工作，算是回到 2.5 階段。這次承蒙台聯大系統委員會抬舉，託以重任，心態上是回到 2.1 階段；之所以不是直接回歸 2.0，是因為台聯大工作最主要是整合、協調與支持，不像各位校長站在第一線，直接面對各項繁雜事務。另一方面，包括台聯大行政總部，我在清華各時期一共在五個建築物中有辦公室，而都在我中學六年上下學行經的路邊，不能不歸於人生奇緣的一部分。

台聯大四校在教育部宣布施行「推動研究型大學整合計畫」後，即凝聚共識，以具體行動於 2003 年 10 月 8 日試辦共組「台灣聯合大學系統」，並於 2008 年 1 月 24 日奉教育部核定正式成立，迄今已近十七年，成效有目共睹。目前馬上要面對並妥善處理的是政治大學與海洋大學的加入系統案，以及系統內陽明與交通合併案。未來自然要在現有基礎上，發揚光大，尤其要不忘初衷，致力於「追求卓越，向上提升」。今後當與各校做充分的溝通，聚焦於關

鍵的工作，集思廣益，勇於創新，繼續努力，並定期檢討。

今天給各位舊雨新知準備的薄禮，是拙作《水清木華：清華的故事》；今年是庚子年，清華正是靠美國退還多索的「庚子賠款」而建立，庚子年對清華有特殊意義。所以我將多年累積述寫有關清華故事的文稿整理成書，以為紀念。內容包括一百五十餘則故事與軼事，共二十餘萬字，並附有約400張圖片，已於上月中出書，初步反應相當熱烈，有三位校友共採購了七百本，應有相當可讀性，敬請大家指正。

在茶會前，本校音樂系的同學與我的好友嘉德的何長慶董事長將會為典禮獻唱，據知是在音樂系張芳宇主任指點下苦練一個多月而成，他們選的曲目是「你鼓舞我向上提升」（you raised me up）以及「夢田」，今天有各位貴賓的光臨，確確實實鼓舞了台聯大的同仁向上提升；同時在夢田播種，種桃種李種春風，也是期許台聯大在高等教育中如一股清流，讓莘莘學子以及整個社會如沐春風。

今天邀請的貴賓，都是台聯大、清華與個人在各階段的貴人，除了萬分感謝親臨指導，也期盼未來能與台聯大有緊密互動與支持，最後我要感謝清華主秘、副主秘與各處室同仁悉心協助各項搬遷事宜以及籌備今日的典禮與茶會；最後祝福大家安康快樂。

◀ 追求卓越，向上提升

▲ ①台聯大成效有目共睹
　②在夢田播種，種桃種李種春風
　③「你鼓舞我向上提升」
　④材子材女共襄盛舉

政治大學郭明政校長一行來訪與交流

2020 年 9 月 11 日　星期五

　　很歡迎政治大學郭校長與各位一級主管蒞臨台灣聯合大學系統；上次郭校長到此約於兩個月以前「台灣聯大」新系統總部啟用典禮時。本人雖於今年五月才就任系統校長，但在 2006-2008 年曾擔任系統副校長，2010-2014 年在清華校長任內，是「台灣聯大」系統委員會委員，所以對台灣聯大發展尚不陌生。由於政治大學即將成為「台灣聯大」一員，本人趁此機會對「台灣聯大」作一簡單介紹。

　　「台灣聯大」四所大學皆為台灣教學研究各具特色、各有傑出表現的優秀大學。但相較於國際一流名校，四校皆有規模過小，學門不完整的缺憾，面對未來的激烈國際競爭，除需積極加強校內各學門領域之整合外，實有必要成立大學系統結合四校教學研究之能量，整合資源、發揮互補性，提昇四校教育品質與追求學術卓越，俾達到世界一流大學之目的。有鑑於此，四校在教育部宣布施行「推動研究型大學整合計畫」後，即凝聚共識，以具體行動於 92 年 10 月 8 日試辦共組「台灣聯合大學系統」，並於 97 年 1 月 24 日奉教育部核定正式成立。

　　「台灣聯合大學系統」是國內第一個大學系統，因此也得以最適切的名稱命名。成立之初，由於台灣團結聯盟（台聯）聲勢還很大，常被問是否台聯辦的大學，幸好後來台聯泡沫化，才少了一些煩惱。現在還剩一點小困擾的是苗栗有一個國立聯合大學，我在外不乏有被稱為聯合大學校長的經驗。

　　「台灣聯大」發展至今，已逐步達到發揮互補性及整合資源的目標，對於四校之教學與研究的成長皆有極大的助益。如大家面前都有的簡介裡，可看出台聯大主要工作，就是整合四校資源，發揮綜效，這裡包括教學、行政、研究與國際化資源整合以及帶動先進前瞻思維；其中有多種突破性的做法，當然未

來仍有許多可以加強的地方，還望各位多多指教。

我個人與政治大學的交會，是 2012 年 4 月 13 日，到貴校與吳思華校長簽署合作協議；了解到政治大學與清華大學其實淵源很深，1931-1941 年擔任政治大學前身「中央政治學校」教育長的羅家倫先生在 1928-1930 年間是清華大學校長，而當時「中央政治學校」校長由蔣中正先生兼任，教育長是實質校長。最近了解，他在清華校長任內，曾自撰新校歌，並請吳宓等方家品評，但由於不久後離職，不了了之。羅校長嘗試寫的新校歌，至今沒有面世。前些時聽說政大建有「羅家倫文稿」網站，檢閱之下，發現並沒有其擔任清華大學校長時文稿，只有在未來待高明指點。

同時「中央政治學校」於 1946 年更名國立政治大學，在 1947-1949 年繼蔣中正先生後的第二任校長顧毓琇先生不僅是清華畢業生，而且曾擔任清華工學院院長。另一方面，羅家倫先生在 1932-1941 年擔任中央大學校長，可謂一人曾擔任清華、政大與中央校長。政大加入「台灣聯大」後，找親戚可能會有很大收穫。

政治大學是台灣社會科學與管理科學的翹楚，加盟後，「台灣聯大」將如虎添翼，是大家多所期待的。唯根據正式程序，新加入系統大學須經四校校務會議通過，現各校校務會議日期已排定，屆時還請郭校長指定代表列席，協助答覆可能的問題，以利順利進行。「台灣聯大」的窗口將委請陳正成副校長負責，相關事宜請貴校代表與陳副校長直接聯繫。

▲①「台灣聯大」如虎添翼
　②對「台灣聯大」作一簡單介紹
　③政治大學加盟誠意十足
　④拙作中有與政治大學簽署合作協議致詞

台灣聯大亞際文化研究國際碩士學位學程迎新茶會

2020 年 9 月 12 日　星期六

很高興來參加今天的盛會。也歡迎今年的新生入學。

「台灣聯合大學系統文化研究國際中心」（International Center for Cultural Studies，ICCS）是在 2012 年正式成立，並在教育部備案。亞際文化研究國際碩士學位學程（Inter-Asia Cultural Studies，IACS）是在 2012 年 6 月獲教育部核准成立，首屆學生於 2013 年 9 月入學。期間我擔任清華校長，並為台灣聯合大學系統（UST）系統委員會成員，對 ICCS、IACS 來龍去脈略有了解，但自 2014 年卸任清大校長職位後，則較少有接觸的機會。

這裡我要特別介紹台灣聯大；台灣聯大是由中央、交通、清華、陽明四所頂尖大學組成的系統；基於各校限於規模，學門不夠完整，除需積極加強校內各學門領域之整合外，需要成立大學系統結合四校教學研究之能量，整合資源、發揮互補性，提昇四校教育品質與追求學術卓越。有鑑於此，四校凝聚共識，於 2003 年試辦，並於 2008 年奉教育部核定正式成立。發展至今，已逐步達到發揮互補性及整合資源的目標，對於四校之教學與研究的成長皆有極大的助益。

我在今年五月接任 UST 系統校長職位，從交接簡報及各種資料中，喜見八年來，ICCS、IACS 都有豐碩的成果，而且深受學術界的肯定。從 UST 來看，是各研

▲ 國際亞際文化研究的重要里程碑

究中心與國際學生學程的模範；特別是亞洲人口約 47 億人，是世界總人口約 61%（2019 年），是七大洲中面積最大，人口最多的一個洲。面積 4457.9 萬平方公里，約占地球總陸地面積的 29.4%；2019 年 GDP 約為全球 28%，但預測到 2030 年會達 35%，所以一方面人口密度相對高，經濟上人均 GDP 雖未達先進國家水準，但進步迅速。由於亞洲地域廣大，民族眾多，文化的多樣性很強，差異很大，幾乎沒有統一的「亞洲文化」，而 UST 得以突破限制，成立跨校研究中心與學程，是國際亞際文化研究的重要里程碑。

由於今天是歡迎 IACS 新生，我們可以從 IACS 的數據來看它發展出的特色：

一、國際化：2013-2020 學年，招收境外與台灣研究生分別為 34、50 人，其中境外生來自 11 個亞洲國家或地區以及其他 5 國。畢業生 19 名，10 名本地生，9 名境外生。

二、跨校合作：四校都有相當數量的教師積極參與，其中除陽明大學教師領域較無重疊外，其他三校都有超過二十位教師參與。

三、多元領域：研究以亞洲現代性與批判思想、當代思潮與社會運動、性／別研究、視覺文化為主軸，掌握亞際重要議題，多方探討。

四、獨特性，是舉世罕見的跨頂尖大學、國際化與跨領域、多元議題的學程。

同時在此優良基礎上，中心正擬向教育部申請設立博士班，目前已通過台聯大系統行政會議，將送台聯大校長會議以及系統委員會議通過，但原則上會樂觀其成，希望能如期開始招生。

展望未來，有兩個特殊機會，一是以社會科學見長的政治大學已正式申請加入 UST，另一是將於明年招生的清華大學以「校中校」方式運作的「台北政經學院」其初期重點之一是「亞洲政經與國際關係」，未來與本中心與學程的緊密互動是可以樂觀期待的。

最後我祝福各位在 IACS 中，能夠充分享用 UST 能提供的資源，讓你的學習歷程不僅多有收穫（fruitful），而且分外愉快（enjoyable）。

▲ 有國際化、跨校合作、多元領域、獨一性的特色

▲ 在學習歷程不僅多有收穫（fruitful），而且分外愉快（enjoyable）

「愛在瘟疫蔓延時」聯合書展

2020 年 12 月 2 日　星期三

身為一個愛書人，參加書展是一件很快樂的事，尤其了解這項活動最先獲得「台灣聯大」四校與政大響應，而政大已預定於明年二月加入「台灣聯大」，當然更值得恭賀的是「愛在瘟疫蔓延時」聯合書展獲得廣泛支持，才有今天的盛況。

今年 1 月 20 日剛從緬甸旅遊返台，武漢於 1 月 23 日封城，從此世界就不一樣了。據最新數據，全球染疫已逼近 6,500 萬人，死亡超過 149 萬人，而且正在繼續延燒，到明年兩項數字翻倍都有可能，未來歷史必然會記上 2020 年是「百年大疫」年，人生不滿百，大家碰上了，除了咬牙撐過去，還要牢牢記取歷史教訓。

台灣很神奇地在這場大疫中成了抗疫典範，一方面染疫與死亡人數都能控制到極低檔，另一方面民眾大致上能過正常生活，完全歸功於運氣，是站不住腳的。但相當程度的鎖國、民眾普遍接受戴口罩的需要、大多打過卡介苗、未曾有超級傳播者闖入國門，或都是重要因素；值得注意的是，最近歐美疫情再趨嚴重，疫苗是否能發揮功效還在未定之天，秋冬又是較不利的散播期，有名的莫非定律告訴我們：「可能出錯的話一定會出錯」，全國上下必需要多加警惕，才可能確保防疫冠軍的美名。另一方面，現在全球防疫第一、二名，無疑是台灣與中國大陸，兩岸政體、量體與民情有極大的差異，但殊途同歸，同創佳績，是相當令人好奇而且很值得探究的問題。

此次疫情何時會告一段落，目前還看不清楚，但總會過去；去年此時，絕大多數的人都以為現代科學昌明，醫學發達，瘟疫已在可控制範圍，而不會在全球擴散，目前已證明過度樂觀；同時歷史告訴我們，人類與瘟疫纏鬥是永無休止的奮戰。歷史是有文字記載的史蹟，人類從中汲取的教訓，但主要的載體

還是書籍，因而今天書展的意義極為重大。我原想就最近閱讀都跟歷史有關的兩本書，一是美國史學家麥克尼爾（William H. McNeill）早在1976年所著《瘟疫與人》（*Plagues and Peoples*），副標題「傳染病對人類歷史的衝擊」。[1]，二是日本作家石弘之在2018年出版的《傳染病的世界史》，副標題是「人類二十萬年興亡史上最大戰爭！」[2] 稍加推介。限於時間，就將第一本書作為推薦書，而集中對第二本書略作發揮。

在《傳染病的世界史》中首先談到人類與微生物的爭戰；雖然由智人所領導的「人類世」有七萬年還是二十萬年，還未有定論，但大致可說約十萬年，而導致人類生病的細菌與病毒已生存於地球達四十億年之久，其蛻變一代可短到20分鐘，而人類一代約二十年；在生物學中，一般可接受的說法是生物傳宗接代，是往有利於其生存的方向走，也就是達爾文說的適者生存，道金斯「自私基因」的要旨。如此在對微生物的抗爭中，在演化上，人類是處於極為不利的地位。同時現今統計病毒數量超過一億種，或許是世界上最大的族群，更為難纏。

在人類進化史中，有許多環境變化導致的傳染病，農業革命導致人類定居，擴張聚落，相互交流，也頻繁接觸家畜，造成傳染病固定化。早期社會沒有多少聚落可以解決水汙染問題，因此常爆發各種消化道傳染病。同時研究發現，2001年，已知1,415種引發人類疾病的病原體，有60%透過動物傳染給人，而175種近半世紀才出現的「新興傳染病」中，75%是動物傳染病。進化生物學者提到：「家畜是疾病的溫床，生產食物也會生產傳染病。」同時寵物與捕食的「野味」也會帶來傳染病。

工業革命在產業迅速發展之際，造就了高密度都市，也導致了惡劣的衛生環境，讓傳染病大顯身手。近半世紀來，出現許多「新興傳染病」，大量出現時，也正是全球急遽破壞環境時期。人口暴增、經濟擴張、濫墾森林、礦業擴張、都市膨脹、大規模開發，讓原本穩定的自然系統處處崩解。

另一方面，戰爭擴散了傳染病。每次爆發戰爭，軍民都要面臨缺糧與不衛生的條件，也促進了傳染病的流行。第一次世界大戰，約有60%士兵死於疾病或飢餓。歷史上所有死在戰爭中的士兵，估計有三分之一到二分之一死於疾病。

---

[1] 麥克尼爾（William H. McNeill），《瘟疫與人》（*Plagues and Peoples*），楊玉齡譯，天下文化，台北（1976）。
[2] 石弘之，《傳染病的世界史》，李漢庭譯，木馬文化，台北（2020）。

人類祖先在非洲誕生後，據信因當時許多人死於疾病紛紛遷徙逃命。但遷徙並非結束，大量細菌、病毒成為隱形的旅伴，更是傳染病擴散的關鍵。人類在狩獵採集時代以及游牧時代，集體移動，也沿途散布了傳染病。東西交流時代，交易的同時，人類與家畜也帶來了各種疾病。雙方對外來的傳染病都沒有免疫力，因而引發大流行。在歷史上造成很多慘劇，包括美國原住民幾乎滅絕，中南美馬雅帝國與阿茲特克帝國滅亡。

　　近年來交通發達，旅遊以及商務旅行急遽成長，中國大陸春運輒以數億人次計，武漢為交通樞紐，封城前已有五百萬人離城，若不是當地採取的強力措施，將成人間煉獄；但先在歐洲，再到美洲，延燒到各地；美國在 11 月 28 日，單日確診突破 205,000 人，死亡也超過 1,400 人，令人怵目驚心。美國是全世界最富強，醫學最發達的國家，淪落自此，自有其背後的政治、社會因素，同時也警惕我們，防疫並非能自動隨時而進步的。

　　總之，人類文明的進展中，各階段皆促發各種傳染病的流行，也促成各種防疫措施，但從生物演化歷程來看，這是永不休止的戰爭，誰能預想到 2020 年還會發生百年大疫就是明證；作者說：「新型冠狀病毒是相當棘手的傳染病，相信往後也會不斷突變，約莫每十年流行一次，繼續威脅人類與文明」。前面提到的麥克尼爾早在 1976 年問到：「未來是否會有更可怕的病毒出現？」並說：「未來可能發生意想不到的突破，擴張到目前無法想像的範圍，出現的不會是穩定性，而會是一系列的劇烈變遷和突兀的震盪」，撫今思昔，其預言令人驚慄。

　　記載在各種優良圖書中歷史的教訓以及抗疫的成果與努力，警告世人應提防悲劇再現，同時指出深入探究各種關鍵問題、擬定策略方向，是值得我們記取、深思並改進的。這也說明今天書展的意義，祝大家多讀書而「開卷有益」。

▲ 人類文明進展中各階段皆促發傳染病的流行

▶①人類對微生物的抗爭處於
　極為不利地位
②碰上「百年大疫」，要牢
　牢記取歷史教訓
③與林文源館長及中央社張
　瑞昌社長合影

互惠原則：台灣聯大系統文化研究國際中心年度成果發表會致詞

2021 年 1 月 22 日　星期五

很高興來參加今天的成果發表會。去年九月，我與台灣聯大系統（UST）幾位副校長一起參加迎新茶會與研究員交流會，大家都對國際中心的成就與活力印象深刻，今天是第二次來參加活動。

這幾個月來，UST 正積極進行組織調整，一來政治大學已經教育部正式核定加入系統，二來陽明、交通大學合併在即，到下個月，UST 將是中央大學、政治大學、清華大學與陽明－交通大學合組的大學系統，共有約七萬學生以及四千位教師，聲勢更為浩大，同時也是中心與政大人社領域教師整合的契機。

大家都知道前一陣子亞際文化學程申請成立博士班以及相關問題，都碰到了一些障礙，今天我來此參加活動外，也希望藉此機會向大家說明原由以及建議在未來如何設法克服。

對於由四所頂尖大學組成的台灣聯大系統，表現優異的亞際文化學程申請設立博士班是順理成章，而且應是有所期待的，但在校長會議中，並未獲得四校校長一致的支持，這主要有兩個原因，一是教育部對博士班學生名額有嚴格的總量管制，而在人文社會領域，普遍感到僧多粥少，要從現有系所名額調配不易；另一原因是雖然中心努力做

▲ 活動海報

到讓四校積極參與，但從客觀數據上，參與教師與學生分布不容易做到各校大約相等，也影響到支持度。

這裡我也順便向大家說明台灣聯大系統的運作，主要是負責整合協調工作，運用資源由四校繳交有限的會費供總部使用，是社會學中所謂的小政府狀態，最主要決策仍是由各校自主；譬如說作為各校代表的系統副校長的辦公室，圖書館服務以及校際專車等，都是由各校分別負擔；其他如聯合招生、轉學等都是由四校相關部門處理，收支並列；在教育部執行「頂尖大學邁頂」計畫時，曾一度支援大學系統，但在各大學爭先恐後成立各種形式聯盟與系統後，停止直接補助，目前文化研究國際中心是 UST 唯一反應得快，能在深耕計畫中爭取到經費，維持運作的中心，殊為不易；但在其他資源分配上，因為打破各校現有系所建制，在爭取支持上，有很多灰色地帶；目前學程與中心由 UST 每年支援經費約一百萬，已是竭盡所能，在教師員額上則無法著力，所以關鍵是首先要得到各校的支持。

另一方面，要得到各校的支持，以我擔任清華大學校長的經驗，人文社會領域對大學來說，大家都知道很重要，同時所需的資源，尤其是經費方面，相對地少，理應較容易獲得支援，但往往與實際情況不符；這就牽涉到策略問題，一是內部整合，如果眾說紛紜，校方自然不想治絲益棼，二是多與相關單位溝通，讓大家了解學程之具體成就與相應需要；同樣重要的是，各校參與教師要把握互惠原則，互惠的英文是 give and take，要把事情做成，互惠精神是很重要的，我想在座的很多教師都當過學術主管，都會瞭解在各單位業務推動表現熱心的同仁，比較容易獲得支援，這不僅是人之常情，也是言之成理。如果你平常對公眾事務多抱冷漠態度，就沒有很好的理由獲取額外的支持。這個道理在校內各層級，包括所系、院、校都是一體適用的。

最後我很期待聆聽中心各專題的年度成果報告，並祝大家新年快樂。

台灣聯大系統新舊任副校長無縫接軌

2021 年 2 月 3 日　星期三

台灣聯大系統在 2 月 1 日，喜逢政治大學正式加盟，讓台灣聯大在「整合、提升、卓越」要旨上，更能發揮綜效。同時也要祝福陽明與交通大學強強併，校運昌隆，一切順利，向偉大的大學邁進。

今天是台灣聯大系統的一個重要日子，有三位副校長要同時卸任，同時有三位新副校長要上任，變動之大是空前未有。一般會被認為是人事大地震，但因台灣聯大系統的特殊性質，副校長都由系統中的大學校長所鄭重推薦，學經歷豐富完整，一定可以無縫接軌。

三位卸任副校長中，陳正成副校長與台灣聯大系統相伴達十八年，是最資深的元老，勞苦功高，同時也要感謝他同意在未來兩年，協助台灣聯大主編《台灣聯大二十年》，也謝謝陽明交通大學新任的林奇宏校長提供部分資源助成。

綦振瀛副校長在台灣聯大服務六年，貢獻良多；如今轉任中央大學副校長，以後互動機會必定仍會很多。

林奇宏副校長在台灣聯大工作雖僅一年半，但績效卓著：我們也要恭喜林副榮任剛合併的陽明交通大學校長，可謂仍在台灣聯大服務；同時林副是歷任台灣聯大副校長中，第四位出任台灣聯大系統內大學校長，有人開始戲稱台灣聯大是「校長養成所」，相信這項優良傳統會繼續由現在以及未來副校長們發揚光大。

今天台灣聯大位卸任的副校長們準備的紀念品是新竹地區有名的景祥藝品公司製作的琉璃藝品「如意結果」。與一般如意不一樣的是，如意上附有兩枝金桔，象徵萬事結果如意，也是我們對各位卸任副校長的祝福。

新任的顏上堯副校長為美國麻省理工學院運輸工程與管理博士，曾任中央

大學土木工程學系系主任、總務長、研發長、中國土木水利工程學會運輸工程委員會主任委員，行政領導資歷豐富；蘇蘅副校長為國立政治大學新聞學系博士，曾任政治大學國際合作事務處國合長、新聞學系系主任，國家通訊傳播委員會（NCC）主任委員，國安會諮詢委員，並曾在聯合報擔任教育與財經記者多年；李大嵩副校長為美國普渡大學電機博士，曾任國立交通大學研發長、學務長、電信工程學系系主任、國家通訊傳播委員會委員、財團法人電信技術中心董事長，同時現並兼任陽明交通大學交大校區校務長，同樣資歷豐富多元。

　　三位新任副校長學經歷均極為優異，為一時之選，必能在推動系統工作上順心應手，大展長才。

　　未來四位副校長的分工，我建議並蒙四位同意大致如下：顏上堯副校長接替綦振瀛副校長現在工作，蘇蘅副校長督導研究中心與部分學生事務，林聖芬副校長繼續負責行政工作，李大嵩副校長負責教務；未來具體工作內容則可持續溝通協調，以最適化彈性處理。

　　十八年前台灣聯大系統的成立，是台灣高等教育多年來難得的創新，在四校通力合作下，斐然有成；未來，台灣聯大系統將是中央大學、政治大學、清華大學與陽明－交通大學合組的大學系統，共有約七萬學生以及四千位教師，聲勢更為浩大，同時也是攜手更進一步、再創高峰的契機，願與我台灣聯大同仁共勉之。

▲ 台灣聯大系統重大里程碑

▲ 蘇蘅副校長代表政大致贈禮物

▲①陳正成副校長與台灣聯大系統相伴達十八年
　②綦振瀛副校長貢獻良多
　③恭喜林奇宏副校長榮任陽明交通大學校長
　④一時之選菁英會

台灣聯大系統新局與契機

2021 年 3 月 18 日　星期四

　　台灣聯大系統在今年 2 月 1 日跨過了一個重要里程碑，也就是在成立十八年來第一次在系統內有一個新大學加入，兩個大學合併，同時有兩位校長卸任，一位校長新任，並有三位新副校長，變動空前巨大，邁進嶄新之局。

　　美國在今年 1 月 20 日有了新總統，Biden 就任近兩月，大刀闊斧推動了許多措施，包括最近國會通過的美金 1.9 兆紓困案，有好幾位專欄作家開始稱他 transformational president，也就是轉型式的總統；當然這裡所說的轉型，有各種含意，但對台灣聯大系統來說，因應重大的變動，也是轉型的契機。

　　台灣聯大熱烈歡迎政治大學加入系統，政治大學在郭校長領導下對加入系統，展現了無比的誠意，因此難得的在各校校務會議中對加入案都無異議的通過。大家都瞭解到，政治大學在許多與原先台灣聯大各校有高度互補的領域在台灣首屈一指，蜚聲國際，加入宛如源頭活水，無疑將發揮強大的具體綜效。

　　很巧合的，陽明與交通大學強強併也同步完成，這當中陳信宏校長與郭旭崧校長都發揮了令人讚佩的領導力與協調力，是讓「美夢成真」的功臣。陽明交通大學正式成立，不但開創台灣高等教育新局面，也將大大增強台灣聯大實力，由量變轉為質變，更上層樓可期。在此也預祝陽明交通大學在林奇宏校長領導下校運昌隆，規劃宏大，屢創奇蹟。

　　台灣聯大到後年，即將成立二十周年，正著手規劃出版《台灣聯大二十年》，以為誌念；有道是「沒有紀錄，就等於沒有發生」，事過境遷，物故人非，容易被遺忘湮沒；承蒙剛剛榮退的陳正成副校長答應主持編輯工作，預計以兩年為期，在二十周年慶前出版；陳正成副校長在台灣聯大自始到榮退服務十八年，是編輯紀念專書的不二人選，他所擬就編撰綱要已列為今天會議附件，請大家卓參並提供寶貴意見。

台灣聯大成立以來，由原來四校秉持「整合、提升、卓越」要旨，虔心經營，在各方面均交出了漂亮的成績單；另一方面，台灣聯大也並未安於現狀，曾於 2012 年參訪美國加州大學系統，並於次年執行教育部計畫研究法人化的可能；美國加州大學系統有一個具有相當規模而實質的系統總部，下設十個大學以分校形式運作，受到現行法規的諸般限制並不足法；法人化獨立性較高，但牽涉教職員權益以及社會觀感問題，客觀條件不成熟，所以都遭擱置；但以前不行，未來未必不可行，這也是台灣聯大不應或忘，而可進一步集思廣益，深切探討，在充分溝通下達成共識，才能在未來把握轉型契機，適時推動。

　　本次會議，除了就成員變動修訂部分法規，也會就一些暫行措施，如台灣聯大暫行標誌等，進行討論。使人欣慰的是，各校對台灣聯大推動工作，無不全力以赴；特別值得一提的是四校合辦的聯合音樂會；原來規劃為「松竹楊梅」音樂會，在政大加入後，學生們排除萬難，改成「松竹楊梅楓」音樂會；各場演出都結合了各校鋼琴好手及音樂人才，品質大有提升，場面更為壯觀，是加強現今四校之間互動可喜的良好開始。

▲①邁進新局
　②懋績功高
　③卓越領導

▲①接手即上手
　②無縫接軌
　③全力以赴
　④共創光輝未來

成功的反思：2021 年台灣聯大亞際文化學程及文化研究國際中心師生迎新線上交流會

2021 年 9 月 11 日　星期六

　　首先歡迎新進教師與同學加入亞際學程及文化研究國際中心；去年九月第一次參加亞際學程迎新會，是在防疫警戒第一期期間，當時以為今年開學時疫情已經成為過去，不想反而更為嚴重，也讓大家見證世事難料。

　　另一方面，今天師生迎新線上交流會也是一個全新體驗，象徵一個變動的未來，雖然是出於無奈，也帶來新的契機。譬如說視訊課程已更普遍，對跨校，尤其是跨境，學習帶來不少利便。另一方面，要切記大學的主要價值之一仍是與其他師生的互動。

　　今年對台灣聯大來說可謂創新元年，自二月一日起，一方面陽明與交通大學合校，一方面有政治大學的加入；台灣聯大雖仍由四校組成，但實力更為強大；對亞際文化學程而言，有執國內社會科學牛耳的政治大學加入，在質與量方面，均是提升的大好機會，需要大家共同努力。

　　由於大家過去優異的表現，得以進入為四所一流大學組成的台灣聯大學程，在各大學經過課程、研究與校園文化的洗禮，豐富學識、增長見識，未來進入社會，如拿到金鑰匙，有機會大展長才，進入贏者圈，身屬人生勝利組，社會的菁英階級，就個人而言，固然可喜可賀；但就整個社會而言，卻有值得深思商榷的地方。

　　目前大家最關注的議題之一是數位化與全球化帶來的不平等的問題。美國政治哲學家邁可・桑德爾在近作《成功的反思：混亂世局中，我們必須重新學習的一堂課》[1]提出「只要努力就有機會成功的社會，真的實現了平等與正

---

[1]　邁可・桑德爾（Michael J. Sandel），《成功的反思：混亂世局中，我們必須重新學習的一堂課》（*The Tyranny of Merit: What's Become of the Common Good?*），賴盈滿譯，先覺出版社，台北（2021）

義嗎?」的問題,他高聲疾呼:「我們迫切需要重新思考『成功』的價值。」直視當代社會最重大的課題與挑戰,前所未見的反思角度與解方,激起全新對話!

「只要努力便能成功」這話我們常聽人說,可能自己也常對別人說,這種說法是相當的勵志,但多與現實經驗不符;如果我們定義成功是受到肯定,社經地位高人一等,實際情況是有些人不努力,照樣享受成功果實,有些人努力比別人容易成功,很多時候光靠努力無法成功;實際上成功與出身以及環境息息有關,「只要努力才能成功」對某些人並不適用;如果太強調「只要努力便能成功」,也就把不太成功的人歸類於不夠努力,而那些失敗者不應歸咎任何人只能責怪他們自己。養成菁英的傲慢,認為一切都是靠努力而應得;以美國為例,多任總統對於全球化等因素造成的不平等現象的解方是「去念大學」,因為「你賺多少錢取決於你學習什麼」,「如果你嘗試就可以成功。」忽略了這當中隱含的羞辱。如果你不去念大學,沒在這個新經濟中發展,那麼你的失敗就是你自己造成的。這就是其中的隱含之意。難怪許多勞動者反對現有體制下的菁英,尤其在美國有三分之二的人沒有念大學,讓社會陷入了前所未見的困境!

鼓勵人們去念大學是件好事。為那些負擔不起的人提供更多的機會,這麼做會更好。應該放更多心力創造更好的生活,為了那些沒有文憑,但對我們的

▶ 師生迎新線上交流會

社會做出貢獻的人。桑德爾更直指即使「只要努力就有機會成功，並不真正實現了平等與正義」，這也是質疑菁英傲慢的時刻；我在道德上應該得到使我蓬勃發展的才能嗎？我的成就是否源自於我活在一個獎勵才華的社會中，而這個才華是我正好所擁有的？還是只因為我很幸運而已？堅信成功是因為自身的緣故，讓我很難設身處地感受他人的困境。意識到運氣在生活中扮演的角色會促使我們變得謙卑。這種謙卑的精神是我們目前所需要的公民素養。這個契機讓我們可以從分裂彼此的成功道德觀走回正軌，引領我們超越獨裁的「有能者居之」心態體制，走向一個少點怨恨，更加慷慨的公共生活。

消除社會不平等是古今中外政治的理想，由於菁英在社會中影響巨大，對成功做反思，了悟以及祛除菁英的傲慢，應是一個好的起點。

最後祝大家學習順利，平安健康。

國立政治大學 94 周年校慶致詞

2021 年 5 月 21 日　星期五

　　今天因疫情關係，只能以視訊方式來祝賀政治大學 94 周年校慶；首先我很高興今天能以台灣聯合大學系統校長身分與政治大學一起慶祝成立 94 周年；台灣聯大今年 2 月 1 日以歡欣鼓舞的心情，歡迎新夥伴，在之前，系統內原來四校，即中央、交通、清華、陽明大學校務會議都一致通過政大加入案，由於陽明與交通大學也是於 2 月 1 日正式合校，所以目前台灣聯大仍是由四校組成，但是更為強大。

　　大家可能知道各校校務會議都是上百人的大型會議，眾聲喧嘩，非常難得的取得無異議的共識，順利通過政大的加入案，是所有代表們都很明顯地看到強強併的效益；政治大學歷經中央黨務學校、中央政治學校、改制國立政治大學時期，在臺復校，原僅有教育、政治、新聞、外交、邊政等五學系，發展至今，現已成為擁有文、理、法、商、社會科學、外國語文、傳播、國際事務、教育等九個學院之綜合型大學，屢創新猷；四所頂尖大學數百位校務會議代表一致同意政大加盟，從某種意義來說，是對政治大學歷年辦學的績效高度的肯定，也是今年校慶之際，師生同仁以及校友可以引以為榮而值得大家慶賀的。

　　台灣聯大於 2003 年開始試辦，2006 年由教育部正式核定成立，18 年來於「整

▲ 邁入新紀元

合、提升、卓越」要旨下，在教務、學務、研發、國際合作以及資源共享各方面有很具體的成效，如今又邁入新紀元，有在人文社會許多領域有龍頭地位的政治大學加入，正是如虎添翼，共創光明未來可期。這裡先向大家預報一個喜訊，也就是今年很有希望舉辦首屆的「台灣聯大運動會」，初步規劃「籃球、排球、網球、羽球、桌球」五項男子與女子競賽，以後應會繼續增加項目，將成為「台灣聯大」寶貴傳統。

政治大學雖然是台灣聯大最新的夥伴，但與台灣聯大原來各校其實都有很深的淵源；從中央黨務學校、中央政治學校、奠定政大學術養成架構與課程基礎的關鍵人物，歷任校務委員與代教育長的羅家倫先生，曾任清大（1928-1930）與中央大學（1932-1941）校長。另一方面，台灣聯大原來各校也有千絲萬縷關係；清華大學工學院院長顧毓琇在 1944-1945 年為中央大學專任制首任校長，1945-1947 年出任國立中央大學校長的吳有訓先生原為清大理學院院長，後來在 1949 年任交通大學校務委員會主委，同時中央大學周景陽校長，原為交通大學教授，陽明大學校長吳妍華卸任後，出任交通大學校長，現在陽明與交通大學合校，所以目前台聯大各校之間可謂原來就關係千千重，並各自發展成一流名校，現在成為一家人，眾志成城，未來在緊密合作下，相信能如郭校長所期許，為我國高等教育屢創高峰、守護台灣並為全世界永續發展做出重大貢獻。

今天照原來大會流程，將會頒授名譽博士給翁俊民先生以及頒獎給傑出校友，我也趁此機會致上最誠摯的祝賀，希望未來在台灣聯大的各項活動中能有榮幸邀請各位參與。

最後祝福政治大學校運昌隆，各位平安喜樂。

▲為台灣高等教育屢創高峰

2021 年國立政治大學畢業典禮致詞

2021 年 5 月 28 日　星期五

今天因疫情關係，只能以視訊方式來祝賀 2021 年政治大學畢業生成功完成學業；政治大學是於今年 2 月 1 日正式成為台灣聯大的一員；在之前，系統內原來四校，即中央、交通、清華、陽明大學校務會議都一致通過政大加入案，由於陽明與交通大學也是於 2 月 1 日正式合校，所以目前台灣聯大仍是由四校組成，但是更為強大。

四所頂尖大學數百位校務會議代表一致同意政大加盟，從某種意義來說，是對政治大學歷年辦學的績效高度的肯定；所以今天各位畢業生不僅跨越了人生一個重要的里程碑，而且是在國內首屈一指的大學順利完成學業，具有特別意義。

今天畢業的同學，據估計應該屬於「百歲世代」，也就是大家活到一百歲的機率相當高，因此在各位面前的將是一個約有 80 年漫長的人生，未來是如何一番情景很難預測，但在許多方面必然與現在有天翻地覆的不同；很多人每天都在使用的個人電腦（如微軟）、網際網路（如網景）、收尋引擎（如谷歌）、智慧手機（如 iPhone）、社交媒體（如臉書）領導公司約略在 1980、1995、2004、2007、2012 年上市，而都迅速在全球普及，未來科技快速進步引導讓變化只會更加迅猛，近年火紅的人工智慧的發展，更是深不可測。

在人生路途上，有人把大學比做象牙塔，也有人把大學比做避風港，這些比喻都有相當的真實性，大家畢業後步入社會，面對的是很不一樣的環境，尤其是快速變動、挑戰重重的世界，如何安身立命，並沒有簡易的答案，而且又因人而異，但有幾項原則可能會對心安理得、立身處世很有助益；以下我所列舉的四項原則多以美國為例加以說明，這是由於美國現在是世界第一強國，具有最大的話語權，影響也最深，即使身在台灣，從各種管道得到訊息仍以美方

觀點為主，經常可以用來作檢討與思考的素材，另一方面身為非美國人，也可以較客觀的立場來評論，同時雖然舉國內問題為例或許更為貼切，但也容易引起情緒反應，模糊焦點；這四點原則分別是：

一、多元思考：被認為是20世紀最偉大的美國作家之一費茲傑羅（Francis Scott Key Fitzgerald）有一句名言：「同時在心中持有兩種截然相反的觀念還能正常運作，是第一流智慧的標誌」（The test of a first-rate intelligence is the ability to hold two opposed ideas in the mind at the same time, and still retain the ability to function.），要有這種功夫，需靠多學習、多觀察、多思考、多溝通，理解到世事有不同面向，需要從不同角度觀察，才可能一窺全貌、較深入的了解已然與或然以及正確的領悟。切忌聽一面之詞，一家之言，而被誤導；一個顯著的例子是美國前總統川普據卓有聲譽的華盛頓郵報統計在任內說了三萬多次謊，罔視公平正義，以維護美國白人利益為主訴求，下台前還煽動了國會暴亂，但在上次大選中並沒有大輸，國會彈劾也沒有成功，現在仍牢牢控制住美國兩大黨之一的共和黨，可見很多人容易被誤導。

二、推己及人：以對自己同樣標準待人，世界上幾乎所有主要宗教都有類似儒家「己所不欲，勿施於人」教訓的版本，也就是對待別人與自己是用一套標準；如果是兩套，就沒有是非可言，凡事只看立場，怎會得到別人誠心合作，最後淪落成掌握話語權者勝，或以力服人，世界將無寧日。美國自第二次世界大戰結束至今，稱霸世界超過七十五年；一向以民族大熔爐，自由民主燈塔自豪，以世界警察自居，由於長期掌握國際話語權，也一時深得許多國家人民認同；但所作所為，嚴以待人，寬以律己雙重標準的程度讓人領教到其霸道，也令人失笑。以最近以色列與巴勒斯坦的衝突為例，美國一昧偏祖以色列，對其迫害境內巴勒斯坦人與轟炸加薩走廊平民區的暴行，則視若無睹，其擔當自由世界領袖的公信力自然大損。

三、己達達人：以新冠肺炎疫情為例，很明白可看出現代人無法獨善其身，美國已有約一半人接種疫苗，逐漸解封，但直到最近還禁止防疫物質出口，而坐視發展中國家嚴峻的疫情延燒，在全世界需要110億劑疫苗才能脫離疫情之際，僅承諾提供 8,000 萬劑，而其中 6,000

萬劑還是美國尚未核定使用的品牌；費茲傑羅說過：「看別人時，要記住不是人人都像你一樣幸運」（Whenever you feel like criticizing any one... just remember that all the people in this world haven't had the advantages that you've had.），從如政大一樣一流大學校畢業的學生能夠在相對隔離的環境中度過疫情，比起必須為生計暴露於危險之中的基層服務人員要幸運的多，身為社會菁英，對建設和維護和諧社會應擔負的責任也相對重大。

四、永續發展：全球正面臨氣候變遷，環境惡化、化石能源耗竭等關係人類生存的問題，美國不僅沒有盡到世界領導責任，無視本身是人均消耗能源遠遠超過其他大國的國家，近年來甚至否認有溫室效應，在化石能源開探及環保措施上還大開倒車，並退出巴黎氣候協定，美國新政府雖然表示政策有改變，但僅止於紙上談兵階段。從新冠疫情看，世界是「同舟一命」；永續發展，人人有責，而且刻不容緩，應在各方面盡力而為，才有可能扭轉人類文明衰敗的危機。

總結我以個人經驗，提供四點讓人得以心安理得、立身處世的原則：也就是多元思考、推己及人、己達達人、永續發展，給畢業同學參考；最後祝大家一切順利，政治大學校運昌隆。

▲ 人生重要的里程碑

▲ 立身處世心安理得

為億萬人做更佳服務：中央大學頒贈蔡力行執行長名譽博士

2022 年 1 月 7 日　星期五

首先恭喜蔡力行共同執行長榮獲中央大學名譽博士殊榮，我有幸於 1981 年在美國康乃爾大學見證力行兄榮獲材料科學博士，四十年後又得以親臨中央大學頒贈名譽博士典禮現場，可謂有相當緣分。

一般來說，博士分兩種，一是專業學位博士，另一是名譽博士，據統計，台灣現有由國內外大學授予的專業學位博士十餘萬人，但名譽博士恐怕只有幾百人，而且一般認知是對社會有重大貢獻的人，更為難得，值得大大恭喜。至於坊間有所謂超博士、一個半博士與假博士等，只能當作笑談。

大家都知道台積電與聯發科都是在台灣世界級的公司，力行兄能在不同時期，分別擔任這兩大龍頭公司以及中華電信的領導人，而且績效卓越，絕非偶然。我於 1980 年從清華到康乃爾大學材料系半導體材料巨擘 Jim Mayer 教授研究室從事研究，當時至少有三位台大物理系的學弟和兩位清華材料系的學生正在同系攻讀博士，而力行兄是其中之一；康乃爾大學材料系課程非常吃重，一學期三門課都會讓許多台灣去的優秀學生弄得昏天黑日；力行兄是一位印度裔教授 Rishi Raj 的得意門生，從事陶瓷材料研究，在系裡經常相遇，也許已接近畢業，感覺上他在研究上頗能輕鬆以對，而且有很優異的成果，雖然當年無法預見他在日後會領導台積電與聯發科，但其臨事的從容瀟灑，仍讓人印象深刻。這裡也要特別感謝多年後中國材料學會設立 Jim Mayer 講座時，Mayer 教授曾抽空參訪台積電，並蒙力行兄熱誠接待。

今天我另一個身分是台灣聯合大學系統的總校長。台灣聯大是由中央大學、政治大學、清華大學以及陽明交通大學組成的大學系統，主要是做整合、卓越、提升的工作。四校除同屬台灣的頂尖大學外，彼此之間又有很深的淵

源，譬如說今天的典禮是在羅家倫講堂舉行，政治大學前身中央黨務學校、中央政治學校雖然名義上的校長是蔣介石先生，羅家倫先生是主要負責人，奠定政大今日發展的基礎。同時羅先生在1928-1930年擔任清華大學校長，又在1932-1941年擔任中央大學校長，一人在不同時期領導三校，尤其羅家倫先生對三校都卓有建樹，是三校校友與師生同仁都能引以為榮不可或忘的，也巧妙牽起台灣聯大和蔡力行執行長的情緣。蔡執行長今日成為中央人，也就是成為台灣聯大人，希望以後與台灣聯大有很多合作關照的機會。最近勇奪大專籃球聯賽女子組公開組第二級冠軍的清大女籃隊獲得聯發科連續三年獨家贊助，是一個好的開始。

　　明代繪畫大師董其昌曾說「讀萬卷書，行萬里路」有益作山水畫，清朝道光年間筆記大家梁紹壬先生認為讀萬卷書，如同行萬里路一樣。形容多讀書，則見多識廣，後人進一步引申為人不僅要多讀書，而且要行萬里路，才有足夠的見識，現代人更說「讀萬卷書，行萬里路，服萬人務」，以蔡執行長的學識、見識、器識與經歷，我預祝未來能為億萬人做更佳服務，有重大貢獻，功德無量。

▲ ①為億萬人做更佳服務　　②與引言貴賓合影
　③羅家倫講堂　　　　　　④羅家倫先生曾分別領導三校

新啟蒙時代：政治大學九十五年校慶

2022 年 5 月 20 日　星期五

　　很榮幸受邀參加政治大學九十五年校慶並致詞；政治大學自去年二月一日加入台灣聯合大學系統（台灣聯大），讓「台灣聯大」在人文社會領域如虎添翼，政大是大陸名校第一個在台建校的大學，在許多領域都居學術界領先地位，本月 9 日「國際金融中心」揭牌成立，獲得 27 家公私立銀行、金融機構支持，共推產學合作，充分顯示巨大的實力與宏闊的潛力，更代表政治大學欣欣向榮，可喜可賀。

　　清華大學在去年成立「台北政經學院」，在與基金會簽約典禮中，黃煌雄董事長表示，基金會決定與培養過無數頂尖理工人才的清華合作，優勢互補，創造雙贏，這也是郭明政校長的遠見，力推加入以理工科見長的「台灣聯大」，往後緊密互動，是真正互利雙贏的局面。

　　英國學者史諾在二十世紀中期曾感嘆自然與人文學科形成「兩種文化」，兩方學者在學術上可謂「老死不相往來」。現今很多人的看法是科學進步太快，人文學者不能領會；其實追根溯源，反而是科學進步不夠快，讓人文學者失望，才漸行漸遠。世界公認的社會生物學翹楚愛德華・威爾森在所著《人類存在的意義》一書中提到在十七、八世紀西方知識界盛行所謂的「啟蒙運動」，啟蒙的英文是 enlightenment，可以說是在黑暗中看到光；「啟蒙運動」的中心思想是：人類可以憑藉一己之力獲得所有必要的知識，理解各種現象，並因而做出明智的抉擇。

　　然而到十九世紀初期，這個夢想開始動搖，科學的進步遠遠不符「啟蒙運動」思想家的期待，認為人類深處的感受是科學碰觸不到的，至今許多人仍然相信，人類如果完全仰賴科學知識，將會大大限縮自身的潛能，漸漸在兩大領域中樹起一道高牆，然而並沒有證據顯示「啟蒙運動」是一個無法實現的理

想，而近年的發展，指向有成功的機會，開啟「新啟蒙時代」。

　　人類是一個特殊的物種，但人文學科無法解釋箇中原因，甚至未能提出一個可以解答的問題，無法解釋人類的一些根本特質，包括強烈的本能、普通的智商、有限的智慧以及科學的傲慢等，是如何形成的。

　　第一次「啟蒙運動」所以能夠推展，是因從十五世紀下半開始，歐洲航海發達，擴大了視野，知識與創新受到重視。如今在神經科學與腦科學的飛速進展下，我們進到一個新的探索階段，其內涵遠比過去豐富，也因此更具挑戰性，同時更具人道色彩。在此階段，人文學科以其中的創造性藝術，有能力以前所未見的方式表現人類的存在，使得「啟蒙運動」的理想終於得以實現。

　　威爾森強調現今由於漸能了解人類的一些特質是如何形成的，科學與人文具有共同的基礎，因而得以做出比較明智的抉擇，創造豐碩的成果，尤其協助解決現代社會諸多問題，例如宗教的衝突、道德觀念的含糊不清、環保主義基礎薄弱等問題、以及回答「人類存在有何意義」的問題。

　　最後祝政治大學生日快樂，並預祝未來能以豐厚的人文內涵，融合科學新發現，成為「新啟蒙時代」先鋒與重鎮。

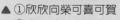

▲ ①欣欣向榮可喜可賀
　②成為「新啓蒙時代」先鋒與重鎮
　③巨大的實力與宏闊的潛力

人文與科技融合：政治大學新任校長就職典禮

2022 年 8 月 1 日　星期一

　　首先我要恭喜李蔡彥校長就任新職，政治大學是國內學術界許多領域，尤其在財經、法律、傳播以及國際事務方面龍頭，任重道遠，相信在李蔡校長領導下，大家能群策群力，將政大優良傳統發揚光大，創造光輝的新局。

　　政治大學於去年二月一日，正式加入台灣聯合大學系統（台灣聯大），與中央大學、清華大學以及陽明交通大學共同組成「台灣聯大」，共同致力於四校「整合、卓越、提升」。在大學裡，大家都知道，校務會議是眾聲喧嘩的地方，很正常的是有許多不同意見。但在政大申請加盟方面，則在交通大學與陽明大學尚未合併前的原來四校校務會議中，極為罕見的都獲得全票通過，因為各校校務會議代表都有共同的認知，政大加盟，將使「台灣聯大」如虎添翼，發揮強強併的效果。在上月 26 日的「台灣聯大」校長會議中，郭明政校長特別提到在他所列出的八十一項政績中以加入「台灣聯大」為首功；另外郭校長和蘇副校長在當天會上分發厚達約六十頁的「政大加入台灣聯大年度報告」，以「突破」為大標題，內容豐富精彩，事實也證明，一年半下來，確實是「天作之合」。

　　這裡值得一提的是，今天會場所在地商學院大樓對面就是紀念羅家倫校長的「志希館」，而羅家倫校長在不同時期也當過清華大學與中央大學的校長，也就是一人曾任「台灣聯大」四校中三校的校長，同時政治大學在專任校長制後第一任校長顧毓琇先生，曾任交通大學教授、清華大學工學院院長、中央大學校長，可謂奇緣。

　　政大加入「台灣聯大」最為人肯定是人文社會領域與其他三校理工領域高度互補，人文與科技融合很明顯的未來世界頂尖大學發展的重點，很巧妙的

是據報導，李蔡校長是政大校史上第一個「科技人」校長；李蔡校長是資訊科技專家，建議未來教學要「虛實整合」，實體、虛擬同時上課，讓學生彈性選擇。「台灣聯大」在新冠疫情爆發後曾研議要設立「視訊學位學程」，希望教育部放寬相關規定，當時並沒有得到正面回應，到疫情加劇時，似乎也沒有經過任何修法過程，反而做了更大幅度的放寬規定，顯示教育部在許多事務上，可以更有彈性；「虛實整合」不僅是未來教學的趨勢，同時對「台灣聯大」推動的跨校學習，會發揮關鍵性的助成影響。

　　剛才李蔡校長提到人文與科技融合的重要。以今日世局來看，新冠疫情肆虐、俄烏戰爭爆發，社會對立以迄溫室效應引發的氣候變遷，無一不是亟需人文與科技融合才能解決的問題，人文、社會科學可用專業角度引導科技發展，解決問題；李蔡校長的專長之一是人工智慧（artificial intelligence），在某種程度上，現代可以說是「人工智慧時代」，不僅已深入生活中，而且無遠弗屆，有潛力造成天翻地覆的變化，就以目前國內鬧得沸沸揚揚的抄襲事件來說，目前已有 AI 利用大語言模式（large language model）基於約三十萬台伺服器連結成的超級電腦，運用高達七千億位元包括維基百科以及數位化書籍的資料庫，撰寫文章，例如紐約時報曾報導以「英國某名音樂人與海豚」為題，在一秒鐘內，寫出一篇看起來相當有深度與創意的文章，可以想像以「柏拉圖與鄧麗君」、「鬼谷子與克林頓」為題寫出的文章，會頭頭是道，創意十足，另外同一題目，可以篇篇不同，所以要寫如「三角督選舉」碩士論文是小菜一碟，固然會讓某些希望洗學歷的政治人物「相見恨晚」，同時這類請 AI 代工寫出的論文，將無從審定是否抄襲，成為學術界必須面對的大挑戰；僅此一端，就可看出許多問題在在需要靠人文與科技共同解決，是大家必須攜手努力的方向。

　　最後祝政治大學在李蔡校長領導下，以「人文工程師精神，推動政大創造性轉化的時代使命」，早日落實，校運昌隆，大家健康愉快。

▲①-③政大校史上第一個「科技人」校長
　④創造光輝新局
　⑤發揮強強併效果

維護學術自由：2022年台灣聯大系統亞際學程迎新會

2022 年 9 月 3 日　星期六

　　很歡迎今年的新生加入台灣聯大系統亞際學程，今天的迎新是以線上交流的方式進行，說明已困擾全世界超過兩年半的新冠疫情還在肆虐。新冠疫情無疑已成為百年大疫，是全世界幾乎所有人都是第一次碰到，這種經驗，當然不是我們想要的，但碰到了，只好勇敢以對，也多少反映人類的無奈。同時大家在台灣，面對高度傳染性的 BA.5 病株，大部分人仍處變不驚，據預測不會造成大流行，一個主要原因是，台灣已有五百萬人確診，形成一個天然的屏障，也是一種生命的弔詭。

　　我注意到在十九名新生中，至少有十二名來自境外，分別來自歐洲（5）、亞洲（4）、非洲（2）與中東（1），反映國際學程的跨國性。很特別的是有四名新生來自烏克蘭，而在我看到從 2016 年起學生名單中，並未有烏克蘭籍的學生，很明顯今年招生的情況是受俄烏局勢的影響。

　　今年二月底爆發的俄烏大戰，已持續了六個月，目前看不到盡頭，這是第二次世界大戰以來，第一次在歐陸發生的大規模戰爭，俄國與北大西洋公約組織的盟國都認為有充分的理由繼續相持下去，但苦了烏克蘭的人民，喪

失了許多生命，大片國土滿目瘡痍，到八月中旬，超過六百萬人分散在歐洲各地，更多人流離失所，而這場爭在多年前就有許多睿智的政治家及學者警告，但各方政客為了一己私利，莽撞行事，造成了悲劇的發生，使人感嘆不已，人類的愚蠢似乎沒有止盡。

有趣也很可悲的是，據知有相當數目的烏克蘭家長因為相信去年英國《經濟學人》雜誌稱台灣為「世界最危險的地方」，而阻止其子弟來台灣升學；事實上，俄烏戰爭發生時，台灣有不少「今日烏克蘭，明日台灣」的評論，如果看現在民進黨政府上任前，兩岸來往密切，大陸觀光客年以百萬計，更有數以百萬計的台灣人在大陸就業或上學，兩岸領導人並得以在新加坡以平等地位見面，沒有幾年卻弄得劍拔弩張，情勢確實有幾分相似性，讓人唏噓與憤怒兼有之。烏克蘭來的同學，在感同身受之餘，在台灣學習過程中，也可多多分享比較獨特的體認，豐富「亞際學程」的內涵。

烏克蘭問題從亞洲來看，超過六百萬的難民流亡國外，顛沛流離，是人間悲劇，但普遍受到歐洲國家接納，也讓人暖心，但如果想到 2010 年，「阿拉伯之春」後，長年的中東紛亂，造成所謂的「歐洲難民危機」，數百萬難民以及最近的「阿富汗難民」在歐洲受到的待遇大不相同，不容否認的是存在「種族歧視」的因素，而這正受學習不同文化所應努力消弭的，連同促進世界和平，以及社會公義等，也可以說是學術機構「責無旁貸」的神聖使命，不僅教育下一代，也是當代理性的聲音，這也是維護學術自由是所有民主國家必須列為遵守的通則，高等教育是透過「真理的追求」影響社會的發展，「說真話」須要獲得充分的保障，謹以此與諸君共勉之，並祝大家學習順利愉快。

依於仁遊於藝：「第一屆台灣聯合大學系統運動會」

2022 年 10 月 17 日　星期一

　　很高興看到「第一屆台灣聯合大學系統運動會」如期舉行；代表「青春、活力、健康、智慧」的大學校際運動會無疑會大大增進四校情誼，提升師生合作精神，帶動運動風氣，「台灣聯大」明年將慶祝成立二十周年，所以會在今年才舉辦「第一屆系統運動會」有許多因素，但總算開始起風，是很值得慶賀的喜事。

　　一般人都知道「台灣聯大」四校學術卓越，事實上各校在「大專院校運動會」上也都是名列前茅，獎牌累累，各項競賽精彩可期；此次各項競賽均分男、女組，反映男女平權時代的趨勢，但文化典範的轉移不是短期內可以竟其功；以往大家看到體育場的好手，多以「健將」、「健兒」稱呼，精神飽滿是「雄赳赳、氣昂昂」，勉勵運動員「積健為雄」等，已不再合乎時宜，而仍為人常用，許多事原來看是順理成章，必須與時推移，才能造成觀念的徹底改變。

　　本次運動會約在一年前「台灣聯大校長會議」通過，委由中央大學主辦。很感謝期間四校的全力支持，尤其是體育室同仁的鼎力協助，出動體育菁英以及舞蹈友誼賽隊伍參加，也要特別感謝中央大學周校長、顏副校長以及體育室張主任等同仁積極承辦，尤其體育室張主任光是在一個贊助企業形象廣告問題上由電子郵件聯繫就來回至少四次，可見籌備工作的繁複，但不辭辛勞，一一妥善辦裡，讓運動會有一個好的開始。

　　今天運動會的順利舉行，要非常感謝溫世仁基金會、聯華電子、威剛科技與台灣運彩、東和鋼鐵、群聯電子以及益實實業熱情贊助，「台灣聯大」當初議決辦理運動會時，為不讓各校在經費上增加太多負擔，決定向外募集部分經

費，首先就鎖定一向長期對高等教育與「台灣聯大」支持不遺餘力的基金會與企業，很幸運地也得到熱情的回響，第一輪就達標，這裡要特別感謝從「台灣聯大」成立以來，就慷慨贊助各項活動，包括歷年來邀請近二十位諾貝爾獎得主來台講學的「諾貝爾講座」溫世仁基金會，可謂一路走來，有貴人相助，感激不盡。

　　本次運動會遵循教育部「大專院校運動會」競賽規則規定，凡本學期在四校完成註冊的在學學生均可報名，惟具體育運動相關科系學籍之學生、運動績優保送生與單獨招生入學者不得參與。力求在公平、公正的原則下，進行競賽交流，達成發揚運動精神，促進情誼，推展體育運動風氣目標。

　　今天開幕典禮是在「依仁堂」舉行，孔子說過：「志於道，據於德，依於仁，遊於藝」，又說：「仁者，二人也」，「以文會友，以友輔仁」，大家在運動場所，在技藝上大展身手，但要抱持仁心，以運動會友，互相砥礪，親愛精誠。最後預祝各位運動會主角，也就是運動員，在兩天賽程中，表現非凡，抱得錦標歸。造就成功的經驗，將是未來運動會能每年持續辦理的基礎。

〔後記〕

　　運動會在 16 日下午四時於「依仁堂」舉行閉幕典禮，雖然因為天公略不作美，原定在室外舉行的網球項目必須取消，所幸其他八項競賽仍能順利進行，經過兩天的鏖戰，選手們「依於仁而遊於藝」，競賽激烈精彩而不傷和氣，共同為「台灣聯大」寫下得以永久誌念的光輝一頁。同時決議於明年十月由清華大學主辦第二屆運動會，也見證「台灣聯大」優良傳統的成形。

　　「台灣聯大」在今年開辦「系統運動會」，著眼於藉由運動員的切磋增進四校情誼，同時希望藉交流而讓四校師生增加對系統認同，有更緊密的歸屬感，再者也有帶動四校師生運動風氣的重要意義。

▲ ①開始起風
　②一同指向未來
　③典範轉移
　④增進四校情誼
　⑤明年清華大學見

各項初、中等教育活動

參與「小清華」原住民專班及清華附小等校慶周年，期許各校「追求卓越，向上提升」。亦至國小和高中進行演講活動，推廣清華精神及新竹中學辛志平校長學習與教育理念，為高等教育向下紮根。

屏北高中清華原住民專班（小清華）成立十周年慶

2020 年 8 月 1 日　星期六

　　今天很有緣的來參加「小清華」成立十周年慶祝會，距上次來參加五周年慶祝會剛好滿五年；據了解這五年「小清華」在各方面都有長足進步，可喜可賀。

　　大家都知道有「小清華」，可能很少人知道另有「小小清華」，原來清華於 106 年與新竹教育大學合校，新竹教育大學附屬小學就成了清華大學附小，也就是「小小清華」，而我正是當年「竹師附小」的校友，緣分可謂不淺；事實上除此三個清華外，同時另有「大清華」與「老清華」；「大清華」就是「台灣聯合大學系統」，是清華、交通、中央與陽明大學於 92 年起合組的大學系統，與清華有緊密的合作關係，「老清華」則是北京清華大學，與新竹清華同根同源，因此細算起來，可以說有「小小清華」、「小清華」、「清華」、「大清華」與「老清華」，共「五個清華」；大家常說：「在家靠父母，出外靠朋友」，「小清華」在外有「五個清華」的親友作後盾，一定對未來發展與畢業生日後生涯，會有很多助力。

　　今天我來「小清華」參加慶典，帶來的薄禮是兩本我最近出版的新書《水清木華：清華的故事》；基於「身為清華人，當知清華事」的理念，以及我與清華的特殊緣分以及對歷史的興趣，從 2014 年起，在網路上開闢「清華一百問」部落格，梳理與清華有關之各種典故、事件與趣聞；由於今年是庚子年，清華正是靠美國退還多索的「庚子賠款」而建立，庚子年對清華有特殊意義。所以我將多年累積述寫有關清華故事的文稿整理成書，以為紀念。內容包括一百五十餘則故事與軼事，共二十餘萬字，關於北京清華、新竹清華與兩岸清華部分各占約百分之三十三、四十與二十七，並附有約 400 張圖片，初步反應相

當熱烈，校友與教師較大批購買已超過八百本，應有相當可讀性，希望大家有空到圖書館翻閱或借閱。

清華是一本大書，《水清木華：清華的故事》希望表達出清華是一個「偉大的大學」，限於個人的文字修為，頗有「意猶未盡」之憾；另一方面，書中敘述某些清華人對國家社會的貢獻，應會讓人動容：例如中國科技界的「三錢」都是清華人，包括「中國核彈之父」錢三強、「中國飛彈之父」錢學森、「中國人造衛星之父」錢偉長，沒有他們，中國現今就無從有抗衡西方列強的底氣，幾十年的經濟發展成果才不至於被強權剝奪，大大有功於國家民族，是所有清華人可以引以為榮的。同時，在新書文章中，有一篇題為「小清華十年有成」，對「小清華」十年來的成就略有敘述，今天來參加慶典欣見「小清華」持續欣欣向榮，深刻的印象，不僅會反映在未來包括正在商談的簡體字版本中，同時期許「小清華」續為清華共寫華美篇章。

很別緻的，「小清華」特別為十周年慶典設計了一個「時空膠囊」活動，請與會嘉賓在金屬片上寫下期許之語，置於膠囊中，深埋地下，再於十年後開封；十年時光說長不長，然而從今年一月，沒有人能預測世界新冠疫情至今仍延燒不止來看，十年間的變化更可能難以想像，但我相信在大家共同努力下，「小清華」可順利的如我寫期許持續「追求卓越，向上提升」，也是我衷心的祝福。

▶ 期許持續「追求卓越，向上提升」

▲ ①小清華十年有成（與林宏澤校長合影）
　②小清華第一屆校友表現優異（與楊榮仁前校長合影）
　③畢業班樂團精彩表演
　④校友表現是辦學優良最好見證

清華附小80周年慶致詞

2020 年 11 月 14 日　星期六

　　今天很高興回到母校參加成立 80 周年慶的慶典，上次到母校參加活動，還是在十年前母校 70 周年慶舉辦的標竿校友活動場合，同時在之前還接受幾位可愛的學弟、妹訪問，現在這些學弟、妹應已是青春鼎盛的青年人，再往前推是 50 周年慶，是我最後一次見到在母校時的校長，高梓校長，當時她已屆 88 歲高齡，風采依舊，三十年一晃過去，但恍如就在眼前。

　　我是母校 1958 年的畢業生，屈指算來，已畢業 62 年，但在母校六年種種，記憶猶新。下個星期二，科技部在台北舉辦一個《8 位影響世界的臺灣研究學者》的新書發表會，我有幸是 8 位傳主之一；在訪問稿中，有相當篇幅是記述我在附小的生活，強調附小的「健康快樂」教育讓我終生受益，也談到高梓校長的風範，在成年後有所體會，也深深影響到以後的為學處事。

　　今天早上回母校，停車的地方，約為當年高校長宿舍原址，自然又回想起高校長。附小畢業後，漸能體會高校長教育理念核心是德智體群美五育並重，「竹師附小」畢業生給人的印象是健康、活潑，而且品學兼優，音樂、美術都有一定的素養；這在長年受升學主義戕害的台灣教育界堪稱異數，但讓畢業生終生受用不盡。高校長紮紮實實闡揚了「朝氣、活潑、開明、進取」的教育理念，「專心致志，求精求好」，嘉惠莘莘學子，遺愛至今，令人感懷不已。

　　很有緣地，母校於 2018 年隨「清華大

▲「竹師附小」更名「清華附小」

學」與「竹教大」合校更名「清華附小」，讓在清華服務超過四十年並曾擔任校長的我，與母校關係更加深一層。今年我出任包括清華、交通、中央、陽明大學的「台灣聯合大學系統」校長，轉了一大圈，又成一家人，可謂有緣。另一方面，高校長與清華也有很深的淵源，其夫婿郝更生博士曾任清華教授多年，據說當年是在千軍萬馬之中，獨占鰲頭，娶得才貌雙全的高校長，一時傳為佳話。

清華大學是由美國退還多所的庚子賠款經費成立，今年恰為庚子年，我將歷年在部落格撰寫有關清華的典故與逸事文章，整理成《清華的故事》一書，以為紀念。該書已於今年六月出版，很受「清華人」歡迎，目前二刷已出書。今天我帶給母校的薄禮即是二刷新書，希望能存放在圖書館供師生借閱，而有助母校師生能進一步了解清華，體會清華是一所「偉大的大學」，清華人對建設現代中國在學術與實務上的宏大貢獻。

前幾年有一本管理學的暢銷新書名為《從 A 到 A+：企業從優秀到卓越的奧祕》；展望未來，母校成為清華的一份子，相信在既有優良傳統之下，能融合清華「自強不息，厚德載物」校訓，繼往開來，百尺竿頭，更進一步，精益求精，得以真正從優秀到卓越。

▲ ①專心致志，求精求好
　　②終生受益

▲ ①朝氣、活潑、開明、進取
　②五育並重
　③健康活潑，品學兼優
　④清華是「台灣聯合大學系統」成員

清華附小80周年慶祝賀文

2020 年 10 月 2 日　星期五

在「清華附小」網頁上看到學校的教育願景是「健康快樂」、「專業自信」、「真誠參與」、「進步卓越」，而在「健康快樂」項下，又揭示「夢想童年，健康成長，活力展現，快樂學習，熱情生活」，校徽上書寫「健康快樂」。身為一個畢業超過一甲子的校友，一方面欣見母校仍以培育「健康快樂」學生為要旨，一方面也可權充深受其益的見證人。

我上附小時，「清華附小」仍在「竹師附小」時期，一頭銀髮的高梓校長總是帶著慈祥的笑容；學童時代自然不知高校長大有來頭，她早年考取官費留美，專習體育，並曾是美國「威斯康辛大學」女子籃球校隊的中鋒。學成歸國後，屢任大學教授、系主任。1949 年春至臺灣，擔任「竹師附小」校長。因 1956 年起，主持教育部所屬「教師研習會」，於 1958 年初，也就是我小學六年級下學期，辭任「竹師附小」校長。

附小畢業後，漸能體會高校長教育理念核心是德智體群美五育並重，「竹師附小」畢業生給人的印象是健康、活潑，而且品學兼優，音樂、美術都有一定的素養；這在長年受升學主義戕害的台灣教育界堪稱異數，但讓畢業生終生受用不盡。

母校於 2018 年隨「清華大學」與「竹教大」合校更名「清華附小」，讓在清華服務超過四十年並曾擔任校長的我，與母校關係更加深一層。巧在今年我又接任包括「清華大學」等四所大學的「台灣聯合大學系統」校長，可謂關係千千重。

另一方面，高梓校長也與清華很有淵源，夫婿郝更生博士與高校長結婚時是清華大學教授；郝是著名的體育活動家，與梁思成、林徽因等學者都是好友，他兼任北京市中等以上學校體育聯合會會長，而時為北京「女子師範大

學」體育系系主任的高校長是副會長；他們於 1929 年結婚時，參加婚禮的來賓包括徐志摩、趙元任、梁啟超等名人，嘉賓雲集，轟動華北體育界與教育界；同時清華大學著名的「教授的教授」陳寅恪夫人唐篔是高校長的閨蜜，在郝、高兩人的撮合之下，成就了一世姻緣。

據報導，高校長初來台時，曾婉拒師範大學的聘約，選擇到附小來「從根做起」，而她紮紮實實闡揚了「朝氣、活潑、開明、進取」的教育理念，嘉惠莘莘學子，遺愛至今，令人感懷不已。母校在此優良傳統之下，融合清華「自強不息，厚德載物」校訓，必可繼往開來，培育一代代像高校長一樣「專心致志，求精求好」的廣大學子。

▲ ①嘉惠莘莘學子
②與溫校長（右二）、黃主任（右一）、
　家長會張會長（左一）合影
③高校長伉儷與清華很有淵源

桃園內柵國小「一日清華人」活動演講摘要

2020 年 12 月 17 日　星期四

　　很高興參加內柵國小「一日清華人」活動。多年以前就知道簡禎富教授持續舉辦的這項活動，今天親身參與，看到許多活潑可愛的未來主人翁，心情格外愉快。

　　大家的大學長簡禎富教授基於對母校的感恩，以及回饋社會的理念，持續舉辦這項活動，無非是希望各位同學能夠有新的體驗，放寬視野，為未來暖身，尤其希望有同學未來能夠成為清華大學的一員，除了有薪火傳承的意義外，也希望大家未來能成為社會中堅，增進人類福祉。這裡我要特別告訴各位小朋友，簡學長是清華教學、研究與服務特優的「三好」教師，是大家的榜樣。

　　今天大家到清華做「一日清華人」，我就以「清華的故事」為題為來介紹清華，並以我在今年六月出版的《清華的故事》一書作藍本；據知簡禎富大學長已準備好幾本贈送給你們學校的圖書館，可供大家借閱。「清華的故事」是我近十年常講的故事，以前的對象包括清華的教職員生、校友，以及校外的機構，例如新竹與中部科學園區管理局、新竹警察局、幾個中學等，講給國小的小朋友聽則是第一次；今天限於時間，我只能摘要來講，各位小朋友如有問題，歡迎隨時發問，等一下也有「有獎徵答」節目，請大家注意聽講。

　　清華與民國同壽，是 1912 年在北京設立。原先設立在北京的「清華園」，因此以清華命名；當然清華字面上的意義就是清新美麗，有最美麗的校名之稱。另一方面，由於國民政府遷台，清華於 1956 年在新竹建校，而不論是在新竹或在北京，校園廣闊，山明水秀，同以校園秀麗出名。

　　今年是庚子年，清華正是由一百二十年前的庚子年事件所導致的「庚子賠

款」而建立的。這是由於「義和團」事件，引致「八國聯軍」擊敗清廷，強迫巨額賠款，也就是「庚子賠款」。中國近代史上，每逢庚子年都有大事發生；從 1840 年鴉片戰爭，1900 年八國聯軍導致「庚子賠款」，1960 年則發生大饑荒，今年庚子年則發生全球性的大疫，不能不讓人驚慄。

另一方面，清華因「庚子賠款」而建立，某種程度上抵銷了不少煞氣，是在一片「庚子年是可怕年」聲中，值得稱頌的特例；以最近大陸「嫦娥五號」登月帶回月岩而言，這是人類 44 年來第一次利用太空船從月球帶回岩石，其科技成就的意義非凡；如果要數功臣，最重要的三位，也就是中國科技界的「三錢」，都是清華人，他們是中國飛彈之父錢學森、核彈之父錢三強以及力學奠基人錢偉長；從現在解密的美國與蘇聯的祕密檔案來看，美國與蘇聯都曾考慮要以原子彈攻打中國，所謂「核平」中國，他們之所以沒有下手，主要是中國已擁有核子導彈技術，產生了嚇阻作用；否則後果不堪設想，浩劫之餘豈能談今日的發展。

當然清華人在其他各行各業都有傑出的成就，對國家社會有巨大的貢獻；例如清華是華人地區唯一培育出三位諾貝爾獎得主的大學。三位分別是 1957年物理獎得主楊振寧與李政道，1986 年化學獎得主李遠哲。從「三錢」到三位諾貝爾獎得主以及其他清華人的了不起成就，很多都記載於《清華的故事》中；該書也是由於「庚子賠款」觸發，讓我選在今年完成整理並增補多年累積的相關文章出版。

同時要特別一提的是「三錢」與三位諾貝爾獎得主，都是在兩岸清華永久校長梅貽琦治校時培育的；從梅校長身上，我們可以看到一位偉大的教育家的風範，影響深遠；下午你們參觀「名人堂」與「梅園」時，不要忘記向這位偉人的肖像與墓碑致敬。

▶ 一日清華人

▲ ①與簡禎富教授贈書給王校長
　②清華是一個偉大的大學
　③有獎徵答
　④小朋友代表接受贈書

嘉惠後進：新竹中學百年校慶大師論壇（學術發展）

2022 年 5 月 22 日　星期日

　　很高興今天回到母校來參加百年校慶論壇，我在新竹中學時期是在古早年代，也就是在 1961-1964 年，畢業已五十八年，套句小時作文的開頭語：「光陰如白駒過隙」，時間過得真快。

　　根據校方的規劃，是希望我們先簡單分享 5-10 分鐘學術趨勢及給學弟的期許，再答覆學弟妹所提出的一些問題。今天稍早我們參觀了辛志平校長紀念圖書館，感觸良多，一方面我自己在圖書館度過許多美好時光，一方面緬懷辛志平校長；我在竹中時，正是辛志平校長主校，辛校長是我這一輩子最感念的師長，做人做事的典範；他延聘優異的師資，落實「五育並重」的教育，讓竹中學生受益無窮。

　　新竹中學的校訓「誠、慧、健、毅」充分說明辛校長的教育理念，同時也是人生的最好指標；誠信是做人的根本，如果失去他人對你的信賴，最終必歸於失敗，孔子就曾說過：「民無信不立」；「慧」是智慧的慧，不管學習與言行，都要運用智慧，而養成的功夫不外於《中庸》所謂：「博學、審問、慎思、明辨、篤行」，辛校長常引孔子的話說：「知之為知之，不知為不知，是知也」，是很有道理的。

　　「健」是指身心的健康。如果我們看國內其他各校的校訓，幾乎沒有強調健康的，而健康是立身之本，沒有健康，如何談努力求學任事，新竹中學的教育讓我養成愛好運動的習慣，畢業以後，一直維持至今，目前仍盡可能每天健走一萬步，得以經常維持心清氣朗，仍然可以繼續做一些有益社會的事；辛校長解釋心理健康，是做到「理得心安」，這也是我行事的準則。

　　「毅」就是毅力，遇到挫折不氣餒，我在大學物理系時，教學環境讓大多

數同學都成了「理論派」，但到美國後發現從事「理論物理」研究與前途無望幾乎可以劃上等號，所以選擇以實驗為主的材料科學研究。由於在大學時做實驗的經驗如一張白紙，所以開始時倍感艱辛，但靠著毅力，才漸入佳境，而從此迄今也一直從事以實驗為主的研究，成了我終身的專長，深得其樂。如果當時氣餒中挫，也就錯失了人生大好風景，豈不可惜。

辛校長主校時，不僅文理不分組，而且對所謂的副科，如音樂、美術、體育特別重視。回憶起在校時，音樂考試前一兩周，很多班全班同學在中午休息時間自動一起練唱以求過關，美術老師會用尺量靜物寫生作品水果的長寬比給分，體育課游泳必須游完二十五公尺才能及格，而我從不會游泳到考試時游了九十二公尺，種種往事，經常湧上心頭。

新竹中學何其有幸，有辛志平這樣的大教育家在台灣光復後連續主校三十年，實施全人教育，讓學生深受「誠、慧、健、毅」校訓的陶冶，打下良好堅實的基礎，為所有竹中人所珍惜，作為「承先啟後，繼往開來」的標竿，永遠嘉惠後進。

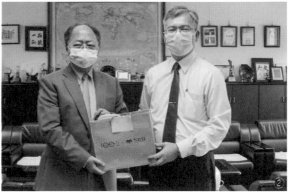

◀①致贈「竹中人文庫」著作
②百年校慶紀念

▲①校友會致贈紀念品　　　　　②家長會致贈紀念品
　③落實「五育並重」教育　　　④參觀劍道館
　⑤參觀辛志平校長紀念圖書館　⑥「誠慧健毅」校訓是人生的最好指標
　⑦辛校長是竹中人做人做事的典範　⑧永遠嘉惠後進

科學與科技講座

協辦及與會「材料科學知識」與「AI運用及發展」等多場研討座談會。藉由學術知識的彙聚交流掌握科學與科技的先知脈動，並揭示相關議題面臨的問題挑戰，致力台灣學術教育在此兩大領域的前瞻與發展。

國際材料研究聯合會三十周年慶祝會

2019 年 10 月 26 日　星期六

　　很高興來參加「國際材料研究聯合會」（International Union of Materials Research Societies，IUMRS）三十周年慶盛會。我在三十年前有緣參與 IUMRS 創會工作，三十年來在大家的共同努力下，IUMRS 無疑已成為全球推動材料研究與教育的主力，成就非凡，尤其定期舉辦的「國際先進材料會議」（International Conference on Advanced Materials，ICAM）、「國際電子材料會議」（International Conference on Electronics Materials，ICEM）、「亞洲區會議」（IUMRS-International Conference in Asia，IUMRS-ICA），世界材料高峰會（World Materials Summit，WMS），都已成為世界知名的系列會議，聲名遠播。正如有前輩所言，IUMRS 是一個值得大家珍視的機構，我們樂見其成長與壯盛，也要理解面對的挑戰，未來發展仍賴大家繼續努力耕耘。

　　今天非常感謝大會頒與銀質獎章，表彰我在 1999-2001 年間擔任 IUMRS 第二副會長的貢獻，我個人則把他看作一個彌足珍貴的紀念品。在我參加 IUMRS 活動中，有幾項或值得一提：

　　一、親身參與 IUMRS 的創立，特別的是我發現本次會議的參與者，可能只有我與韓雅芳會長以及 Elton Kaufman 博士三人是當年親身見證者。

　　二、除多次 ICAM 與 ICEM 外，我在參加 ICA 會議上，創了一個從第一屆到第八屆，連續參加八屆的空前紀錄。在這方面，韓雅芳會長則從第一屆到第七屆，連續參加七屆，原來與我有一搏的機會，很可惜的是在第八屆，因事無法參加，讓我獨佔鰲頭，留下光榮紀錄。

　　三、我曾蒙推舉擔任第二副會長兩年，得在推動會務上，略盡綿薄。

　　今天我擬藉幾張投影片，略為回顧一下我的 IUMRS 行跡，這些投影片，

是從我新書《清華行思與隨筆》電子檔擷取，略顯模糊，還望大家見諒。

　　首先是在我撰寫的〈追思李恆德院士〉一文中的三張照片；李恆德院士是 C-MRS 創會理事長，也是 IUMRS 創辦人之一。IUMRS-ICA 是由李恆德院士倡議成立，第一次是 1993 年在長江郵輪上舉行會議，自武漢溯長江而上，在長江上發表論文，由於船行顛簸，發表論文所用投影片跳躍不已，研討效果自然大打折扣，但仍其樂融融。這第一張照片即攝於長江郵輪上，除李院士與我外，還有法國、德國、印度、韓國與英國的 MRS 的領袖。

　　我想大家都知道李恆德院士已於 5 月 28 日以九十八歲高齡辭世，我個人是早在 1980 年就有緣與李院士相識，最後一次見面，是於 2010 年 9 月 28 日在北京參加慶賀「IUMRS-ICA2010 國際材料教育論壇暨李恆德先生九十華誕慶典」。在論壇中除做學術報告外，各國友人多提及與李院士交往舊事，場面甚為溫馨。為紀念李院士所撰〈追思李恆德院士〉，現已收錄於我剛出版的文集中，今天我也特地帶來一本，供大家傳閱，由於是用中文撰寫，相信大多數在場貴賓無法閱讀，但其中照片，除在長江郵輪上所攝外，另一張則約於公元 2000 年左右，攝於北京香山飯店（Fragrant Hill Hotel）。當時是承蒙李院士邀請與 C-MRS 領導們餐敘，照片中還有韓雅芳會長、李成功秘書長等，最後一張，則攝於 Boston，照片中包括 Bob Chang，年代已不可考；這三張照片都能讓我們想起李院士的親切、熱心、能幹與遠見。今天我們趁此機會，紀念李院士，這本書傳閱完畢後，還希望韓雅芳會長笑納。

　　值得一提的是，這本書也收錄了我在 1995-1999 年擔任 MRS-T 理事長時，每季出版的《學會簡訊》中〈理事長報告〉常會報告 IUMRS 動態，其中也附有好幾張我參加 IUMRS 活動的照片，特別的一張是 1998 年在印度班格羅（Bangalore）舉行 IUMRS-ICA 會議時所攝，照片中除我與韓雅芳會長外。還有印度 MRS 領導班子，也是彌足珍貴。

　　同時我也要對三十年來為 IUMRS 盡心盡力的先進，表達感佩之意，包括今天在場的與許多不在場的同儕，多年來熱心奉獻，支持各項活動，讓 IUMRS 在世界各學會聯合會中脫穎而出，最後我也要多謝主辦單位，精心安排這一次的慶祝會，讓許多老朋友齊聚一堂，緬懷過去，策勵將來，讓我們給予熱烈的掌聲，以示感謝。

▲ ①親身參與IUMRS的創立　　④得獎感言
　②連續參加八屆ICA會議　　⑤三十年如一日，樂見IUMRS成長與壯盛
　③與諾貝爾化學獎得主Lehn合影　⑥IUMRS是一個值得大家珍視的機構

▲ ①1993年攝於長江郵輪上
　②李恒德院士九十華誕慶典
　③1998年攝於印度班格羅
　④各地代表
　⑤兩岸代表

材料科學學會年會領航者人生故事座談發言

2019 年 11 月 15 日　星期五

　　去年蒙「材料科學學會」諸先進抬愛，忝列「台灣材料領航者」之列，今天「材料科學學會」在年會中舉辦「領航者座談」，我也自然應邀參加共襄盛舉。

　　「材料科學學會」在年會中舉辦「領航者座談」，應不會是希望「領航者」講自己的豐功偉業，而是談談由自己的經歷，給大家甚麼建議。無疑的，今天在場的「領航者」各有勝場，在思索今天我要與大家分享甚麼的時候，我想到比較特別的是，我在之前約一年半時間，出了五本非專業的書，今天也藉此機會談談，為什麼會出這些書？有什麼領悟？給大家甚麼建議。

　　我的出書，從長期看，純屬偶然，是在我擔任清華大學校長以前，從未動過的念頭。機緣是在擔任清華校長期間，有很多致詞機會，由於我得益於一位高中師長的教誨，養成在公眾面前講話事前想好內容大綱的習慣，演講時較有條理，並減少疏漏；同時儘量把握不講重複話、有意義並給聽眾帶來新知、具啟發性的原則，得到相當多的正面迴響。而個人認為，致詞同時也是一個宣導治校理念的機會，所以將部分特殊場合致詞文稿上載於清華官網上；有校外人士看到後，主動提議編輯出書，當時雖認為不是適當時機，但也開始刻意儘可能將所有致詞轉換成文稿，以備未來不時之需。在校長四年任期中，累積下來，竟達 370 餘篇。

　　卸任校長職務後，逐步將致詞轉換成文稿轉載於「部落格」中；其後在許多場合致詞也一併轉載於部落格，以與同儕友朋共享。幾經考量，認為或有出版價值，2018 年起，陸續將講稿整理出書，《一個校長的思考》（一）於同年 9 月出版，《一個校長的思考》（二）、（三）（全三冊）則分別於今年 4 月與 5 月出版。

在將致詞稿上載於「一個校長的思考」部落格的過程中，發現利用部落格是一個整理各種文稿有效率的方式，也逐步將歷年於不同場合及情境撰述的文稿上載於另闢「文章彙集」、「清華一百問」部落格，幾年陸續上載下來，「文章彙集」已有一百八十餘篇，約三十餘萬字。根據出版演講文集的經驗，最好的留存「紀念與紀錄」方式，就是整理集結出書，《清華行思與隨筆》（上），已於本月初出版，《清華行思與隨筆》（下）（全二冊）已完成三校，預定於下月初出版。

今天我帶上台的是最近出版，還在發燙的《清華行思與隨筆》（上）。內容包括清華材料系系刊、國科會與新竹科學園區專刊、科學月刊等與材料科學相關邀稿。另有 1995-1999 年間，本人擔任「材料科學學會」理事長於會訊發表之材料科學理事長報告及學會會員動態以及兩岸材料界的互動。所以從材料人的觀點，你可以看到 1980 年代初與 1990 年，清華材料系的師資、學生、課程、設備、研究情況，也可以看到「材料科學學會」1995-1999 年間重要活動以及會員動態，在世殊事異之際，為材料界留下一段彌足珍貴的紀錄。

總之，我在十年前仍毫無規劃情況下，在近期出版了頗具「紀錄與紀念」價值的五本書，如有什麼領悟的話，就是順勢而為，但一環緊扣一環，

一、由於我擔任校長需要在很多場合致詞，而我很珍惜與重視這樣的機會，逐漸養成習慣留存文稿，累積下來，共約四百餘篇，得以整理出約七十五萬字的文稿。

二、深切體會「沒有紀錄，就等於沒有發生」的意義，出書兼具不僅為個人，也是為團體「紀錄與紀念」的功能。

三、在養成撰寫致詞稿的習慣後，體會到利用撰文整理思緒及抒懷的優點，所以在碰到感受比較深的事件時，也儘量抽時間撰文以「紀念與紀錄」。

四、由於影像「勝於千言萬語」的威力，文稿配合照片，常可使臨場感增加很多，在搜尋照片之時，深感在現今資料存儲日益簡易與廉宜時代，基於保存「紀憶」以及宣導的強大威力，應值得各單位在記錄活動方面，多付一分心力。

五、撫今思昔，常想如果在擔任「清華工學院」院長以及國科會副主委時，能夠將致詞內容轉成文稿留存，應可為「清華工學院」以及「國

科會」記錄加分不少，所謂「千金難買早知道」，同時在一口氣寫完二十篇「德國之旅記遊」、四篇「2019 杭州之旅」後，對於以往數十次以上旅遊世界各地，以及遍歷大陸各省沒有做類似的記遊，深感惋惜，雖然沒有把握當時能抽出足夠時間，克竟全功，但部分留存則是觸手可及，只有「悔不當初」了。

　　每個人都有許多值得「紀念與紀錄」的經歷，如果能夠及早動念，刻意地投入心力，效果自然會更好。尤其對年輕人來說，有許多創造值得「紀念與紀錄」事蹟的機會。最後我引在我《清華行思與隨筆》（下）書中兩位智者的話，勉勵大家，一是美國知名的領導專家、演說家 John Maxwell 說：「人們會以一句話總結你的一生」（People will summarize your life in one sentence, pick it now），勉勵人及早擇定目標並努力以赴。另一則是美國大學籃球賽保持得到冠軍次數最多記錄的教練 John Wooden 說，他希望熟人記得他「對待別人的方式是『善良與體貼』（kindness and considerateness）」，他想的不是僅有少數人可達到的豐功偉績，而是人人可做到的基本待人之道，願與大家共勉之。

▲ ①忝列「台灣材料領航者」之列　③沒有紀錄，就等於沒有發生
　②千金難買早知道　　　　　　　④人人可做到的基本待人之道

中技社「AI倫理治理與醫療防疫」
座談會致詞

2020 年 8 月 16 日　星期日

　　歡迎大家親臨或以視訊方式來參加今天的座談會，也就是將在 10 月 16 日舉行的「AI 倫理治理與醫療防疫」研討會的會前會。研討會舉辦會前會，主要是針對執行方式及議程進行簡要說明，並讓各主講人、主持人及與談人溝通交流，當有助於掌握研習會演講或與談聚焦的方向。

　　中技社是國內首屈一指的推動科技的公益團體，智庫議題原來聚焦於能源與環保，剛才潘董事長已略有介紹；由於 AI 已漸深刻影響我們的生活，前年起除開辦 AI 相關之研習會外，也於去年起舉辦 AI 應用競賽；在研討會方面，2018 年 2 月 22 日與 2019 年 3 月 13 日分別舉辦了「AI 對科技經濟社會政治暨產業之挑戰及影響」以及「AI 時代社科文教之變革與創新思維」研討會，獲得熱烈的參與以及迴響；並因而選定於 2019 年 8 月 23 日舉辦第三次「AI 研討會」作為歡慶中技社成立六十周年主要活動之一，而以「AI 智能應用對日常生活之翻轉與創新」為主題。從日常生活的經驗，延伸出與大眾生活相關的七個面向。

　　AI 無疑是前兩年最夯的議題，今年則意外地由於新冠疫情延燒，防疫後來居上。本次研討會最先規劃於今年四月舉行，並以「AI 倫理治理」為主題，由於 AI 漸成為對各領域均有深遠影響的泛用科技，如何在確保大眾的共同利益的前提下，透過「AI 倫理與治理」的討論，以形塑人機共榮環境，是當前歐美甫開展的全新研究領域。諸如史丹佛、麻省理工、哈佛、牛津大學、WEF、Google、Intel、Forbes 等產官學研單位均爭先投入相關的研究。由於新冠疫情的發展，一方面決定延期到十月舉行，一方面加入了醫療防疫主題；當初估計到十月之時，全球疫情應已大體受到控制，國際間旅行無阻，目前看來

似乎太樂觀了些，應變措施是可能部分以錄影與視訊方式舉行。

　　也可能是受疫情影響，大家無法出國，因此本次邀請國內重量級人士擔任主講人、主持人、與談人甚為順利，陣容堅強無比，精彩可期。這裡要特別感謝陳建仁副總統，除了蒞臨前兩次研討會致詞，本次研討會則擔任主講人，以「AI 與流行病防疫」為題演講，同時我們要恭喜陳院士在研討會當天早上會接受南部某醫科大學頒授榮譽博士學位，再趕回台北參加研討會。另外也要特別感謝朱雲漢院士除在第一次研討會做了一個精闢「AI 與政治」的演講外，此次則主講「AI 帶來的社會、政治與經濟變革機遇與挑戰」。另一方面，何志明院士最近在 AI 於精準醫療上應用有突破，將以「AI 與醫藥發展」為主題報告進展，郭毅可院士則以「理解機器行為：人機共生世界中的生存方式」為題闡述機器行為學的發展，深盼 AI 能協助兩位在境外的院士如期來台與會。

　　最後感謝大家與會，以及何、郭兩位院士以視訊交流，由剛才各位熱烈的發言，相信已發揮很大的效益。另外要拜託大家於研討會前（10 月 7 日）提供簡報檔、簡歷，以便製作研討會手冊。

▲左：陣容堅強無比
　右：精彩可期

「AI倫理與治理」演講主持人引言

2020 年 10 月 16 日　星期五

　　歡迎大家來參加今天的研討會，早上的議程聚焦於 AI 倫理與治理；剛才蕭副總統談到台灣防疫有成與戴口罩的關聯，民眾視情況自動自發戴口罩是講倫理，政府對戴口罩場合作某種規範則是治理問題。有鑑於 AI 越來越強大，越來越普及，相關倫理與治理問題，就顯得越重要。

　　在倫理方面，AI 是照我們所設計的演算法運作，如果遵循一個口令，一個動作，就如我們說的 do the thing right，也就是「依章行事」，但談到倫理問題，是 do the right thing，「做對的事」，這就牽涉到價值觀，也是這哲學問題；不同的哲學，會導致不同的演算法，有不同的後果，必需要正視。蓄勢待發的無人駕駛行車安全，例如他的設計，是以保障乘客安全，還是造成最少人命損失為優先，就是上路前必須釐清的問題。

　　治理則是上位問題，屬於應用倫理學範疇；一方面是利用 AI 做有效治理，另一方面則是對 AI 開發的治理；利用 AI 做有效治理的例子，一地的犯罪率大減，可歸因於街頭密布的監視器、高明的人臉辨識技術等。據報導，原來相當嚴重的新疆維安問題，近 4 年都沒有再出現恐怖攻擊，就是一例；最近大陸十一長假，有七億人次出遊，各大景區萬頭攢動，顯示防疫成功，也是拜 AI 促成的健康碼制度建功。

　　在 AI 開發的治理方面，上述例子的個人隱私問題需要考慮，社交媒體，如 Facebook，所收集的數據在上次美國大選被用來影響投票趨向，推特被美國總統川普用來散布錯誤訊息，最近的例子是美國 FBI 破獲密西根州極端右翼民兵組織，利用 Facebook 來協調他們意圖綁架州長的計畫，而 Facebook 作為極端分子的溫床與工具，已成為日趨嚴重的問題，需要妥為規範。

　　以上可見，不論 AI 倫理與治理，都已經超越學術討論範疇，而必須考慮

到實務操作問題。因此本研討會邀請兩位頂尖專家，主講相關議題，同時邀請多位專家學者在隨後的論壇就此議題討論，必能多所啟發。

朱雲漢院士主講「展望後新冠病毒世界的科技與社會：人工智慧帶來的社會、政治與經濟變革機遇與挑戰」。朱院士在台灣大學政治系畢業後，到美國深造獲得明尼蘇達大學政治學博士，返國後歷任中央研究院特聘研究員與台灣大學政治學系教授，現擔任清華大學台北政經學院籌備處主任，是國內首屈一指的政治學學者，也是目前中研院唯二的政治學領域院士中最資深院士。

人工智慧亦稱機器智慧，指由人製造出來的機器所表現出來的智慧，AI時代來臨，代表生活中機器無所不在，產生了人機共處問題。郭毅可院士主講「理解機器行為：人機共生世界中的生存方式」，指出未來世界遠景。郭院士是北京清華大學計算機系學士與碩士、英國帝國理工學院計算機科學博士，曾任英國帝國理工學院數據科學所所長及教授，現任香港浸會大學研究與發展副校長，為英國皇家工程院院士、歐洲科學院院士。他在 2016 年以大數據分析成功預測當時所有選前民調一片看衰的川普當選美國總統，享譽國際。

▲①AI倫理與治理問題越發重要
②「做對的事」牽涉到價值觀
③必須考慮到實務操作問題

「AI倫理與治理」圓桌論壇與談

2020 年 10 月 16 日　星期五

　　今天上午的圓桌論壇由多位專家學者分享對「AI 倫理與治理」的看法。倫理牽涉到價值觀；我們常說普世價值，譬如自由、平等、博愛，是大家所想望的，但在現實上，自由有一定的限度，平等常常淪為口號，博愛是可望而不可及的，同時掌握在擁有話語權的人手中。

　　近年來世人開始體認到價值的多元性，因時因地因情況，會有不同的看法；譬如說世界第一個民主共和國，美國，在憲法中明定，黑奴在眾議員名額和直接稅稅額，以自由人的五分之三計算，到內戰結束後。1868 年美國憲法第十四修正案明確指出「眾議員名額，應按各州人口比例進行分配，此人口數包括一州的全部人口數，但仍不包括未被徵稅的印地安人」，同時婦女在二十世紀初才有投票權；一人一票多數被選舉人制抵銷，選出說謊成性、品格低下的總統；社會流動停滯、貧富不均越發嚴重、種族關係越形緊張，所以不僅普世價值受到質疑，其操作性也大有問題。

　　另一方面，倫理往往由文化所形塑，文化既有多元性，在善與惡、對與錯、美德與惡習、正義與犯罪、聰明或愚蠢等概念都有分歧之處，因地制宜，因此如果為 AI 制定有關倫理的指令，將是一個大難題。

　　日裔美國歷史學家福山，在蘇聯剛瓦解之時，預言，歷史將由「自由民主」和資本主義定於一尊，但近三十年世局變化，讓他體認到「國家治理能力」也是決定性的因素，因此價值與治理都不可互缺。

　　今天我打算從最近閱讀兩本書，了解的社交媒體平台 Facebook（臉書，FB），以及 FB 所涉及的幾個重大事件，談談與 AI 演算法有關的「倫理與治理」。

　　英國科普作家漢娜‧弗萊（Hannah Fry）在所著《打開演算法黑箱》談

到當演算法出了錯，人類還能控制它嗎？[1] AI 已漸進入醫療診斷、司法體系、新興的商業購物及帶有大量政治爭議性的民主選舉操作；弗萊認為演算法為我們的道德下定義、評量我們的情緒表現、掏空我們的民主體制，討論「迎接演算法美麗新世界，我們如何在機器時代當個人？」演算設定來自人類，因人而生，但造成傷害層出不窮，必須加以導正；內容豐富而發人深省。書中特別提到大學生祖克柏（Mark Zuckerberg）在 2004 年創辦 FB 不久，在與朋友即時通訊交談時，即顯示出自始即對隱私抱持馬基維利式的態度。以近年發生的重大事件來看，FB 將幾十萬人的數據提供給英國的競選顧問公司【劍橋分析】（Cambridge Analytica）；在 2016 年英國脫歐與美國大選中，都扮演了重要角色。

據估計，Facebook 在全球約有 25 億人使用，營收約達 200 億美金，市值約 8,000 億美金。為無遠弗屆的全球性社交平台，有研究結果顯示，如果在臉書上按了三百個讚，FB 分析後要比他的配偶更了解他，是屬於朱雲漢院士所說的大得無法無天的媒體巨獸。

【劍橋分析】前雇員克里斯多福 • 懷利（Christopher Wylie），也是揭發【劍橋分析】醜聞的吹哨者，在所著《心智操控【劍橋分析技術大公開】》中詳細披露了數據洩露事件。[2] 以美國大選為例，Cambridge Analytica 利用 FB 提供的用戶數據，並收集用戶的 FB 朋友的個人數據，據以盜用美國超過七千萬用戶的數據，建立其政治趨向檔案，廣告會根據分類對川普支持者與潛在的搖擺選民，予以輸送客製正、負面訊息，影響選民投票；結果顯示，在賓西法尼亞（Pennsylvania）、密西根（Michigan）、威斯康辛（Wisconsin）州，共 46 選舉人票，川普都以些微差距險勝，如果由其對手拿下，則整個選舉將翻盤，所以一般認為【劍橋分析】起了極大的作用。尤其據研究，一個人的網路行為如果遭到掌握，其心理狀況也同時被有效的定位。

Facebook 設計的演算法如創辦人祖克柏在 2017 年一次演說中說利用 AI 助成建立「有意義的社群」（meaningful communities），讓志同道合的人，如宗教團體、學習社群、各種支援組織等，容易凝聚在一起，但也讓各種極端份

---

[1] 漢娜 • 弗萊（Hannah Fry），《「打開演算法黑箱」：反噬的 AI、走鐘的運算，當演算法出了錯，人類還能控制它嗎？》（*Hello World: How to Be Human in the Age of the Machine*），林志懋譯，臉譜出版社，台北（2019）。

[2] 克里斯多福 • 懷利（Christopher Wylie），《心智操控【劍橋分析技術大公開】》（*Mindf*ck: Inside Cambridge Analytica's Plot to Break the World*），劉維人譯，野人出版社，台北（2020）。

子更容易結成社群，變得更為極端；就在最近，美國密西根（Michigan）州意圖綁架州長的極端右翼民兵組織利用 FB 招募成員、徵詢與交換意見、共享並討論炸彈與武器測試影片、號召暴力行動，僅是其中一例；FB 也體認到極端右翼民兵組織暴力傾向的嚴重性，自 8 月起，禁止其使用 FB，到九月底，已下架 300 個相關組織，高達 6,500 個群組，具體成效則尚待驗證。同時 FB 宣布，鑒於美國選後錯誤或虛假訊息可能導致的紛亂，在選舉日投票結束後，將拒絕刊登政治性廣告一段時期，直到對候選人或政治團體想要破壞選舉結果不再有疑慮為止，也顯示 FB 體認可能造成的傷害的嚴重性。

據最近研究，在 FB 上散布不實消息的情況更趨嚴重，總體而言，在 FB 按喜歡，發表評論和分享來自定期發布虛假和誤導性內容的新聞媒體的文章，從 2016 年第三季度到 2020 年第三季度大約增長了兩倍。同時，祖克柏也於最近宣布，將下架否認或扭曲納粹曾屠殺猶太人的網頁。

另一方面，Facebook 對於其應用的負面效應，也深感憂慮；祖克柏曾公開要求政府立法管制，特別是在有害內容（harmful content）、選舉誠信（election integrity）、隱私（privacy）與數據平台轉換性（data portability）；這些都是相當棘手的問題，是公司甚至政府治理的盲點。

以 FB 近年作為，造成社會巨大紛擾為例，可見各國政府對數位科技巨獸的制衡已刻不容緩，朱雲漢院士提出的建立數位時代的社會契約是包括防止數位資產的獨佔、禁止個人數位資料被濫用，確認數位資產的集體所有權等是非常正確的方向，然而執行面險阻仍多，需要 AI 時代公民共同努力。

▶ 體認到價值的多元性

▲ ①普世價值操作性也大有問題
　②倫理往往由文化形塑
　③價值與治理都不可互缺
　④打開演算法黑箱

「AI倫理治理與醫療防疫」研討會
閉幕致詞

2020 年 10 月 20 日　星期二

　　很感謝大家光臨本研討會，聆聽多位頂尖專家學者分享他們對目前最夯的兩大議題的看法。

　　今天的研討會從規劃到舉行，可謂一波三折。研討會原定本年 2 月，再延到 4 月進行，最初規劃主題是 AI 倫理與治理，因疫情延到 10 月，並將議題改為「AI 倫理治理與醫療防疫」。最近兩年，在科技界最夯的字眼無疑是 AI，萬萬沒有想到，在 2020 年疫情搶戲，但正如朱院士說到，給 AI 一個大顯身手的機會，也是 AI 第一次在世界性的重大事件中發揮顯著功能，讓大眾更理解到「AI 時代來了」。

　　陳建仁院士很詳盡的說明「AI 與防疫科技」，一方面大家要恭喜陳院士今天榮獲高雄醫學大學頒授博士學位，並感謝他從高雄趕回來參加研討會，同時也慶幸因為研討會延到十月，讓陳院士能以學者身分蒞會演講，正如郭校長主持時說，陳院士演講是目前國內最完整、最權威的有關利用 AI 防控新冠疫情的報告；陳院士演講重點從新興傳染病擴散軌跡的即時監控、預測疫情擴散風險、入境檢疫、傳染病原基因體演變、臨床診斷、密切接觸者的回溯與追蹤、居家隔離／檢疫的強化、維持社交距離、避免群聚活動、疑似個案的通報檢驗、抗傳染病原藥物研發：老藥新用平台到醫療院所感染管控，從方方面面，無不可看到 AI 具體而有效的應用，讓人印象深刻，也讓人慶幸 AI 適時的迅速發展，讓人類在面對極為刁鑽的病毒防疫上，有了克服困境的利器，而在台灣更發揮了巨大的功效。

　　本次研討會從原訂日期，再改到今天舉行，一個主要原因是配合多位海外院士在中研院會議的行程，但人算不如天算，今天何志明院士仍只能用錄影與

視訊方式與會。何院士「AI 與醫藥發展」演講，除宏觀的介紹外，是報告利用 AI 達成醫藥發展的突破；也就是發現人工神經網絡可以將藥物劑量組合的輸入與患者的反應，功效／毒性相關聯（phenotypic response surface，PRS），而無需對藥物分子與生物分子之間的複雜相互作用進行分類。

該 AI-PRS 平台無需依靠常規的試驗和錯誤方法，即可使臨床醫生根據實驗測量的功效／毒性確定性地優化治療方案。另外，可以在工作量、時間和成本上節省幾個數量級。此外，AI-PRS 平台可以動態調整特定患者的代謝和其他生理功能變化所需的劑量。個性化療法首次成為可能。何院士今天除以播放錄影方式所作精彩演講，並以視訊全程參與下午的「AI 與醫療防疫」論壇到美國西部時間深夜一點多，特別令人感謝。

中技社從 2018 年 3 月舉辦三次研討會，分別從 AI 對社經政等宏觀領域的影響，再到與社科文教等跨領域應用，進而對個人日常生活的體現，做出既廣泛又深入的探討。由於 AI 發展的突飛猛進，不可避免的漸走入面對「倫理治理」的深水區，朱雲漢院士在討論倫理與政府治理議題，結合當前 Covid-19 疫情時事，探究 AI 科技在應用到醫療與防疫領域政府治理需注意的面向。

他探討的重點包括在後新冠病毒世界，人類將全面迎接 AI 驅動的社會變革之巨大挑戰，認為未來已來，智慧公共治理時代已經來臨，數位經濟時代正式開啟，對於多個跨國科技公司巨大到無法無天，提出寶貴的建立社會新契約的建議；未來世界將看到數位資本主義與數位共產主義的競爭，而如何引導 AI 為善、制止為惡是必須正視的問題。朱院士並期許 AI 為善可以是中技社的時代使命。

郭毅可院士談「理解機器行為：人機共生世界中的生存方式」；由於 AI 是由人造機器展現的智慧，AI 時代機器無所不在，也就是人機共生世界，人與機器將協同工作並共同生活。在這個世界上，機器與人的交流以及互操作性至關重要。通過人了解機器行為和通過機器了解人類意圖是人機交互的兩個主要方面。但是，這種相互理解是 AI 研究中的最大挑戰之一。他在演

▲ 目前最夯的兩大議題

講中，通過指出一些關鍵的理論和實踐挑戰來討論人機交互中的一些重要研究領域。專注於可解釋、可驗證和符合道德的 AI 研究及其可能的研究路線的討論。郭院士的結語：「但求機器做的對；人製造機器為夥伴；相互理解是人機共生世界的基礎」，刻劃出未來世界的遠景。

郭院士在回答論壇主持人李羅權院士對美國總統大選的提問時，雖然他強調是個人看法，而無大數據分析為背景，出人意料地認為川普會連任；這讓人想起一向強烈抨擊川普的紐約時報，最近刊載一篇專文體醒大家川普的對手拜登並非穩贏，作者的用語是 "Joe Biden is not out of woods yet"，也就是並不明朗。這裡我也要特別表達我自己對秋冬來臨台灣防疫未來也並不明朗的憂心，是大家必須特別審慎面對的。

除四位院士精彩的演講外，在早上與下午的圓桌論壇中，多位頂尖專家也分別分享他們對相關議題的看法，並透過對話方式，釐清論點，相信與會貴賓一定也受益匪淺。

最後，我要感謝各位主講人、主持人、與談人以及與會嘉賓共襄盛舉。本研討會從規劃到今天的順利圓滿舉行，仰賴中技社的持續全力支持，尤其王釿鎔主任率領的團隊在一般舉辦大型研討會的繁鉅事務外，增添部分主講人的錄影與視訊工作，備極辛勞但圓滿達成任務，讓我們一起報以最熱烈的掌聲，表示感謝。同時祝大家都能 Stay healthy and happy，也就是在疫情中得到平安，由 AI 應用得到快樂。

▲ 給AI一個大顯身手的機會

▲ 必須特別審慎面對

「AI智能應用對日常生活之翻轉與創新」專題報告主編序

2020 年 3 月 21 日　星期六

　　中技社於 2018 年 2 月 22 日與 2019 年 3 月 13 日分別舉辦了「AI 對科技經濟社會政治暨產業之挑戰及影響」以及「AI 時代社科文教之變革與創新思維」研討會，獲得熱烈的參與以及迴響；鑒於 AI 對人類社會的影響正方興未艾，因而選定於 2019 年 8 月 23 日舉辦第三次「AI 研討會」作為歡慶中技社成立六十周年主要活動之一，而以「AI 智能應用對日常生活之翻轉與創新」為主題。從日常生活的經驗，延伸出與大眾生活相關的七個面向，本次會議很榮幸再度邀請到陳建仁副總統蒞臨以及多位中研院院士與各領域專家學者，於此研討會中分享論點，藉此展開 AI 與科技人文、文學、語音辨識、通訊、運動、學習，以及工程間之對話，讓民眾有個初步輪廓，在 AI 科技的輔助與影響下，如何翻轉與創新大家的日常生活。

　　陳建仁副總統在致詞時指出，AI 是台灣未來重要的產業創新與邁向智慧國家的主要關鍵，如何將領先的 AI 技術應用於實際生活當中，打造未來的智慧城市，帶給我們更美好的未來，是一門重要的學問。行政院也已啟動 AI 相關方案，不僅努力協助台灣產業 AI 化、培育 AI 人才，政府也積極在法規鬆綁與建置相關實驗場域上努力，來協助 AI 的推動。

　　中技社董事長潘文炎表示，中技社長期以來，為台灣的科技創新、人才培育、推動國家建設，引進科技新知、協助產業升級轉型、扮演政策智庫，有相當卓越的貢獻。今年適逢成立 60 周年，特規劃辦理 AI 研討會，作為社慶系列活動之一。

　　本人以協辦人身分致詞時表達，AI 正蓬勃發展，根據前陣子紐約時報的報導指出，AI 正 Learning From People，A lot of People；意指 AI 發展是向許

多人學習並需大量人力協助。然而 AI 發展成熟時也會取代大量人力，所以從另一角度來看人類發展 AI 是幫自己挖墳墓，這是值得思索的課題。因此當美國民主黨總統初選候選人之一的 Andrew Yang 提出「AI 時代應對於被剝奪工作者所有救濟」，而國內也有科技專欄作家質疑「AI 是創意幫手還是殺手」，都引起廣泛討論，所以在 AI 發展下，對於創意與人道關懷等議題特別值得深思。

中研院廖俊智院長擔任早上三場演講主持人。首先是由李琳山院士講「機器會聽人類語言以後」；李院士從定義與介紹人工智慧，談到教機器聽人類語言的要點與經驗，分析機器聽華語與聽西方語言有何不同，在機器會聽人類語言以後，則可以期待語音版 Google，促進人類文明發展；他對人工智慧的展望，「想不到一個領域用不到它」，「在可預見的未來都會很有用」，總言之「可大可久」，簡明而直指核心，發人深省。

張系國教授近年在「老年生活」議題方面有相當投入，主講「AI 與老年生活」。依序談什麼是人工智慧、英國人怎麼死、什麼是慢智系統、為什麼需要慢智系統、抽象機器的模式、可調適醫療照顧系統以及天地人系統，除拉高到哲學層次思考，並兼顧實際面，闡揚「人機共同進步」的觀念，令人同感「收穫良多」。

中鼎公司葉啟信創研長與大家分享「AI 與工程：工程與建造的未來」。葉創研長說明由中技社投資成立的「中鼎工程公司」多年來在研發創新方面不遺餘力，談到工程建設對世界經濟的貢獻以及面對的問題，闡述創新的邊界，清楚說明現今的投入與成果，充分展現 AI 在「營建工程」應用的多元化與潛力，展望智慧工程總承包，以及未來發展重點。

▲ 歡慶中技社成立六十周年主要活動之一

下午四場演講由徐爵民前部長主持。首先由杜經寧院士主講「5G 科技與 AI 應用」。杜院士在演講中，除闡述主題 5G 通訊及其技術、AI 與其應用，並深入淺出的介紹「三維積體電路」（3D-IC）及其與 AI 發展相互為用，總結「AI 是否成功應用，取決於基礎訓練」，確是金玉良言。

吳誠文副校長由於紐約機場流量管制，而無法及時搭上回台班機，改以視訊方式講「AI 與運動」。吳副校長首先介紹運動產業，強調已是包含廣泛與產值巨大的產葉，以棒球、曲棍球為例，說明現今 AI 在運動方面的應用，很明顯對球員、觀眾、裁判與教練各面向，都產生了很大的影響。另一方面，也以美國名校史丹佛大學為例，說明運動科技發展的情況與潛力，最後以「創造運動產業、提升文化價值」作結。

　　張國恩前校長主講「人工智慧與學習」，首先談人工智慧的深度學習循環與實踐要素，介紹二十一世紀學習理論的發展以及教育新思維、科技在教育的應用以及營造有意義學習的環境；在 AI 在教育新思維的實踐方面，包括精準教育為教育科學思維的實踐，翻轉教育系統與營造有意義的學習環境為教育抽象思維的實踐，認為教育創新是化 AI 為助力與提升人類力量的最重要路徑，展望「教育自主、能力為本、課程減量、邁向教育 4.0」。

　　最後由劉炯朗前校長講「科技與人文的平衡：AI 靠哪邊站？」首先比較科學技術與人文藝術，說明科技人需要人文素養、人文人需要科技知識；除對人工智慧發展做精闢介紹，旁徵博引，認為科技中的美包括廣博、遠見、嚴謹、精確、分析、歸納、應用等，人文中的美則包括和諧、激盪、含蓄、鮮明、格律、不羈等，舉出許多文理互通範例，而以追求科技和人文的美為 AI 邊站的依據。

　　本研討會的順利舉辦以及論文集的編輯，要感謝王釿鎔主任與許湘琴組長領導的工作團隊，在緊湊的時間壓力下，盡心盡力，克服各種挑戰。最後並要特別感謝蒞臨貴賓、主持人與主講人的全力支持，讓研討會得以圓滿完成。

陳力俊　謹序
2020 年 3 月於新竹

「AI倫理治理與醫療防疫」研討會論文集序

2020 年 12 月 1 日　星期二

　　鑑於 AI 的急速發展，對人類的社會影響愈為廣泛與重大，「中技社」於 2018 年 2 月 22 日、2019 年 3 月 13 日與 2019 年 8 月 23 日分別舉辦了「AI 對科技經濟社會政治暨產業之挑戰及影響」、「AI 時代社科文教之變革與創新思維」與「AI 智能應用對日常生活之翻轉與創新」主題研討，獲得熱烈的參與以及迴響；有感於 AI 發展至今，除增進人類福祉外，也呈現許多負面效應，大者甚至影響強國的選舉，牽動世局變化，因而較上位的「倫理與治理」問題愈形重要，緣此規劃於今年 4 月舉辦「AI 倫理與治理」研討會。

　　由於新冠疫情的發展，AI 在醫療防疫上大顯身手，本研討會除決定延期到 10 月 16 日舉行，同時改以「AI 倫理治理與醫療防疫」為主題；以 2003 年「非典肺炎」疫情的經驗，估計到 10 月之時，全球疫情應已大體受到控制，國際間旅行無阻，詎料疫情目前仍在全球大部分地區蔓延，旅行也受到諸多限制，只能部分以錄影與視訊方式舉行。

▲ 因疫情部分以錄影與視訊方式舉行

　　本研討會在諸位重量級主講人、主持人、與談人支持下進行甚為順利，也感謝蕭前副總統蒞臨致詞，兩位在境外的院士除抽空為演講錄影外，也全程以視訊參與圓桌論壇的討論，讓研討會更為圓滿成

功，在此一併致最深的謝意。

　　「中技社」是國內最早對 AI 發展與影響關切並著力最深的財團法人，除舉辦四次大規模研討會外，並舉辦兩次 AI 創意競賽，2019 年以「AI 與教育」、「AI 與創新服務」與「AI 與藝術」為主題，各有 10，12，10 隊，共 32 隊參賽，今年聚焦於「醫療防疫」，就吸引 34 隊參加，廣度與深度均有提升；同時在本年創意獎學金部分，也鼓勵許多學生以 AI 相關主題參賽，顯示國內 AI 的發展與「中技社」的教育與推廣努力相輔相成。

　　展望未來，朱雲漢院士在討論倫理與政府治理議題，作總結時，特別提到，如何引導 AI 為善、制止為惡是極為關鍵重要問題，並期許 AI 為善可以是「中技社」的時代使命。令人振奮的是，「中技社」正朝此方向積極研議中，未來集思廣益，還賴各位學者專家鼎力支持。

　　此次研討會，讓人遺憾的是原來排定擔任主持人之一的劉炯朗院士臨時因需動手術未能參加，並不幸因手術引發的狀況已於 11 月 7 日仙逝；劉院士在前三次「中技社」辦理與 AI 相關的研討會，均「共襄盛舉」。頭兩次是擔任主持人，第三次則是擔任主講人，以「科技與人文的平衡，AI 往哪邊站？」為題作約五十分鐘壓軸演講，風靡全場。聲望崇隆的劉院士是 AI 先驅，而一生為善，將是未來「中技社」推動 AI 為善的精神指標。

　　本研討會從規劃到順利圓滿舉行，仰賴「中技社」的持續全力支持，尤其王釿鋊主任率領的團隊在一般舉辦大型研討會的繁鉅事務外，增添部分主講人的錄影與視訊工作，備極辛勞但圓滿達成任務，特別讓人感佩與感謝。

▲ 蕭萬長前副總統蒞臨致詞

▲ 陳建仁前副總統擔任主講人

中技社「建構AI產業應用治理框架論壇」專家諮詢座談會

2021 年 2 月 25 日　星期四

　　歡迎大家來參加今天的座談會。中技社是國內最早對 AI 發展與影響關切並著力最深的財團法人，自 2018 年起，有鑑於人工智慧的應用將對人類生活帶來越來越大的影響，主辦「AI 對科技經濟社會政治暨產業之挑戰及影響」、「AI 時代社科文教之變革與創新思維」與「AI 智能應用對日常生活之翻轉與創新」以及「AI 倫理治理與醫療防疫」為題的四場研討會，獲得相當大的迴響，並出版四本專題報告。

　　另一方面，中技社也連續舉辦兩次 AI 創意競賽，2019 年以「AI 與教育」、「AI 與創新服務」與「AI 與藝術」為主題，各有 10，12，10 隊，共 32 隊參賽，2020 年聚焦於「醫療防疫」，就吸引 34 隊參加，廣度與深度均有提升；同時在 2020 年創意獎學金部分，也鼓勵許多學生以 AI 相關主題參賽，顯示國內 AI 的發展與中技社的教育與推廣努力相輔相成。

　　為進一步揭示 AI 對台灣產業發展之重要，也為 AI 應用對台灣社經環境帶來良善影響有所貢獻，中技社規劃此論壇系列，預計以多年期方式，有系統地建置一個科技與社科人文領域的專家研討平台，每年選定台灣發展 AI 產業化與產業 AI 化可能遭遇到的關鍵議題，藉由跨領域的對話與研討，型塑 AI 應用治理共識。讓 AI 在發展與廣泛應用擴大效益之時，有所指引與依循，避免 AI 發展帶來的負面風險，達到 AI 為善的利益共享。

　　此次專家諮詢會議，旨在協請各位專家參與集思廣益，提供想法與討論，藉以擬定未來要研討領域方向、策略。在推動「AI 產業應用治理框架」方面，政府各相關部會如科技部、教育部與經濟部等負有引領的責任，中技社是以政策智庫為使命的財團法人，期許以有限的資源，在以台灣關聯性強、台灣

容易著力、台灣迫切性高、台灣未來影響性高等要素下，選擇在社會仍未充分正視，政府努力尚待加強之處著力，因此第一步要了解目前政府的政策與執行成效；在選擇議題方面，為聚焦討論，建議從聯合國提出永續發展目標（SDGs）的 17 大項為範疇，從中挑選出台灣宜優先探討的領域。這些主題都是犖犖大者，無一不極為重要，重點在 AI 可以扮演什角色，中技社有何施力之處？例如教育部在推動 AI 教育或 AI 輔助教育上有很多努力，不足之處在哪方面而中技社的投入可以有顯著幫助。

　　今天很榮幸的邀請到科技部四大 AI 研究中心負責人，包括台灣大學「人工智慧技術暨全幅健康照護聯合研究中心」杜維洲執行長、清華大學「人工智慧製造系統研究中心」周哲維執行長、陽明交通大學「人工智慧普適研究中心」曾煜棋主任、成功大學「生技醫療 AI 創新研究中心」梁勝富主任與周丹青副執行長以及台灣雲端與物聯網產業協會徐爵民理事長（科技部前部長）、陽明山未來學社葉匡時理事長（交通部前部長）、台灣大學社科院張佑宗副院長共同參與；借重各位專家的宏觀的卓越見識，提供寶貴的具體建議，中技社將加以彙整，以作為後續推動相關工作的重要依據，同時也希望各位不吝繼續指導，未來期盼有更多合作機會。

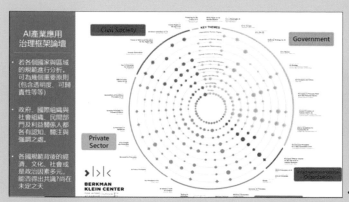

◀ 達到AI為善的利益共享

〔附錄〕17項永續發展目標如下：

1. 消除貧窮（Eliminate Poverty）
2. 消除飢餓（Erase Hunger）
3. 確保健康及福祉（Establish Good Health and Well-Being）
4. 提供優質教育（Provide Quality Education）
5. 實現性別平等（Enforce Gender Equality）
6. 改進水質及衛生（Improve Clean Water and Sanitation）
7. 確保負擔得起及乾淨的能源（Grow Affordable and Clean Energy）
8. 促進經濟成長，讓人人有好工作（Create Decent Work and Economic Growth）
9. 促進產業、加速創新、加強基礎建設（Increase Industry, Innovation, and Infrastructure）
10. 減少國內及國家間不平等（Reduce Inequality）
11. 推動城市與社群居住永續性（Mobilize Sustainable Cities and Communities）
12. 確保永續消費及生產模式（Influence Responsible Consumption and Production）
13. 採取因應氣候變遷行動（Organize Climate Action）
14. 保育及永續利用海洋與海洋資源（Develop Life Below Water）
15. 促進陸域生態系統（Advance Life on Land）
16. 促進和平且公義的社會，建立有效的治理架構（Guarantee Peace, Justice, and Strong Institutions）
17. 建立永續發展全球夥伴關係（Build Partnerships for the Goals）

中技社「AI在高等教育領域應用」座談會致詞

2021 年 8 月 11 日　星期三

　　歡迎大家來參加今天的座談會。自 2018 年起，中技社有鑑於人工智慧科技的迅速發展，將對人類生活帶來很大的影響，主辦「AI 對科技經濟社會政治暨產業之挑戰及影響」、「AI 時代社科文教之變革與創新思維」與「AI 智能應用對日常生活之翻轉與創新」以及「AI 倫理治理與醫療防疫」為題的四場大型研討會，邀請學者專家做主題演講，以深化與提升社會對 AI 的認知，獲得相當大的迴響，並出版四本專題報告。

　　另一方面，中技社也連續舉辦兩次 AI 創意競賽，2019 年以「AI 與教育」、「AI 與創新服務」與「AI 與藝術」為主題，各有 10，12，10 隊，共32 隊參賽，2020 年聚焦於「醫療防疫」，就吸引 34 隊參加，廣度與深度均有提升；今年將續辦「AI 與農林漁牧」競賽；同時在 2020 及 2021 年創意獎學金部分，也鼓勵許多學生以 AI 相關主題參賽，顯示國內 AI 的發展與中技社的教育與推廣努力相輔相成，也樹立中技社為國內最早關切 AI 發展與影響並著力最深的財團法人地位。

　　為進一步揭示 AI 對台灣產業發展之重要，也為 AI 應用對台灣社經環境帶來良善影響有所貢獻，中技社規劃論壇系列，預計以多年期方式，有系統地建置一個科技與社科人文領域的專家研討平台，每年選定台灣發展 AI 產業化與產業 AI 化可能遭遇到的關鍵議題，藉由跨領域的對話與研討，型塑 AI 應用治理共識。讓 AI 在發展與廣泛應用擴大效益之時，有所指引與依循，避免AI 發展帶來的負面風險，達到 AI 為善的利益共享。

　　為集思廣益，中技社於本年 2 月 26 日舉辦「建構 AI 產業應用治理框架論壇」專家諮詢座談會，邀請多位專家，包括科技部四大 AI 研究中心負責人、

前科技部長、前交通部長以及台灣大學社科院張佑宗副院長，提供想法與討論，藉以擬定未來要研討領域方向、策略。在推動「AI 產業應用治理框架」方面，中技社是以政策智庫為使命的財團法人，期許以有限的資源，在以台灣關聯性強、台灣容易著力、台灣迫切性高、台灣未來影響性高等要素下，選擇在社會仍未充分正視，政府努力尚待加強之處著力。

會後中技社在參酌與會專家的寶貴意見後，初步擬議分為「AI 應用發展方向探討」與「AI 治理準則探討」兩個區塊，「AI 應用發展方向」聚焦於教育與產業（製造與服務）兩個領域，進行 AI 科技、教育與產經專家跨域深入對話，以探求 AI 科技發展在可見未來對台灣至關重要，宜即早投入之領域。「AI 治理準則探討」則針對上述發展方向，透過科技與社科人文對話，以及參酌各國作法與典範轉移，探究適合台灣之 AI 治理模式的可能樣貌與機制，目前規劃將聚焦在「不平等」（Inequality）主題上，研討成果也會回饋到 AI 應用發展方向之探討。

有感於教育與人才，是一切產業與經濟發展的基礎，故中技社規劃從 AI 在教育領域之應用探討做起，在「AI 在教育領域應用跨域論壇」方面，首先邀請吳清基前教育部長以及師範大學張國恩前校長協助規劃，擬定「AI 在教育領域應用」座談會議程，以及邀請專家名單，預定在六月舉行第一次會；不料到五月中，國內新冠疫情轉趨嚴峻，在三級警戒中，只能改以視訊方式進行，原定在 6 月 17 日舉行，經一些專家回饋建議，因此次視訊會議有十幾個連結點，且目前視訊網路使用頻繁，擔心屆時視訊效果恐不如預期順暢，影響會議討論成效，加以中技社潘文炎董事長非常重視此座談會，深以為難得的機會可以邀請到各位專家參與，且親身參與過視訊會議效果皆不如預期，故決定將 6 月 17 日舉辦之「AI 在教育領域應用」座談會延期，希望於疫情較穩定（解除三級警戒）後擇日舉行。

在疫情較穩定與緩和後，加以中技社會議室已加裝隔板拉大座距提升防疫措施，在多所考量下，再規劃把「AI 在教育領域應用」座談會改為兩次辦理，兩場主題分別為高等教育與國民教育。同時為利兩場次教育專家相互交流，也將開放不同場次的專家，以視訊會議的方式加入討論。

今天的「AI 在高等教育領域應用」座談會邀集高等教育實務專家、AI 科研專家以及社會科學專家，針對如何藉助 AI 科技應用與管理，協助解決台灣

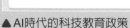

▲ AI時代的科技教育政策　　　▲ 從宏觀角度看AI教育

　　教育的問題，如降低城鄉落差、提升教育品質、擴大學習效益等進行研討，希望在跨領域專家的緊密對話與共商機制下，形聚共識，期盼勾勒出台灣應優先致力發展的 AI 應用在教育領域之方向。

　　首先感謝吳部長與張校長將主題演講「AI 時代的科技教育政策」與「從宏觀角度看 AI 教育」預先錄影並將影片置於雲端，供大家下載瀏覽，並擔任今天的引言。接著請兩位 AI 科技專家分享可應用於教育上之前瞻 AI 科技研究，三位教育專家進行實務分享，並請社科專家作觀點分享，最後是綜合討論，精彩可期。

　　最後預告「AI 在國民教育領域應用」座談會將於下周四（8 月 19 日）下午兩點起舉行，同樣也歡迎今天與會專家，以視訊會議的方式參與。

人工智慧與生命2.2

2019 年 10 月 29 日　星期二

今天很高興在中技社主辦的「大陸學子來台交流參訪」行程中，與兩岸學子談談「人工智慧與生命 2.2」（Artificial Intelligence and Life 2.2，AI and Life 2.2）。生命 2.2 大家以前可能沒聽過，這是我自造的名詞，等一下再向大家說明。

美國「未來生命研究所」（Future of Life Institute）的創辦人，美國麻省理工學院教授鐵馬克（Max Tegmark）在去年出版《生命 3.0：人工智慧時代，人類的蛻變與重生》（*Life 3.0: Being Human in the Age of Artificial Intelligence*）一書，將自然形成生命依複雜程度分成三個階段，生命 1.0 為純粹生物性演化，生命 2.0 為文化面演化，自身的軟體可以訂製，生命 3.0 則為科技性演化，同時大幅改變自身的軟硬體措施。

「超人工智慧」（Super Intelligence）指的是能力超乎人類水準的 AI，理論上這種 AI 能理解自己被賦予的任何任務，並為了完成任務進行思考和學習，且在任何關乎智能的能力上，都優於人類。生命 3.0 即「超人工智慧」，這本書試圖勾勒「超人工智慧」出現之後的未來。

目前我們頂多處於生命 2.1 階段，有許多科技突破，深度增強學習，在遊戲、機器人動作等、卓越的人機合作，AI 能幫助人類看得更深入，進而實現，未來仍會快速進步，在大多數領域能力與人類不相上下。

在近未來，也就是在 5-10 年內，姑且稱為生命 2.2，會是一番甚麼情況，我們應如何因應呢？

一、科技進步將加速：

　　在科學研究上，常會遭遇海量並複雜數據問題，以往即使將數據數位化，利用計算機處理，仍有所不足，甚至常有遺珠之憾，但有

AI 的協助，如在高能或粒子物理、搜索太陽系外行星、人類基因組、P53 蛋白質研究、新材料開發等都均有很突出的表現，未來論文發表與研究計畫書，甚至可能由 AI 審核。

二、大幅改變我們生活型態：

便利生活方式如精準廣告、線上購物、行動支付、普惠金融、智慧電網、語音辨識、語文翻譯、智慧助理、無人駕駛車、手術機器人、人工智慧診斷系統等，幫助我們減少意外、疾病、貧窮、勞役與不公不義。

三、逐漸走入人類生活的進步 AI 科技，更需要確保可靠、值得信任，照我們意思行事，當科技的威力越來越強，如 AI 當機，導致金融市場、輸配電網或核武器系統故障，後果不堪設想，應該用積極主動的方式取代被動回應，在事前做好安全性研究以防患於未然。可以從驗證（verification）、驗效（validation）、管控（control）和資訊安全（security）四大 AI 安全性研究主要技術著手。

在星際探索方面，幾次災難性事件，說明軟體驗證的重要，恰巧 AI 能幫助我們改善驗證工作。如何讓目前已發展出的工具功能更加齊全，更易於上手，並大量推廣，是重要的挑戰。

在金融、生產製造、交通運輸、醫療領域方面，經驗顯示，除驗證外，驗效同樣重要，驗證是看「有沒有把系統做好？」驗效「有沒有把系統做對？」也就是說，角色是否有時效：有甚麼方式可以改進不確定問題？

在交通運輸、能源配置、醫療領域方面，有時候，通過完整的驗證和驗效都不足以避免意外發生，還要能做到有效管控，讓操作的人類監控運作狀況，並在必要時介入改變系統的運作方式。必需要在人與機器之間，建立有效的溝通方式，包括友善的介面。不只要讓機器本身能維持正常運作，還要讓機器能與人類緊密合作。

通訊產業市售電腦影響最大的領域，增加的挑戰是提高對抗惡意軟體和駭客入侵的資訊安全等級。不遭駭客入侵是未來發展 AI，必須追求的目標，但在資訊安全攻防未曾停歇的對抗中，目前尚無必勝的防守之道。

四、人類發明了法律體系創造誘因，促進合作，AI 系統可讓人類的司法體系更公平，更有效率。法律程序可看成是一個運算過程，輸入的資訊是證據與條文，輸出的結果是判決。「機器法官」讓人期待。原則上可以實現「法律之前，人人平等」，消除人為偏見，避免無心之過。機器系統不會疲累，熟稔法律條文、專業技術和知識，高效率的審理案件。

五、在法律執行之外，法律體系也須迅速跟上 AI 發展腳步，避免 AI 對個人隱私、資訊自由、責任義務和法令規範造成的問題。立法時要提供最大的誘因，促使 AI 研究成果以最大的可能，朝有益社會的方向前進。

六、在武器方面，AI 控制武器的可靠度為最高指導原則，毫無妥協餘地，並應針對某些自動化武器制定國際禁令。

　　現在檯面上的武器都屬於「人為查核點」系統，但由於使用者介面的混淆，仍可能失效。把 AI 發展出新穎的殺人工具，絕對不是選項之一。讓人憂心的是，2016 年美國用於民用 AI 的投資金額雖超過 10 億美元，但美國國防部在 2017 年提報 AI 相關計畫達 120-150 億美元。

　　在制定國際禁令上，雖然困難重重，但以生化武器之例，禁令的頒布讓生化武器擺脫不了惡名，仍達到限縮使用的效果，國際禁令有其必要。

　　另一方面，AI 在軍事運用上，可發動網路戰。自動化程度越高的社會，遭 AI 攻擊影響的層面越大，損失越慘重。優先鞏固好對抗網路戰的防禦工事，會是短期內發展 AI 最重要的目標。

七、機器取代人力，則是現在進行式，就業問題，將是主要挑戰。未來應尋求機器不擅長的工作，包括需要與人互動，充滿不可預測性，同時又需要具備高度創造力的工作。樂觀的人認為被取代，會轉換為更好的工作，悲觀的人則認為大多數人類將淪為失能一族，但可能短多長空。

八、過去四十年來，財富分配不均惡化益發明顯，數位科技發展使問題更為嚴重。整體社會要能妥善分配 AI 所能創造財富中一小部分，以免

分配不均的問題會更惡化。同時應努力找出改進財富分配方法，「全
民基本收入」是一個值得嚴肅思考的問題。

九、低度就業社會，人類可以透過其他活動，尋求重視的使命感。

▲ ①自造的名詞　　　　②科技進步將加速
　③有獎徵答　　　　　④贈書紀念
　⑤與交流參訪團領隊合影　⑥兩岸青年交流

2019未來運算研習會引言

2019 年 12 月 16 日　　星期一

今天很榮幸在「2019 未來運算研習會」（2019 Workshop on Future Computing）主題演講時段擔任引言工作並介紹以「超越無限－電腦系統結構的精彩未來」（To Infinity and Beyond-The Amazing Future Computer Architecture）為題的主題演講人王文漢博士。

不久以前在台北舉行的一個與人工智慧（artificial intelligence，AI）有關的研討會中，有一位主講人在做結論時，提到對人工智慧的展望，「想不到一個領域用不到它」，「在可預見的未來都會很有用」，總言之「可大可久」，簡明而直指核心。在數位科技加速進步，AI 更日新月異的今天，要如何面對影響生活日益深廣的 AI，是每個人，尤其是相關領域學者與專家，必須關切的問題。

在 2017 年 1 月 5-8 日，美國「未來生活研究所」（Future of Life Institute）曾在美國加州 Asilomar 召開為期四天的「有益 AI 會議」（Asilomar Conference on Beneficial AI），聚集了一百餘位 AI 領域學者、專家以及產業領袖，商討 AI 對未來生活影響的各項議題，最後共同擬就「Asilomar AI 原則」（Asilomar AI Principles），共有二十三項，包括研究、倫理與價值以及長程議題，面向廣泛而考慮周密，可見國際間在三年前即已重視相關議題。[1]

在今年 9 月 26 日，我有緣受邀與昨天的主題演講人郭毅可院士在「人工智能與未來社會」講座後與談，郭院士在講座中談到一門新興學科「機器行為學」，代表性的著作是今年四月《自然》雜誌刊載的「機器行為學」回顧文章（Machine Behavior）[2]，是由美國「麻省理工學院媒體實驗室」（MIT Media

---

[1]　Asilomar AI Principles；https://futureoflife.org/ai-principles/?cn-reloaded=1
[2]　Iyad Rawan et al. "Machine Behavior," *Nature* 568, 477-486 (2019).

Laboratory）學者 Iyad Rawan 領銜發表。文中提到諾貝爾經濟學獎得主 Herbert Simon 曾在發表論文中問到：「是否也存在所謂『人工』科學，專門研究人造物與所引起的現象呢？」從動物行為研究來看，機器也經歷出生，成長、傳宗接代、演化過程，具有相當的相似性，而藉由研究機器的行為以及與環境的互動，可針對研究、倫理與價值以及長程議題，做廣泛而深入的探討，可視為「Asilomar AI 原則」的衍生成果，是可喜的發展。

昨天在研討中，有主講人談到是否要擔憂 AI 發展的未來，我個人認為也許不必「杞人憂天」，但必需要擔心，也就是 One should be worried, but not too much worried at this time. 因為「超人智慧」（super intelligence）一旦實現，會來得非常迅猛，讓人措手不及，悔之晚矣！

同時也有人提到，世界上一定會有壞人（evil people）不顧後果發展 AI，但差別是強國動用所有資源強力發展，與少數惡棍國家、組織或個人發展，會有完全不同的結果。如美國在二次大戰的「曼哈頓計畫」（Manhattan Project），在不算長的時間內成功引爆原子彈，並用於轟炸日本廣島與長崎上；另一方面，由於聯合國禁用化學與生物武器，二次大戰以後七十幾年，大型殺傷性生化武器並未出現，說明人類還是有相當的選擇，及早提醒與教育大眾，不當 AI 發展的破壞潛力與如何作適當選擇在現階段已刻不容緩。

據我了解，國內學界在與「Asilomar AI 原則」相關議題上，不論在教學與研究上，都著力不深，這也許是我們應急起直追的地方。有鑑於此，本人將協助財團法人「中技社」於明年主辦一個與「AI 治理」（AI Governance）相關的研習會，探討關鍵議題，還請大家多多支持。

▲ ①匯聚海內外學研及產業界菁英
　②與大會主席吳誠文副校長合影
　③超越無限－電腦系統結構的精彩未來
　④未來運算潛力無窮

2020未來運算研討會開幕致詞：AI為善

2020 年 12 月 20 日　　星期日

　　剛才很感動地看到蘇慧貞校長播放的紀念劉炯朗校長短片；劉校長不僅是成功大學的傑出校友，傑出學者，而且是清華大學深受愛戴的前校長；據了解，劉校長尚未出版的遺作正是以 AI 為主題的科普性著作，他是 AI 先驅，一生為善，是「AI 為善」的典範，永遠為人懷念。

　　去年很有緣的受邀參加「第一屆未來運算研討會」，當時我協助「中技社」舉辦過三次 AI 相關研討會，有意來此學習站在 AI 發展第一線的運算科學的最新進展，今年喜見持續舉辦「第二屆未來運算研討會」，同時成功大學也成立了「敏求智慧運算學院」，據蘇校長說明，新大樓將於一年半內落成，未來新學院必將在全球智慧運算領域占有一席之地，可喜可賀。

　　這一年來，我與 AI 的關聯，最主要協助中技社辦理「AI 倫理治理與醫療防疫」研討會以及「AI 與醫療防疫」競賽；由於 AI 對人類社會的影響越來越廣泛而深遠，所以處於上位的倫理與治理問題也更形重要。AI 可以增進人類福祉，也會導致許多負面效應。例如 2016 年美國大選，政治新手川普跌破幾乎所有主流媒體民調眼鏡，竟然當選美國總統。隨後一連串媒體報導，其競選總幹事班農（Steve Bannon）雇用選舉顧問公司【劍橋分析】利用 Facebook 所提供的選民個資，進行精準投放（Micro-targeting）訊息，影響投票行為，居功厥偉。川普四年可謂「橫行霸道」，是美國甚至全世界的夢魘，對世局影響巨大。

　　【劍橋分析】前雇員克里斯多福 · 懷利（Christopher Wylie），也是揭發【劍橋分析】醜聞的吹哨者，於 2019 年 10 月出版著作《心智操控【劍橋分析技術大公開】》，在結語中提出四點建議：

　　一、科技公司不能用「使用者條款」來推卸責任，

二、程式設計師需要道德規範、法律制裁，

三、網路龍頭的監理，必須比照一般公用事業，

四、架設新的數位監理機構。

頗為中肯。尤其在科學家個人道德規範、法律制裁方面需要特別注意。

今年中技社原規劃於 4 月研討「AI 倫理治理」，去年我來此參加會議，有機會邀請多位重量級學者到「AI 倫理治理」研討會擔任主講人、主持人或論壇與談人，受到新冠疫情影響，即使最後延到 10 月舉行，許多海外學者仍無法親身與會，甚為遺憾。另一方面，由於 AI 在防疫醫療上大顯身手，所以研討會主題也改為「AI 倫理治理與醫療防疫」，幸運的是由於視訊科技的進步，部分海外院士得以視訊參加與談。

由於 AI 的發展的多面向，「有益 AI」（beneficial AI）受到廣泛注目，聯合國於 2015 年起推動「AI 為善」（AI for Good），是由國際電信聯盟（International Telecommunication Union）組織的平台。每年舉行全球峰會促成「有益 AI」的對話，並提出對更多全球性問題，特別是通過可持續發展目標（Sustainable Development Goals，SDGs），做出貢獻的 AI 研究主題，擬定開發具體項目。很高興看到今年的議程中，包括極美好的 AI 應用（Splendid AI Applications）。這裡我要預告中技社正規劃於明年舉辦「AI 為善」研討會，屆時希望大家「共襄盛舉」。

▶ 大會會址

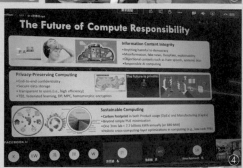

▲ ①群賢並至
　②與大會主席蘇慧貞校長合影
　③劉炯朗校長是「AI為善」的典範
　④AI的責任

2020年吳大猷科普獎頒獎典禮致詞

2020 年 11 月 21 日　星期六

很高興來參加今天的頒獎典禮。當初承蒙基金會抬舉邀請，並未考慮自不量力的問題，而爽快答應擔任決審委員，是覺得應對科普略盡棉薄。由於我本身喜歡閱讀，尤其是科普方面的書，而送到決審的書，又都是複審專家們推薦的優良科普書，所以評審過程是一個相當愉快的經驗。

在董事長邀請函中，說明「『吳大猷科普獎』至今已邁入第十屆，這個獎項每兩年舉辦一次，主旨在於宣揚吳大猷先生推動科學教育、倡導科學風氣的精神，鼓勵兩岸及世界華人科學普及讀物的著作與翻譯。今年經過初選和複選階段，兩岸由參選的數百本書籍中各自推薦 10 本著作進入決選，這 20 本著作涵蓋了「數理科學」與「生命科學」兩大領域，包括了著作及翻譯。吳大猷先生當年對科學教育和推廣念茲在茲，對兩岸的科學人才培養做出了重大的貢獻。『吳大猷科普獎』施行至今亦已發揮了鼓勵華人科學創作、提升社會科學閱讀風氣的效果」云云。

推廣科普著作希望普及以及促進科學，而科學正是中國近兩百年來國運之決定因素。今年適逢庚子年，在前幾個庚子年，中國都發生天搖地動的事件。在三個庚子年以前，也就是公元 1840 年，鴉片戰爭暴露了中國未趕上西方「科學革命」列車的窘態，雖然清朝許多重臣力倡「洋務運動」、「師夷之技以制夷」，但在兩個庚子年以前，也就是公元 1900 年，「八國聯軍」之役，顯示舉國仍尚未甦醒，效果不彰；民國初年，有識之士，提倡學習「賽先生」（Science），再加上由「庚款」補助的大批留美學生修習科學引導的風潮，留學生深造返國後雖然為國內科學奠定了良好基礎，期間再經抗日戰爭、國共戰爭、朝鮮戰爭，毛式亂政，大饑荒，到上一個庚子年，也就是公元 1960年，中國科學仍遠遠落後西方；而在過去三十年，也就是中國改革開放以後，

隨著經濟快速發展，科學技術展現「後發先至」之勢，從客觀指標如論文發表、專利獲得看來，都已「超英趕美」；目前的庚子年，從中美處理新冠肺炎的巨大差異以及美國社會撕裂嚴重，近期內會不斷內耗情況來看，將不能排除二、三十年內中國科技超前的可能性。

今年的大疫也讓人更清楚的看到科技發展的另一面，有人把他比喻作自然的反撲；實驗科學的創始人培根的名言是：「知識就是力量」；長久以來，一般認為科學家探求到自然奧秘，促進技術發展，造福人群。但如果注意到，培根曾說：「對自然，必須在她漫步時窮追不捨，使她成為『奴隸』。她應當被『加以強制』，科學家的目的就是『拷打出自然的奧祕』。」培根的哲學直接導致了後來人與自然嚴重對立的思想，成為人為製造自然與人對立理論基礎。而影響深遠的西方哲學家巨擘如笛卡兒認為：「科學的目的在於造福人類，使人成為自然界的主人與統治者」，康德認為自然不是目的，人才是目的。機械唯物主義將自然看作機械，由人操控。黑格爾哲學中，自然是人的力量展現的對象。不承認自然是一個有機體，而是一部機器。再加上基督教在歐洲興起後，將古希臘與羅馬哲學中，視自然為具有內在生存發展法則的、有生命的、有機的自然的觀點，從神、人、自然一體性被神、人、自然等級秩序所取代。所以主流思想是人是自然主宰，人要支配自然、利用自然、改造自然。

西方對自然毫無親和之意，且有奴役、敵視之心。一方面強化加速了自然科學研究，另一方面，也加速了自然資源的枯竭，縮短了地球的壽命，尤其對自然生態的破壞。人的生存環境遭到破壞後，人的健康也損失無窮。最近報導，丹麥由於發現雪貂不僅會染患新冠肺炎，而且回傳回給人，決定撲殺一千七百萬隻雪貂，讓人怵目驚心。

中國文化中，對自然遠較親和，孔子說：「知者樂水，仁者樂山，知者動，仁者靜，知者樂，仁者壽。」知者、仁者都樂於山水，親和自然。同時中國文人熱愛

▲ 推動科學教育

山水，歌詠山水，中國人把天地造化稱為自然，「造」是從無到有，「化」是從有到無。中國社會在二十一世紀以前，主要處於農業時代，沒有過分利用地球資源。古代的帝王諸侯經常祭祀天地山川，這在西方上會是絕無的。在人與自然方面，是很值得以西方科技為基礎的現代科技參考的，這次參與評選略感遺憾是較少討論科技與自然相處之道的作品，而這是攸關人類生存的大問題，應當受到更多的重視。

　　這次決選，委員們考慮的標準是「啟發性、信（內容豐富正確）、達（表達清楚）、趣（吸引讀者、可讀性高）為標準，其中「內容正確」為入選之必要條件」。所有得獎作品都相當符合這個高標，得獎是實至名歸，在此也恭喜各位作者抱得大獎歸。

▶ 上：鼓勵華人科學創作
　 下：科技與自然相處之道

利用AI簡政便民：新竹縣政府與產業界交流座談會

2022 年 6 月 12 日　星期日

　　在約三個月前接到縣政府邀請來參加今天的座談會並給一個短講，最初我以為是楊縣長推薦，答應以後，才發現是個美麗的錯誤，據主辦單位告知實際上是以 AI 分析大數據尋找後嘗試邀請；楊縣長是我在國科會擔任副主委時的老同事，他當時擔任中科局長，活力十足，據統計，在約二十個月的時間，我受邀參加中科活動五十次，可見與楊縣長共事，不是很輕鬆，但也因為如此，楊縣長主政三年多來，政績斐然，備受肯定，就不令人意外了。

　　今天座談會的主題是「文科簡政便民、服務產業升級」，我的題目是「縣政府與產業界如何合作共創簡政便民雙贏（導入 AI 智慧）」，由於參加對象包括：

（一）新竹縣政府一、二級機關暨鄉鎮市公所之公務同仁，

（二）新竹縣轄內中小企業團體、

（三）AI 智慧園區、鳳山工業區進駐廠商。

　　我想最好的切入點可能是 AI 智慧能在施政方面做什麼以及產生的影響，而由產業界提出需求，縣政府認真評估可行性與推行，

　　人工智慧（AI）近年來蓬勃發展，已漸影響世人生活各層面。如果說我們現時已被籠罩在「人工智慧」中，可能不算誇張。前幾年不可避免地開始注意到「數位科技」對人類生活影響越來越大，而其影響層面之深廣在幾年之間，有飛速的成長。由於個人與財團法人「中技社」有相當的淵源，因此我有機會協助「中技社」舉辦了四場研討會，分別是「人工智慧對科技、經濟、社會、政治、產業領域的挑戰與影響」（2018 年 2 月 22 日）、「AI 時代社科文教之變革與創新思維」（2019 年 3 月 13 日）、「AI 智能應用對日常生活之翻轉與

創新」（2019 年 8 月 23 日）、「AI 倫理治理與醫療防疫」（2020 年 10 月 16 日）研討會，就各個面向加以研討，個人也從中學習到很多。

去年本「AI 為善」理念研討，先挑選教育與產業（製造與服務）兩個領域邀集該領域耕耘多年經驗豐富之專家與開發該領域 AI 科技專家，針對各領域 AI 技術能貢獻之處與適合台灣投入的方向，進行多場專家討論會議，每場各由一位專家分享論述，再進行討論，彙整重要論述與建議，向教育部與相關主管機關部會提出建言。同時為達到針對社會大眾科普推廣認知目的，也規劃大型的研討會，首場「AI 在教育領域應用」研討會原定 5 月 27 日舉行，因疫情而延至 9 月 7 日舉行。

與本座談會「簡政便民」主題息息相關的是前行政院研究發展考核委員會主任委員、前花蓮縣政府副縣長朱景鵬教授分享的「AI 對公共行政之影響」，內容包括：一、公共行政是什麼，二、AI 的定義：從公共行政的觀點，三、AI 能幫政府做什麼，四、AI 與公共治理的問題與挑戰以及五、AI 與公共行政的未來想像。

在座有許多公共行政專家。我就跳過公共行政定義，而從公共行政的觀點定義 AI：

1. 應用 AI 提升生產力，
2. 公民服務平台，
3. 用數據化、自動化來協助解決公共議題。
4. 透過認知技術（Cognitive Technologies）對所有公部門所產生革命性的影響，例如 AI 可以聽、可以讀、可以說，但是它有沒有情緒（emotion），這就是人類無止盡的努力方向。

再者，AI 能夠幫助公務員找到提升工作、服務效能的模式及自動化的手動流程的解決的方式，這裡面含括數據匹配（matching data）、模式建立（patterns）等。從公務系統需求角度，AI 的功能有四，第一、將標準化工程予以稍微舒緩（relieve）；第二、自動化分解工作任務（split up）；第三、能簡化支持系統（replace），替代一些不需要的人工；第四、增加處理公共事務的能力（augment）。

AI能幫政府做什麼

美國是 AI 發展的主要領導國家，據美國經驗，AI 除了能夠節省人力、提升工作效能之外，還能應用在法律上防止犯罪，譬如多如牛毛的法律判例、判決個案，皆可以透過 AI 來進行研究分析，節力省時。美國有很多公民參與案例，如紐約市社會服務部、美國公民和移民服務、亞特蘭大消防救災預警系統等。

從 1998 年起，臺灣開始推動電子化政府，目前已邁入第五階段（2017-2020 年），DIGI+ 方案下服務型智慧政府，目標希望達成提供便捷服務和落實透明治理，這些都是二十年來一步一腳印慢慢累積的。現階段，則要去思考 AI 工具如何導入才能夠提供更優質、更便捷，以及更具創新作為與人性化的服務。

對 AI 公共行政而言，從不同的經驗裡可以發現到資料安全、隱私保護、協商 AI 合約、公民參與是成功的關鍵。

AI與公共治理的問題與挑戰

對於 AI 與公共治理，需要關注的至少有四個問題，第一個問題是誰擁有這個權力來規範或者律定治理體系；第二個問題是公民對社群媒體的信任度，現在經常發生假新聞（Fake News），社群媒體如何讓民眾信任；第三個問題是透明化的原則如何融入至公共行政領域的治理體系；第四個問題是個人隱私權的保護應如何執行。

關於 AI 和風險社會，第一是人為化風險、第二是制度化風險、第三是技術性風險，以及第四是全球性風險。歸結到組織化的不負責任。舉例來說，開發 AI 領域所伴隨的風險如造成失業率增加，已經形成國際社會生態的問題，AI 是福還是禍，是需要嚴肅以對的問題。

AI與公共行政的未來想像

相關問題是機器做決策，是否會造成更多政策失靈？AI演算的偏差及數位獨裁。我們可以思考政府有沒有需要透過AI來重塑、政策是否要透過AI來調整？某種程度上AI的確是一個非常好用的工具，但是最終做決定的還是人類。

歐盟推動AI的經驗呈現出四大障礙，就是穩定（robustness）、可靠（reliability）、準確（accuracy）、延伸（scalability），前述四項是技術上碰到的問題，但是其他的AI障礙如像倫理（ethical）、法律（legal）、社會（societal）考量等就不是一般技術可以克服的問題了。

最後，如果AI要在公共行政領域有效率的發展，必須符合四個條件，第一是透明（Transparency）、第二是誰來負責（Accountability），釐清責任歸屬、第三是公民參與（Participation / Civilian Engagement），只有前面三個項克服了，才能得到有效率（Efficiency）的政府。

從技術的角度來看，基本上AI就是根據很多的數據資料（即大數據），透過機器學習，做合理的推論。在產業應用上我們已經看到影像辨識、商品推薦、搜尋引擎、語言翻譯、資安防護、防金融詐欺、自動駕駛，以及智慧製造方面等很多成功的應用。台灣製造業，有很多AI技術可以應用的地方，比如以辨識技術找出瑕疵品、優化裝配生產線、優化（有複雜配方與製程參數的）半導體製造流程、機台故障之診斷與預防保養、生產決策等；也可藉由AI技術做學習而自動化，這些都已是台灣製造業的實際應用，所以AI的確可在製造業發揮很大的助益，而且效益也應該是最大的。

在產業方面，關注對台灣製造業的發展更有助益AI關鍵技術的布局與開發，規劃下列三場座談會，分別就高科技產業。傳統的中小企業以及新創產業研討。希望藉由不同產業面向的討論，勾勒出台灣應優先致力發展的AI應用在製造領域之方向，讓台灣的製造業再晉級，保有競爭優勢。第一場「AI於高科技製造產業與影響」座談會已於3月30日舉行，其他兩場因疫情升溫而暫緩。

在「AI於高科技製造產業與影響」研討會中，有三個主要的討論重點，

一個是從應用面，包括半導體產業、面板、電子製造業都是台灣非常重要的產業，探討這些場域的 AI 智慧製造應用；其次是從解決問題提供者面，包括 AI、物聯網、5G、大數據等，目前都有一些新的挑戰跟機會，第三則是從供給端與需求端來看，整個 AI 智慧製造對台灣經濟的影響，再擴大對社會還有政治上面的影響和政策意涵。

高科技

討論主軸：為了台灣高科技產業持續發展，保持競爭力，台灣應致力那些 AI 科技面向之研發

1. 提升製程良率，
2. 異質整合，
3. 輔助愈趨複雜之品項設計與開發，並加速開發時程，
4. 促進 ESG 之執行與管理等。

中小企業

討論主軸：協助台灣中小企業數位化轉型，應致力開發之 AI 應用技術方向

1. AI 於中小企業與傳統產業之應用，
2. 智慧製造解決方案（如 AI、物聯網、5G、大數據等）之挑戰與機會，
3. AI 智慧製造於經濟發展之意涵，
4. AI 對於社會與政治的影響等。

新創公司

討論主軸：協助台灣中小企業運用 AI 技術創造商業價值並解決產業痛點，應致力於那些全方位解決方案之 AI 科技開發

1. 資料中心解決方案，
2. 預學習模型加速製造，

3. 瑕疵檢測解決方案，

4. 設備運維解決方案等。

以上報告，還望各位先進指教，將不勝銘感。

▶ ①世界已籠罩在AI中
②人工智慧能在施政方面做甚麼
③「AI為善」至為重要

中技社「AI在教育領域應用」研討會閉幕致詞

2022 年 9 月 19 日　星期一

　　各位大家好，今早我在主持專題演講時，曾提到本研討會是「來得不易」，經過一整天的研討，相信大家可體會到「慢工出細活」，除了八場精彩的專題演講外，以「AI 科技應用於教育領域」關鍵議題為主題的圓桌論壇除由郭伯臣校長（臺中教育大學、教育部資科司前司長）作數位學習推動現況引言外，也承蒙多位各級學校校長、副校長及教師與談，就一、培育國小、中學、大學學生 AI 思維，二、強化學校教師、行政人員的 AI 技術與教學能力以及三、探究如何透過 AI 技術解決偏鄉數位落差主軸提供中肯而獨到的卓見；當然大家都同意強化學校教師、行政人員的 AI 技術與教學能力的重要，但其中一位與談人提到的強化政府主管官員的認知，也同樣重要，否則很多工作會事倍功半，甚至窒礙難行。整體而言，本研討會過程順利而內涵豐富，我們首先要感謝今天各位主持人、主講人以及與談人的精采分享，在中午休息時間，有位先進特別稱讚研討會專題演講選題的貼切以及主講人的專業，尤其 AI 素養架構圖設計得很精緻，這部分要特別感謝一年多來協助規劃「AI 在教育領域應用」主題研討的吳清基總校長與張國恩校長。在研討會籌備過程中，很多專家已經把今天專題演講的重點寫成專文，將來會彙整成冊出版一本專題報告。我個人雖然經歷過整個研討會規劃、座談會、工作會議以及籌備過程，一天研討下來，仍然覺得收穫滿滿，從研討會一開始，吳部長談到教育政策跟實施，到每一個演講，以及圓桌論壇，都能深深感覺到，政策的引導與資源的配置很重要，影響非常大。也很高興看到，國內現在很重視 AI 相關的教育與 AI 的應用，很多學者專家的研究也有相當可觀的進展。由於大家的努力是慢慢累積而成，很希望能永續經營，累積的成果能被保留下來，並成為未來發

展的基石。與前四次中技社所辦的 AI 相關研討會不同的是，今天的貴賓主要是經由視訊參加，據會前統計，研討會有 441 人報名，實體有 135 人，視訊有 306 人，這很明顯是與疫情有關；比較特別的是，實體參加者學研界佔 4 成，產業界佔 4.6 成；在視訊方面，則學研界佔 8 成，可能是因為目前中、小學已開學，甚至有些大學也已經開學，教師們只得以視訊參加；當然拜視訊之賜，研討會也吸引不少台北地區以外的貴賓，特別是這次貴賓有十位左右是遠在汶萊的教師，成為本次研討會的特色，而由現場追蹤，視訊會議最高峰有 213 位同時上線，先後有 313 位視訊參與，如張校長提到，拜 COVID-19 之賜，加速讓台灣的教育透過視訊來進行，這當然也對 AI 教育的推動產生很大助益，現代科技確實發揮了很大功能。中技社自 2018 年起，在 AI 領域，連本研討會，舉辦了五次大型研討會，目前也正積極進行「AI 治理」與「AI 與產業應用」的座談與研討工作；同時已連續四年舉辦 AI 創意競賽，其中 2019 年以「AI 與教育」、「AI 與創新服務」與「AI 與藝術」為主題，2020 年聚焦於「醫療防疫」，2021 年續辦「AI 與農林漁牧」競賽，今年則舉辦「AI 與生活」競賽，回應甚為熱烈，也樹立中技社為國內最早關切 AI 發展與影響並著力最深的財團法人地位。很令人感佩的是，中技社以「AI 為善」作為時代使命之一，也希望大家多指教與建議。最後我們要深深感謝主辦單位的全力支持，尤其是中技社陳綠蔚執行長、王釿鋊主任與許湘琴組長率領的團隊，在長達一年半時間，並在疫情籠罩中，召開多次座談會與工作會議，以及主辦今天的大型研討會，備極辛勞，但圓滿達成任務，值得大家給予最熱烈的掌聲感謝。

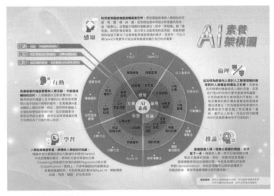

▲ AI素養架構圖

▲ 現代科技發揮了很大功能

中技社「AI在教育領域應用」專題演講主持人引言

2022 年 9 月 8 日　星期四

　　歡迎大家來參加今天「AI 在教育領域應用」研討會。今天的研討會可謂「千呼萬喚始出來」，主要是受到疫情影響，中技社在 2018 年到 2019 年很順利地舉辦了三次大型 AI+X 的研討會，2020 年則因為新冠疫情爆發，雖原定 4 月，但延宕於 10 月 16 日才成功舉辦「AI 倫理治理與醫療防疫」研討會，各研討會邀請學者專家做主題演講，以深化與提升社會對 AI 的認知，獲得相當大的迴響，並出版四本專題報告，對政府及民間單位作專業的建言。

　　有鑑於人工智慧（AI）時代的來臨，應用領域愈加廣泛，進而影響人類的生活、思考模式，對社會、經濟與政治等層面都帶來重大的衝擊與改變，人們必須了解 AI 背後的科學、侷限及未來潛在影響，才能適應未來的社會工作型態。因此，培育能理解與運用 AI 技術的公民已成為重要且緊迫的教育議題。

　　中技社於 2021 年開始針對「AI 在教育領域應用議題」進行探討，今天的研討會是從去年 2 月 26 日召開規劃會議，組成工作團隊規劃，經多次討論，再進行三次座談會，篩選出關鍵議題，並進一步邀集多位學研經驗豐富之學者專家，舉行兩次工作會議，從 AI 思維、教師與行政人員 AI 技能，與解決偏鄉數位落差等面向做深入論述，並匯聚這些研究成果。為確保會議進行順利，這些會議常是實體與視訊並行，由於疫情起伏，原訂去年 6 月 17 日舉行的第一次座談會，改於 8 月 12 日才順利進行，而原定今年 5 月 27 日舉辦的研討會，又受到疫情影響，再度延期到今日，這兩年半來綿延的疫情確實造成不少困擾，工作團隊的抱持鍥而不捨精神，努力不懈，值得大家高度肯定。

　　AI 發展至今，在社會各層面的重大影響，堪稱第四次工業革命，從歷

史上來看，每次工業革命，最先在財富上受益的一定是極少數人，有人估計約 2% 的人，而大部分人則會承受負面衝擊，例如英國會計公司普華永道（PwC）估計，在二十年內，人工智慧和其相關技術，有 700 萬個工作機會可能被淘汰，但可以增加被它淘汰的一樣多的工作，意即雖然但依然有 700 萬個新工作機會誕生。「未來的產業會青睞那些擁有大數據技能，以及創造力和團隊合作等能力的人，因為這些機器很難複製。」也估計，專業、科學和技術服務業將淨增長 16%，而教育業將增長 6%。

另一方面，近來 AI 的進展，也威脅到專業工作人員，頂尖學術期刊「科學」雜誌以「AI 預測蛋白質結構」（AI-powered predictions show proteins finding their shapes）為 2021 年最重要的科學突破，在 1950 年代，研究人員開始通過分析 X 射線圖來繪製蛋白質的 3D 結構圖。至今在世界蛋白質數據庫中，有大約 185,000 個由實驗決定的結構。但是繪製一個複雜的結構圖可能需要數年時間，而且每個蛋白質的成本高達數十萬美元。但 Google 子公司 Deep Mind 發展出的軟體程式，已可迅速預測與最好實驗結果準確度相當的結構，至今已預測地球中所有物種的兩億種蛋白質，令人咋舌。同時現今許多新聞報導已是由 AI 撰寫，AI 音樂已經很難與真人創作分辨，以 AI 程式繪畫甚至在競賽中得首獎。也有人以 AI 程式寫出相當水準的論文，讓最近在台灣鬧得沸沸揚揚的政治人物相見恨晚。

本研討會最先兩位專題演講主講人也正是這一年多來協助規劃「AI 在教育領域應用」主題研討的專家學者，首先由吳清基總校長主講「AI 科技教育的政策與實施」，吳總校長是國立臺灣師範大學教育學系博士，長期在教育界耕耘，教育行政經驗非常豐富，曾任教育部技職司長、常務次長、政務次長、臺北市政府教育局局長、臺北市副市長、教育部部長（2009 年 9 月至 2012 年 2 月）等職。現任國立臺灣師範大學教育學系名譽教授、臺灣教育大學系統總校長，對教育政策與實施均有極為豐富的實務經驗。今天針對 AI 科技教育的政策與實施，分享卓見，是難得的機會。

其次是張國恩校長主講「從宏觀角度看 AI 教育」，張國恩校長為國立臺灣大學電機系博士，畢業後至國立臺灣師範大學擔任教師，從事教育工作三十餘年，研究專長包括電腦模擬式學習、數位學習、網路化企業訓練、行動學習，研究卓越，曾獲國科會三次傑出研究獎。2020-2018 年擔任國立台灣師範

大學校長，現任東海大學校長，以頂尖專家身分，從宏觀角度看 AI 教育，今
天的演講必然是精彩可期。

▲ ①教育為立國之本
　②千呼萬喚始出來
　③提升與深化社會對AI的
　　認知

中技社「AI在教育領域應用」研討會論文集第一章　緒論

2022 年 9 月 30 日　星期五

自 2018 年起，中技社有鑑於人工智慧科技的迅速發展，將對人類生活帶來巨大的影響，主辦「AI 對科技經濟社會政治暨產業之挑戰及影響」、「AI 時代社科文教之變革與創新思維」與「AI 智能應用對日常生活之翻轉與創新」以及「AI 倫理治理與醫療防疫」為題的四場大型研討會，邀請學者專家做主題演講，以深化與提升社會對 AI 的認知，獲得相當大的迴響，並出版四本專題報告。

另一方面，中技社已連續四年舉辦 AI 創意競賽，其中 2019 年以「AI 與教育」、「AI 與創新服務」與「AI 與藝術」為主題，2020 年聚焦於「醫療防疫」，2021 年續辦「AI 與農林漁牧」競賽，今年則舉辦「AI 與生活」競賽，回應甚為熱烈，也樹立中技社為國內最早關切 AI 發展與影響並著力最深的財團法人地位。

為進一步揭示 AI 對台灣產業發展之重要，也為 AI 應用對台灣社經環境帶來良善影響有所貢獻，中技社規劃論壇系列，預計以多年期方式，有系統地建置一個科技與社科人文領域的專家研討平台，每年選定台灣發展 AI 產業化與產業 AI 化可能遭遇到的關鍵議題，藉由跨領域的對話與研討，型塑 AI 應用治理共識。讓 AI 在發展與廣泛應用擴大效益之時，有所指引與依循，避免 AI 發展帶來的負面風險，達到「AI 為善」的利益共享。

為集思廣益，中技社於 2021 年 2 月 26 日舉辦「建構 AI 產業應用治理框架論壇」專家諮詢座談會，邀請多位專家，包括科技部四大 AI 研究中心負責人、徐爵民前科技部長、葉匡時前交通部長以及台灣大學社科院張佑宗副院長，提供想法與討論，藉以擬定未來要研討領域方向、策略。在推動「AI 產

業應用治理框架」方面，中技社是以政策智庫為使命的財團法人，期許以有限的資源，在以台灣關聯性強、台灣容易著力、台灣迫切性高、台灣未來影響性高等要素下，選擇在社會仍未充分正視，政府努力尚待加強之處著力。

　　會後中技社在參酌與會專家的寶貴意見後，初步擬議分為「AI 應用發展方向探討」與「AI 治理準則探討」兩個區塊，「AI 應用發展方向」聚焦於教育與產業（製造與服務）兩個領域，進行 AI 科技、教育與產經專家跨域深入對話，以探求 AI 科技發展在可見未來對台灣至關重要，宜即早投入之領域。「AI 治理準則探討」則針對上述發展方向，透過科技與社科人文對話，以及參酌各國作法與典範轉移，探究適合台灣之 AI 治理模式的可能樣貌與機制，目前規劃將聚焦在「不平等」（Inequality）主題上，研討成果也會回饋到 AI 應用發展方向之探討。

　　有感於教育與人才，是一切產業與經濟發展的基礎，中技社決定規劃從 AI 在教育領域之應用探討做起，在「AI 在教育領域應用跨域論壇」方面，首先邀請吳清基前教育部長以及師範大學張國恩前校長協助規劃，擬定「AI 在教育領域應用」座談會議程，以及邀請專家名單，在多所考量下，規劃座談會分為兩次辦理，兩場主題分別為高等教育與國民教育。同時為利兩場次教育專家相互交流，也開放不同場次的專家，以視訊會議的方式加入討論。

　　由於受到疫情影響，第一次座談會，即「AI 在高等教育領域應用」座談會，在 2021 年 8 月 12 日舉行，邀集高等教育實務專家，AI 科研專家，以及社會科學專家，針對如何借助 AI 科技應用與管理，協助解決台灣教育的問題，如降低城鄉落差、提升教育品質、擴大學習效益等進行研討，希望在跨領域專家的緊密對話與共商機制下，形聚共識，期盼勾勒出台灣應優先致力發展的 AI 應用在教育領域之方向。第二次座談會，也就是「AI 在國民教育領域應用」座談會，則於 8 月 19 日舉行。

　　根據兩場座談會與會專家觀點，進一步聚焦於以下三項子議題：（1）培育國小、中學、大學學生 AI 思維（Concept）；（2）強化（再教育）學校教師、行政人員的 AI 技術與教學能力；（3）探究如何透過 AI 技術解決偏鄉數位落差。於 10 月 19 日再舉辦座談會，針對上述三項子議題，進行觀點分享，並提出需再優化與執行推廣之方向建議，作為中技社進一步努力方向參考。

　　在經過三次座談會仔細探討後，決定邀請多位深耕科技教育與數位學習多

年之學者專家，以上述三項子題為範疇，進行深入研討，除提供文稿外，並舉辦一場大型研討會，做成果展現。於 12 月 19 日召開工作討論會議，除針對執行方式與時程規畫進行簡要說明外，並讓各位專家針對論述內容進行溝通和交流。

　　第二次工作討論會議於今年 4 月 7 日舉行，請團隊專家介紹論述主題與大綱構想，並針對文稿作意見交換，其次是對研討會規劃說明，以及針對研討會規劃進行討論與意見交換。研討會原定於 5 月 27 日舉行，再度因為受新一波疫情影響，延至於 9 月 7 日舉行。

　　在 9 月 7 日研討會中，專題演講部分，首先由吳清基總校長主講「AI 科技教育的政策與實施」，吳總校長提出教育界應如何提出科技教育政策以培育人才、適應社會發展變遷需要，為當務之急。AI 科技在學校教育的實施，應優先著重三要務：1. 加強培育國小、中學、大學學生 AI 思維；2. 強化學校、教師、行政人員的 AI 技術與教學能力；3. 透過 AI 技術解決偏鄉數位落差。在 AI 時代，透過學校之生活科技與資訊科技的課程教學，讓學生認知 AI 新興科技之內涵；並提升善用 AI 科技工具以解決相關問題；培育 AI 跨域人才，對焦產業發展需要。

　　張國恩校長主講「從宏觀角度看 AI 教育」，探討 AI 在教育中的角色，在教育中使用 AI 的問題，在 AI 教育的研究發展方面，則就其發展面向、角色調整、研究重點、關鍵技術、研究缺失討論，並提出 AI 教育的發展建議，認為在極速科技之未來教育中，人工智慧如何改變教育思維是很值得探討，才能夠真正有利於教育的發展。他特別提到，拜 COVID-19 之賜，加速讓台灣的教育透過視訊來進行，也對 AI 教育的推動產生很大助益。

　　黃國禎講座教授主講「中小學 AI 素養的教與學：基於現階段資訊素養發展的觀點」，從現階段資訊素養發展的觀點看人工智慧素養的養成，由於人工智慧的興起，讓規劃中小學資訊素養多了一個新的挑戰。如何把人工智慧的技術與應用，與現階段中小學資訊課程進行融合？如何針對中小學一般學科的教師及資訊教師進行分流教育，培養人工智慧的觀念、工具的應用及教學策略，已成為一個重要且具挑戰的議題。黃教授由國際人工智慧教育的發展現況及臺灣資訊素養教育實施現況為基礎，嘗試由分流培訓及人工智慧與資訊素養融合的角度，來定位人工智慧在中小學教育的內容及教師分流培訓方式，以促進人

工智慧在中小學教育的應用及師資人才培育。黃教授與今天主講人之一的劉晨鐘教授等專家學者特別製作了很精緻的 AI 素養架構圖，包括感知，倫理、推論、學習以及互動各面向，很具參考價值。

林文源教授主講「高等教育 AI 思維的教與學：STS 的公民科學與基礎設施觀點」，則是由科技與社會（STS）的公民科學與基礎設施觀點探討高等教育 AI 思維的教與學。體認 AI 科技發展對當前社會有重大影響，如何儲備未來人才與轉型刻不容緩。探討重點在從人文社會領域角度，尤其是 STS 觀點的「基礎設施」與「公民科學」洞見，重新想像 AI 社會—技術系統，展望高等教育中跨領域的 AI 教與學。從 STS 觀點打開 AI 的技術黑盒子，不只將 AI 視為個別技術或個人能力，而是必須多方參與的科技體制。其中，系統性地在高等教育階段培育 AI 思維與跨領域協作，更是重要議題。同時由高等教育如何促成更好的 AI 角度出發，提出教育不只是教導 AI 技能而是參與黑盒化 AI，拓展 AI 的公共性，讓 AI 教育成為公共化 AI 的場域與過程。將有助於新世代的人才培育。

劉晨鐘講座教授主講「資訊與 AI 教育國際浪潮—興趣導向式的資訊 /AI 教育」，從國際觀點看台灣資訊與 AI 教育——興趣導向式的資訊與 AI 教育；由於 AI 應用在國家競爭力上扮演重要角色，各國政府皆投入大量的經費進行相關數位環境的強化資訊與 AI 教育，特別舉韓國為例。強調除了一些專業技能外，更希望透過運算思維與 AI 教育的培養，使未來國民能在快速的社會演化中，具備分析日益複雜問題的能力、並利用資訊能力來解決所遭遇的困境的終身學習者。在培養學生資訊與 AI 能力時，需考量資訊與 AI 系統研發的特殊性。認為，台灣在實施運算思維與 AI 教育時，應先確立實施運算思維與 AI 教育的教育目標、實施分層分級並提供選項讓學生依需求自主選擇、培訓教師充實運算思維與 AI 教案庫與案例庫、協助學生從樂趣程式跨越到 AI 應用、充實基礎運算思維與 AI 概念之教學資源、強化 AI 學習與教學社群、避免考試帶來反效果等建議。

陳志銘特聘教授主講「應用人工智慧於教學的專業知識」，鑑於目前教師採用的資訊科技融入教學形式，大多仍僅停留於教學流程的數位化階段，對於支援教師的教學及促進學生的學習成效仍然相當有限。但運用人工智慧輔助教學則可以更進一步活用教學過程中所使用或者產生的數位化資料，並藉由 AI

在速度、維度、強度、粒度上優於人類的特性，提升教師完成課程準備的效率與速度，也可能幫助教師發現意想不到的教學問題或解決策略。陳教授從探討資訊科技融入教學實施現況與問題為出發點，提出進一步導入 AI 於各科教學可能面臨的問題與挑戰，再進一步探討 AI 對於促進教學改變的意義與重要性。更提出人工智慧導入教學的策略方法、教師導入人工智慧於教學的時機與層次，以及教師應用人工智慧於教學的職能評估方法。並從深入的文獻探討及教學實務分析中，歸納幾點重要結論及政策推動建議方向。

　　曾憲雄副校長主講「AI 適性學習模式在動手實作能力培養之現況與未來」，適性化學習模式能依據學習狀況來提供符合學生需求的學習內容與輔助建議，以減少教師人力負擔與提高學習效率，有助於教育部積極推行的自主學習模式之落實與數位學習模式之發展。目前國際上，適性學習模式在輔助知道什麼的陳述性知識的學習已屬較成熟階段，但針對知道如何的程序性知識（Procedural）的學習輔助則尚處於發展階段，因其屬於高階問題解決與思考能力，不僅只有記憶與理解，還需透過實際實踐的動手學習方能精熟。曾副校長除介紹現有 AI 智慧學習的背景與現況外，並聚焦針對 AI 適性學習模式在（1）STEAM 教育與程式運算思維學習、（2）資訊安全實務技能學習、與（3）醫學臨床思維學習等三個不同場域之程序性學習應用與發展趨勢，以了解其現有學習產品與智慧學習模式的發展現況與未來趨勢。此外，並提出可能的 AI 公共化落實策略與具體建議。

　　楊鎮華講座教授主講「探究如何透過 AI 技術解決偏鄉數位落差」，首先闡述數位學習的發展將為教育帶來更多的刺激與思維，促進教學成效的提升，建構內涵豐富、精采多元的教育環境。但資訊科技融入的前提，在於充足的硬體資源及相應的知識技術，在兩者兼具的框架下，適足以為數位學習的發展建構堅實的基礎。值得注意的是，受資源與機會不均等因素影響，造成所謂「數位落差」問題；面對數位學習的需求，缺乏充分的資源與技術予以落實，阻礙教育創新思維的推播與發展。這樣的狀況在偏鄉地區更加顯著，如何透過適宜的方法構思解方，進而弭平城鄉差距，成為應審慎面對的重要課題。尤其受限於人力資源不足的問題，始終無法達到預期中的效益。人工智慧的成熟，適而為此問題帶來新的契機，昭示了全新的可能性。若能透過完善的規劃，設計 AI 人工智慧相關技術的應用機制，使各式數位資源能夠在偏鄉的數位學習場

域中被有效率的應用，實現真正均等的數位學習。

　　從數位學習發展的潮流與趨勢為起點，探討資源不均造成的問題及影響，並進一步探討臺灣偏鄉所面對的教學困境，檢視政府的種種因應措施，歸納造成數位落差的關鍵問題；同時回顧 AI 人工智慧對不同領域帶來的影響，討論 AI 相關技術於數位學習環境的應用，展望其於偏鄉教學場域的發展前景。

　　在圓桌論壇部分，由郭伯臣校長以「數位學習推動現況」為題引言，參加與談的有包括各級學校校長以及教師，包括周景揚校長（中央大學），宋曜廷副校長（臺灣師範大學），彭宗平講座教授（清華大學），曾文龍校長（台北市立育成高級中學），楊啟明校長（台北市立新興國民中學），江秉叡老師（嘉義市民族國民小學），就研討會主題一、培育國小、中學、大學學生 AI 思維，二、強化學校教師、行政人員的 AI 技術與教學能力以及三、探究如何透過 AI 技術解決偏鄉數位落差主軸，分享經驗與看法，提供中肯而獨到的卓見。

　　研討會的順利進行以及論文集的編纂，要歸功於專題演講的主持人、主講人以及論壇與談人，同時要深深感謝主辦單位中技社的全力支持，尤其是陳綠蔚執行長、王釿鋊主任與許湘琴組長率領的團隊，在長達一年半時間，並在疫情籠罩中，召開多次座談會與工作會議，以及主辦大型研討會，並編撰文稿，備極辛勞，圓滿達成任務，值得大家喝采致謝。

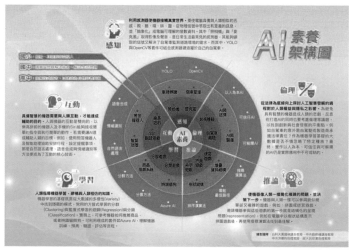

◀ AI素養架構圖

顯微鏡學會二三事：111年度年會致詞

2022 年 12 月 3 日星期六

很高興來參加 111 年度「顯微鏡學會」年會暨第 42 屆學術研討會。如果追溯起來，「第一屆學術研討會」應是在民國 69 年舉行，前兩天我在學會網站上看到論文集的複印本的電子檔，了解是在民國 68 年 9 月 11-12 日舉行，所以中間學術研討會漏了一年，還望知者補正。

也許不是每個人都知道「顯微鏡學會」前身是「電子顯微鏡學會」，而之前更有「材料科學學會」於民國 68 年 3 月 17 日成立「電子顯微鏡委員會」；該委員會任務之一就是推動成立「電子顯微鏡學會」；學會改成現在的名稱，是因應各式其他高功能顯微鏡，如掃描穿隧式顯微鏡、共軛焦顯微鏡等的興起；根據我從個人論文目錄分析，應發生在民國 86 年或 87 年，確切日期待查。

我自己與學會有不解緣，除參與「電子顯微鏡委員會」與「電子顯微鏡學會」的成立，民國 88 年至 90 年並擔任學會理事長，到約十年前才逐漸淡出，或可提出一些親身參與而與學會有關的軼事與大家分享。

一是我曾在民國 68 年擔任「電子顯微鏡委員會」會同國科會進行「台灣區電子顯微鏡使用情況」調查小組召集人，在報告中指出「目前國內各公私學校機關已裝有各式電子顯微鏡五十餘部，而且此數目有快速增加之勢。近年來主管推動國家科技發展大計的國科會，常有人以國內電子顯微鏡數目太多為例而備加責難。然而目前國內所有此類儀器僅及日本現有總數八十分之一，比例上型號亦較陳舊，數目及投資均不為多。無可諱言的，多年來，國內使用電子顯微鏡一班成效不彰，目前仍常有不用及誤用的現象，究其原因主要為：

（一）受過適當訓練的研究及維護人員嚴重缺乏，

（二）製造廠商及其代理商售後服務不理想，

（三）一般研究環境不能配合；如研究人員不能專心工作，技術較精熟的技術員不得安其位。各位雖籌措鉅款購買昂貴儀器，但缺少常年維護預算等，」並提出改善建議。如今欣見國內在電鏡研究與應用上已非昔日「吳下阿蒙」，與當年情況相比，不可以道里計。

第二是「電子顯微鏡學會」的成立與美國加州大學柏克萊分校湯瑪斯（Gareth Thomas）教授大力倡導有密切關係，他當時任行政院科技顧問組中「材料科學顧問小組」召集人，而他也是第一屆學術研討會大會主講人。同時由於湯瑪斯教授的引介，日本大阪大學橋本初次郎（Hatsujiro Hashimoto）教授也成日後與學會互動密切的日本重量級學者與友人。

至於兩岸交流，我是於 1991 年橋本教授在日本岡山大學主辦「日中電子顯微鏡研討會」中結識當時「中國電子顯微鏡學會」理事長郭可信教授，從此開始赴大陸參加多次相關會議以及此後好幾次「海峽兩岸顯微鏡研討會」，目睹大陸顯微鏡研究從肇始到蓬勃發展，人才輩出。

民國 88 年至 90 年我擔任學會理事長期間，曾主辦「國際電子顯微鏡研習會」（International Workshop on Electron Microscopy），邀請到英國牛津大學 David Cockayne 教授、美國斯丹福大學 Robert Sinclair 教授、喬治亞理工大學王中林教授、IBM 研究中心 Francis Ross 博士、布魯克海汶國家試驗室 Yi-Ming Chu 博士、北京中國科學院李方華院士以及橋本初次郎教授等頂尖學者為主講人，盛況空前。

再者是 2004 年參加在日本金澤舉行的「第八屆亞太電子顯微鏡研討會」，該會同時舉辦「慶祝橋本初次郎教授八十誕辰研討會」，在此特別場合世界電子顯微鏡領域先驅與巨擘雲集，尤其我在發表演講時段，談到最近在原子分辨疊差研究的成果，不僅 1950 年代以電鏡研究疊差的先驅英國劍橋大學 Archie Howie 與 Michael Whelan 教授以及疊差與原子分辨電鏡研究先驅橋本初次郎教授等在座，時段正是我本在清華教電鏡課應講到疊差分析時段，重重巧合，讓人覺得不可思議。

限於時間我的懷舊就此打住，對於未來我寄望於學會的是資料的保存與刊載；近年來我整理歷年文稿與演講稿，出版了六本文集或演講集，預計兩、三個月內，第七、八兩集將可問世，過程中深深感悟「沒有紀錄，就等於沒有發生」，相信學會至少保有歷屆理監事會會議紀錄以及學術研討會手冊，如能全

部轉成電子檔，而上傳於學會網頁中，同時在每年大會手冊中能記載學會歷史大事記，對學會傳承與發揚光大將具有重大意義。

▲ ①不可思議
　②前身是「電子顯微鏡學會」
　③已非昔日「吳下阿蒙」

▲ ①1978年湯瑪斯教授參觀大同公司
　②1979年第一屆學術研討會
　③1991年於日本岡山大學
　④2001年學會理事長交接
　⑤2004年於日本金澤
　⑥2005年橋本教授在清華
　⑦啟牖來清風

各項紀念與緬懷

　　生命有盡時，典範永傳世。透過各項紀念、追思會與文章，呈顯逝者生平事跡及對各項領域的貢獻，同時傳遞對逝者深摯的情感與追念。

侯王淑昭女士的遺澤——「春之廳」命名典禮致詞

2020 年 1 月 8 日　星期三

上個月 19 日參加「侯金堆基金會」董事會；我最後一次見到侯太太，正是在差不多整整一年前的董事會上，當天她主持會議，侃侃而談，會後興沖沖的趕赴與自國外返國的孫兒之約同進午餐，開心的笑容，讓人永遠難以忘懷。

清華大學選在侯太太逝世一周年的今天舉行藝術大樓「春之廳」命名典禮，自然是表達對侯太太最高的敬意與謝意。也是一個我們追思侯太太遺澤（legacy）的適當場合。

侯太太一個人做了一般人幾輩子都做不到的事，正如邀清函上所指出：「鋼鐵化為繞指柔」，整個人可以有熱度形容，她不僅熱誠待人、熱愛藝術、熱心公益、而且熱情洋溢，熱力四射，讓人感覺十分溫暖。

侯太太待人熱誠親切；許多清華同仁，包括在她陪伴貞雄兄每週一次來清華復健約一年半時間的接待同仁以及藝術學院對接同仁，都深切感受到，她總是談笑風生，與人打成一片，邀請大家參加各項藝文以及其他活動，普受景仰愛戴。我個人印象比較深的一次，是我在貞雄兄的傳記中，知道他擁有一套多達 500 冊的「四庫全書薈要」，與侯太太談起時，她馬上表示，可以借給我看，雖然我不願為借書麻煩她，她的誠意則讓人十分感動。

大家都熟知侯太太熱愛藝術、而且贊助藝術活動不遺餘力，是台灣推動現代藝術第一人。她曾說：「不論是什麼樣的藝術形式，只要能感動人，她都願意盡她最大能力給與協助」。早在 1978 年成立「春之藝廊」，再於 1999 年成立「春之文化基金會」。近年來，積極參與「高雄鋼鐵藝術季」，創辦「福爾摩沙雕塑藝術展」，率先在「東和鋼廠」啟動「藝術家駐廠創作計畫」，涉及面相極為廣泛。

在關注藝術與文化之外，侯太太襄助貞雄兄，讓「侯金堆基金會」成為國內首屈一指的公益法人；在 1991 年，即開民間獎掖學術風氣之先，創立高額獎金的「侯金堆傑出研究獎」，獎項逐漸增加到包含環保與綠建築方面，後來又陸續捐助「台大社科院」的興建以及在清華大學設立「侯金堆資深講座」，擔任清華大學「藝術學院」榮譽院長，並於去世前兩個月捐贈一億元給清華，成立「春之清華藝術教育發展基金」，支持清華發展藝術教育，不一而足。

最後是侯太太熱力四射，不僅熱情的推動與推廣藝術，影響面極廣，並且親自體現創意工作。在我有限的了解中，以她監製作主題性的「東和」年曆手冊為例，她從 1996 年起，先是以十年時間，完成《台灣之美》系列，她的做法是選定十個主題，同時進行，視完成先後推出；繼之以十年時間，以《台灣創新人物誌》為主題，介紹一百位台灣創意人物，2016 年起，開始《台灣藝展錄》系列，在 2019 年，更開始原住民系列；要求趣味與美感並陳，文字則求深入淺出，並敦請專家學者加以審定，資料選用，則充分尊重智慧財產權，工程不嫌浩大，範圍不畏廣博，鉅細靡遺，每個文本都是經典之作，可謂到處點燃火苗，發散出無數真善美的火花，造就火樹銀花壯麗場景。試問現今社會如何再找到這樣一位對藝術執著，眼光宏大，而能持之以恆、執行貫徹的頂尖人物。

一年前侯太太在毫無預警的情況下，離我們而去；她生前相夫教子，在家庭與事業上都空前的成功，貞雄兄是國內產業界領袖，創新企業的領導者，玉書世兄秉承母親的志業，在藝術上發揮天賦，成為卓有名聲的當代藝術家，傑騰世兄則將家族企業發揚光大，父慈子孝，兄友弟恭，侯太太刻意經營的和樂家庭，是大家所一致稱道的，她在天之靈一定可以了無遺憾。

清華校友胡適之先生很稱許他的一位好友，曾任中央研究院總幹事，丁文江先生的座右銘「Be ready to die tomorrow, but work as if you live forever!」直譯是「為明天就離開人世做好準備，但以自己會永遠活下去的態度繼續工作」，意思是「不嫌路長，做有意義的事，直到走的那一天」，「世上千萬人，能者有幾人」，而侯太太是其中典範。充分創造與利用資源，有系統有方法的完成志業，希望清華藝術學院能夠充分體會並發揚光大侯太太珍貴的遺澤。

▲①造就火樹銀花壯麗場景
　②有系統有方法的完成志業
　③表達對侯太太最高的敬意與謝意
　④追思侯太太遺澤的適當場合
　⑤讓人感覺十分溫暖
　⑥誠意讓人十分感動

張石麟院士紀念會致詞

2020 年 9 月 17 日　星期四

　　四年前當石麟兄屆齡於「同步輻射中心」退休時，我曾與他相約以後每年在生活費用以外，花掉一百萬元；對一向生活簡樸的他來說，也就是為自己與家人用在出國旅遊上；很可惜這幾年，石麟兄身體狀況讓他無法出外旅遊，由於我們有大約在同一時段在校園散步但反向而行的習慣，常可與他及張夫人不期而遇，寒暄時多離不開健康話題。

　　我與石麟兄唯一的一次一起算旅遊的出國是 2003 年到俄國新西伯利亞城開學術會議，可謂「俄國歷險記」。當時正是 SARS 肆虐期間，在台灣與大陸都很嚴峻，而俄國號稱零檢出，有一說法是如被檢測出來即集中診治，很可能就此從人間蒸發而在紀錄上歸零，所以當時國科會駐俄科學組組長很焦急的在入境檢查處外等候，幸好我們都安然過關；由於當時從台灣到位於俄國中部的新西伯利亞城，連等候轉機需要三十小時，非常辛苦，石麟兄與同行另外一位同事在回程前都得了感冒，我在從莫斯科飛回台北機上，剛好坐在兩人中間，很擔心在桃園機場會同被留置，也萬幸都順利通關。

　　至聖先師孔子活到七十三歲，在當時已是長壽，唐宋八大家除蘇轍活到七十三歲，其他活得最長的歐陽修，也只剛過六十五歲，所以石麟兄享壽七十四歲，雖讓人不捨，但也有足夠時間刻劃他的人生，在這方面，石麟兄是真正的可圈可點。

　　石麟兄的專長是 X 光繞射，我的研究則離不開電子繞射，兩種繞射理論基礎有很多共通處，所以我們雖沒有直接合作，但在學生選課，擔任學位論文口試委員方面有許多的互動。印象最深刻的一次，是我跟他談及現在學生不如我們當年優秀時，他指出我兩位選他課的學生都得到九十九分，並讚不絕口，是我們唯一一次意見大不同的時候。

石麟兄是交通大學的傑出校友，清華大學的傑出教授，X 光繞射研究斐聲國際，在清華大學物理系系主任、研發長、理學院院長、學術副校長、國科會自然處處長以及同步輻射中心主任、中華民國物理學會理事長任內，都很有建樹。他曾在我擔任清華校長任內最前半年擔任學術副校長。隨後轉任同步輻射中心主任，剛好不久後我也被國科會委任為中心董事長，所以有相當的共事緣分，期間石麟兄展現穩健細膩而不失創新的行政長才，也讓個人印象深刻而深慶得人。

　　以我對石麟兄的了解，他是一個好老師、好同事、好長官、好先生、好父親；一個人能在事業上極為成功，做人上受到友朋、同事、學生高度肯定，家庭和樂，他所接觸的人與事，都能感受到正面的影響，人生如此，夫復何求？石麟兄上天之靈可以安息，也希望張夫人與世兄們能節哀順變，人生千古從無永壽，瀟灑走一回是大家所企盼的，而石麟兄做到了，夫復何憾？我們應為他共同鼓掌慶幸！

▲ 典範在夙昔

▲ 2010年當選中研院院士

播種的人：毛高文校長紀念展

2020 年 2 月 17 日　星期一

　　去年十一月初，聽說毛高文前校長去世。向幾位與毛校長熟識的朋友打聽，都說輾轉間接聽來，家屬異常低調，不打算辦公開儀式紀念；同時也與好幾位朋友談起，像毛校長這樣對清華與台灣各級教育影響很大的人物，選擇默默離去，令人相當好奇。

　　另一方面，毛校長是一個不應該被遺忘的人，尤其他在清華擔任工學院院長與校長任內有很多的建樹。所以我很高興看到圖書館辦理「播種的人：毛高文校長紀念展」。

　　我個人有緣與毛校長共事多年。1977 年，我自美返國到清華任教，毛校長正擔任工學院院長，而他在次年奉派任「台灣工業技術學院」（現在的台灣科技大學）校長，所以我有約一年期間與他共事。現在很難想像，當時整個工學院五系（電機系後來才分出）共用一館，也就是現在的「教育館」（當初叫「工程一館」），而我在二樓的研究室，正在「院長室」的斜對面，所以每天都會有機會多次經過「院長室」。由於毛校長講話的聲音比一般高八度，嘿嘿的笑聲也很特別，「院長室」的隔音也是普通級，所以我經常能不期而然地聽到他的談笑聲。

　　這期間令我印象最深刻的是，他花了許多精力領導團隊發展電動車計畫，是清華引以為傲，而為人津津樂道的成果；另一則是在當年歲末聚餐時，他對聚集在當時的「百齡堂」（現今的「水漾餐廳」）工學院同仁與家屬致詞說：「希望很快能看到每個系都能成長到一個系的同仁就與現在全院一樣多」。

　　從這兩件事，都可看出毛校長看得遠，四十年後的今天，電動車才普遍商業化而堂皇上路，工學院的發展則甚至超出他的預期。

　　毛校長在「台灣工業技術學院」時，我與他的接觸是每月一次的《中國工

程學刊》編輯委員會，當時他是主編，我則是編輯之一，過程中很能感受到他的認真與嚴謹。

　　1981 年，毛校長回到清華擔任校長，可謂充分發揮他的高瞻遠矚的長才，有很多創新的作為，包括成立研究發展委員會、長期發展委員會，擬定「五年發展計畫」，籌備成立「人社院」與「生科院」，興建許多館舍，開發梅谷，規劃購置南校區新校地等，在紀念展中都有很清楚地展示。毛校長有許多很好的想法，並且具有很高的執行力。有些事現今大家已司空見慣，如不親身經歷其過程，可能不容易體會其開創與耕耘不倦之功，實非易事，讓人認識到歷史常是在某些時間點，由適當的人推動的。

　　林文源館長在邀請我今天與會時，特別附了展出的一張 1982 年我獲得第一屆「傑出研究獎」的紀念照，而這正是毛校長開國內高校風氣之先，在清華設立傑出研究獎與教學獎，產生了很大的激勵作用。同時也因此，當數年後，「工業技術研究院」要借調我到該院服務之時，毛校長以「他是清華最可能當中研院院士的教授之一，應留在學校」為由不予同意，對我個人的未來發展，當然產生了關鍵性的影響。回首望去，應是很正面的影響。

　　在校舍的建築上，毛校長對以白牆為外觀頗為堅持，觀諸在他任內完成與規劃的綜二、綜三、工四、核工館、生科館、水木餐廳等確實皆有白色瓷磚外牆的特色，也讓有人得以戲稱：「清華景觀像醫院一樣」。

　　最後一次見到毛校長，是在我擔任校長前不久，專程到他任董事長的「蔣經國基金會」請益，當時他身體已不太好，但笑容與言談依舊，頗多嘉勉，令人感懷。

　　2018 年，管理「庚子賠款清華基金」的「中華教育文化基金董事會」，因毛高文董事請辭而邀請我繼任，是我與毛校長自 1977 年結緣的餘波。每思故人，內心仍盪漾不止。

▲ ①毛校長是一個不應該被遺
　忘的人
　②充分發揮高瞻遠矚長才，
　有很多創新作為
　③產生了很大的激勵作用

追思陳建瑞教授

2020 年 12 月 30 日　星期三

陳建瑞教授在 12 月 26 日離世，令人不捨。

建瑞從小家境清貧，常協助經銷茶葉的父親從事包裝、送貨等工作以維持家計，但在各級學校中成績一直很出色，尤其 1963 年從建國中學畢業，參加大專聯考時，一舉考上當時最熱門的台大物理系，台大畢業後，也順利到長期為物理學重鎮的芝加哥大學物理系就讀，並獲得博士學位。

他於 1979 年回國到清華材料系任教，由於其物理博士背景，早年多開固態物理方面的課程，研究也偏半導體材料，都與我相似，所以在系中與我的互動較多。他在結婚時，找我和內人當儐相，有相當緣分。

在多年同事之誼中，建瑞給人最深刻的印象是一個講原則的人。舉例而言，在台灣的大學裡，由於早期研究生是全部公費，到後來雖然要繳學費，也是相當低廉，而多年來國科會計畫編列兼任研究助理的酬勞也相對低，同時許多基本研究用儀器都屬公用，所以招收研究生對教授來說，幾乎沒有負擔，不免讓部分人視研究生為資源，在招收學生不順時，不僅時有怨言，並常力主平均分配，造成同事間的氣氛緊張；而建瑞因各種原因，一向指導研究生較少，但他始終主張由學生自由選擇，而反對平均分配，從不改變，甚為難得。

他待人的特色是笑口常開，不失赤子之心。除了旅遊與美食外，似乎沒有什麼其他特別愛好。由於生長在台北，竟然落得不會騎腳踏車，同時在台灣也從沒有買過汽車，所以日常步行的機會很多。他在未婚前住學校宿舍，婚後不久則在學校附近購屋居住，因其夫人一直留在台南成功大學任職，在校園中看到他獨行時，習慣雙手大幅度的擺動，遠遠就可識別，堪稱清華一景。

大約在公元 2000 年左右，材料系有七、八位喜歡旅遊的教授，開始在寒、暑假組團一起出遊，建瑞是旅遊團核心成員，無役不與；旅遊團起先幾年

鎖定大陸的旅遊景點，建瑞總是一馬當先，大肆購物，屢被封為採購團團長，另外很特別的是，他嘗盡大江南北各地攤市小吃，但百毒不侵，堪稱鐵胃；一次在河南旅遊途中，在享用開封包子宴前，當地導遊在旅遊車中推銷增加特色菜，由於大家一路都甚覺飽足，投票結果沒有通過，而在飽食包子宴八色包子以及豐盛的配菜後，唯一投贊成票的建瑞仍抱怨不已，對沒有吃到特色菜感到遺憾，引為趣談。

　　旅遊團在幾乎玩遍大陸各景點後，轉向到其他如希、土、埃及等地；建瑞在土耳其旅遊時，因為走卡帕多奇亞（Cappadocia）的峽谷基督徒逃避羅馬人的洞窟，需彎腰而行，閃到了腰，從此較少參加旅遊，令人惋惜。

　　建瑞約於九年前自清華退休，由於前幾年在材料系中仍保有辦公室，又住在學校附近，因此也常見面，近幾年則都在年終尾牙時相聚；據了解，他的腰疾一直沒有痊癒，一度考慮作微創手術，因故作罷。去年尾牙見面時，行動顯得不甚方便，整體健康情況也不見好。比較讓人訝異的是，他在之後，強力對我推薦某種強身藥品，寄送許多資料，並數次邀請參加廠商在中部地區舉辦的盛大說明會，我因一向對以藥補身不感興趣，始終未能正面回應。

　　八月間突接到其以往學生來信說到：「家師陳建瑞教授今年 4 月 23 日於新竹家中暈倒，所幸剛好有朋友在身旁，輾轉送至台北台大醫院進行治療，目前還在住院中。」並言：「家師很希望可以多看看以前的學生以及退休前的好同事好朋友，如蒙老師能夠在百忙之中抽空探視，跟家師聊聊近況，相信家師心情必定會多所改善，也對病情有所幫助。」訊息中並附有兩張建瑞躺在床上照片，鼻孔插管，而且相當清瘦，頗為不妙。

　　新冠肺炎流行期間到台大探病時間一天只有兩個時段，每個時段限定兩位探病者，要戴口罩探視，需要透過網路預約。我在九月初去看他時，建瑞整個人已縮小了一號，但還是意識清楚，竟然再度推薦強身藥品；回來後，又接相關廠商客服電話，顯然建瑞對其推薦的強身藥品仍信心十足。

　　此後醫院遵其家屬所請，婉拒其他親友探視，朋友們談及，莫不唏噓，直到前日接到建瑞夫人電話，告知其逝世消息，已音容永隔。

　　回想與建瑞相交約四十年，私誼不斷，是見面談得來也常結伴旅遊的朋友，斯人遠去，讓人懷念。

▲①在一次會議中場吃便當
　②同遊阿里山
　③1980年代在成功湖畔
　④1994年昆明滇池龍門之旅

從Line通訊緬懷劉炯朗校長

2020 年 11 月 9 日　星期一

　　劉炯朗校長遽然離我們而去，令人悲傷，並深感生命的脆弱。

　　十月初與劉校長一起餐敘時，他仍如往常一樣談笑風生，只是笑稱兩天後要健檢，遵醫囑對眼前的美食與美酒要節制。

　　三天後，傳來一封簡訊：「昨天體檢，有點小狀況，可能下周住院治療（詳情會安排後奉告）。但 10/16 會議應不會參加。請另覓高人，歉甚。」

　　經電話詢問，告以將於約一周後接受「微創」手術，約需住院一周。

　　為紓解幾乎每個人手術前不免有的焦灼，我傳給他在部落格的新文章：「莊峻鏞醫師與鳥的世界（三）：鴛鴦打架（成人版）」，內容是將莊峻鏞醫師所拍的一公一母鴛鴦打架照片，串成卡通情節，以搏一笑。因為有打鬥場面，所以兒童不宜，故名成人版。

　　劉校長當即回訊：「Thanks. 成人版也沒有馬賽克 😲😲。」

　　前面提到的 10 月 16 日會議，是由我協助「中技社」舉辦的「AI 倫理治理與醫療防疫」研討會，當初已排定由劉校長擔任早晨「AI 倫理與治理」圓桌論壇主持人，只有另外邀請主持人。

　　當我在 10 月 12 日告知劉校長已邀請到他的代班人時，他迅速回簡訊：「謝謝。李院士才高識廣，跨學官產三界，能人也。」竟成我從劉校長那裡得到最後的訊息。

　　從他動手術後第二天起，我每天都送給他「God bless you!」簡訊以及鮮花貼圖，始終不見回訊；由於他一向都在第一時間回訊，隱隱覺得不妙；到他預定出院日後打聽，先知道仍在住院，進一步打聽後，情形每況愈下，很不樂觀。

　　期間自然仍希望「吉人天相」，由於知道劉校長很關心美國大選，我於

簡訊逐日報告選情：「11/4：US election results will be out soon!」，「11/5：Biden may win!」，「11/7：Biden wins!」，不幸在 11 月 7 日晚間聽到劉校長噩耗，從此天人永隔。

由於我以往不習於用社交媒體，直到今年三月才與劉校長在 Line 連上線，中間來往因而得以紀錄留存，往前爬梳，也可略見劉校長行宜的吉光片羽。

在 3 月 17 日，他提到今年中研院院士提名之事。

5 月 8 日：「伊利諾大學 2018 年幫學校買保險，花了 42 萬多的保費，現在大概可以拿回（最多）六千萬（分三年）」。[1]

5 月 30 日：轉傳「黃榮村何苦接雞肋」文章。

6 月 5 日：「你的小禮物，替你保留」。[2]

6 月 22 日：「大作史實廣詳，文筆流暢，而且短期內累積豐富，至深佩服。」[3]

7 月 8 日：「下午台北有會，台灣聯大總部啟用典禮，不克出席恭喜，並祝福。」[4]

7 月 8 日：Have a wonderful ceremony tomorrow.

7 月 11 日：「恭喜，百尺竿頭，更上層樓。」[5]

8 月 22 日：「我的國語。又有小進步：小鷈鷈（讀做小僻提）。」[6]

9 月 10 日：「我剛也收到燕窩了，可能 because of your hint we are all rewarded 😄。」[7]

從 Line 通訊中回顧與劉校長的部分互動，可見到他親切、體貼、風趣、關懷、勉勵的種種，音容樣貌，體現於字裡行間。劉校長是個陽光型的長者，帶給週遭的人歡樂，快意人生，瀟灑走一回。謹記以為懷思。

---

[1] 由於疫情使伊利諾大學投保得到部分補償。

[2] 小禮物事實上是一支精美的卡拉 OK 麥克風。

[3] 寄送拙作《清華的故事》給劉校長的回應。由於該書一度衝上「金石堂網路書店」排行榜，在劉校長的鼓動下，由友人設盛宴歡聚。

[4] 台灣聯合大學系統於 7 月 9 日舉行新行政總部啟用典禮。劉校長最早倡議清華、交通、陽明、中央大學四校共組「台灣聯合大學系統」，促進四校資源共享、師生交流。在得知我將出任系統校長時，很是高興，也策動共同友人設盛宴慶祝。

[5] 回應我寄給他的部落格文章：〈新階段的開始—台灣聯合大學系統新行政總部啟用典禮致詞〉。

[6] 回應我寄給他的部落格文章：〈2020 年清大相思湖中鸊鷉一族〉。

[7] 共同友人餽贈官燕。

▲ ①2010年2月1日清華大學卸任、新任校長交
　　接典禮
　②2010年8月17日旺宏館內裝工程捐贈典禮
　③2010年12月23日在海南三亞「清華三亞數
　　學論壇」

④2011年10月13日台達館啓用典禮
⑤2012年10月26日梅貽琦校長逝世五十周年紀
　念會
⑥2013年4月11日旺宏館啓用典禮

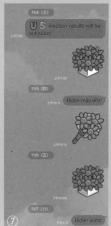

▲①2013年12月19日名人堂啓用典禮
　②2015年10月26日在澳門大學「高等教育論
　　壇」
　③2018年2月22日中技社AI研討會
　④2019年3月13日中技社AI研討會
　⑤2019年8月29日中技社AI研討會壓軸演講

⑥Line截圖（一）
⑦Line截圖（二）

現代傳奇——追思劉炯朗校長（一）

2020 年 11 月 24 日　星期二

　　如果你有一個朋友博學多才、幽默風趣、豪爽大方、親切體貼、身段優雅、廣受敬重，總是存好心、說好話、做好事，那你是一個非常幸運的人；許多劉炯朗校長的舊識，都能共享他為人處事的特色，同是一群非常幸運的人。與劉校長做朋友，如沐春風，他知交滿天下，遺澤廣被，堪稱現代傳奇。

　　劉炯朗校長遽然離我們而去，令人錯愕、悲傷、不捨。

　　第一次見到劉校長，是在 1997 年「第二屆清華大學校長遴選會」上，當時他是候選人之一，端坐在台前，一頭的銀髮、高挺的鼻樑、白皙的皮膚，重而不威，初看之下，宛如正港美國人，直到他以流利但帶廣東腔的國語應答時，才確認是國人無誤。

　　那次的遴選會，劉炯朗教授給遴選委員們留下非常正面的印象，會後以全票通過送教育部為決選候選人；到次年二月，劉教授正式接任清華大學校長，從此成了大家心目中的劉校長。

　　劉校長原來與清華的淵源不深，但他親和篤實的作風很快就贏得清華人的認同。他治校四年，我有約兩年半擔任工學院院長，於公於私，有許多接觸的機會，尤其是工學院舉辦的活動，他都儘可能參加，因而有難得的學習經驗。

　　劉校長主持會議有效率但不失輕鬆，私下則以善講笑話著稱。據說每聽到好笑話，總會抽空用心筆記，以致用之不竭。而他雖然才高八斗，對公開演講都會悉心準備，並常將其演講簡報資料，提供同儕參考，毫不藏私。這與他自校長任內退休後，每週主持長約半小時的電台節目十幾年，每次都先寫好約三千字的逐字稿，其嚴謹態度是一脈相承。

　　劉校長是清華第二任非官派校長，在 1990 年代中期以前，校長由教育部指派，而當時台灣尚未「廣設大學」，政府財政情況也較佳，校長沒有募款壓

力，但「民選」校長以後，募款能力變成一項重要指標，而處於轉型期的劉校長則表現亮眼。舉其大者，首先得到他的摯友台達電鄭崇華董事長捐贈時價一億元股票設立「孫運璿講座」，再於成立「科管院」時獲得台積電捐助協建「台積館」，同時由旺宏電子捐助協建十二年後才落成的「學習資源中心旺宏館」，開風氣之先，為當時台灣高教界所艷羨。另外在聯繫校友方面，他曾趁校慶時，圍繞大草坪舉辦「千人宴」；任內並首先展開校傑出校友選拔；在兩岸清華交流方面，他曾率團赴北京參加「清華九十年校慶大會」，簽訂多項協議，並多方加強合作。

與劉校長相處，是很愉快的經驗，印象比較深刻的是：

他在飲宴時總是談笑風生，從不託言酒量不好，總能優雅應對；

他曾與材料系一群教授共赴卡拉 OK 專門店盡情高歌，很明顯樂在其中；

一次梅竹賽前參加學生造勢活動，站在卡車上遊街，回來後告訴我說，在卡車上居高臨下，不由心生畏懼，但為了學生只有硬著頭皮走完全程；

另外他代一位校友以前校長「沈君山」之名徵求對句，當時我試對了一下，被列優勝，獲贈該校友著作一本，當我向劉校長致謝時，他說是將對句作者姓名掩蓋後送校友評比，所以並非他有所偏私，成為至今真相未明公案；

另一次在校長室看到一隻別人剛送他的精美花瓶，讚賞了幾句，不料他不久就送來相贈，讓人盛情難卻；

劉校長以擅作鑲嵌姓名對聯出名，因此求得一聯，並蒙劉校長裝裱完成請人送來。聯曰：「風雨力行真駿驪，桃李俊秀皆惠連」，下取李白：「群季俊秀，皆為惠連」句，比喻眾多弟子才華洋溢，我將該聯高掛於研究室中，每有畢業學生來訪，皆示以勉勵，頗有激勵效果。

有一次我以前的博士生在台北國父紀念館附近巧遇正在散步中的他，兩人原素昧平生，攀談之下，劉校長就爽快地邀請他一起用餐，讓這位現已卓然有成的學生至今感念不已。

劉校長退休後，不再住學校宿舍，當時台北房價還未飛漲，所以他能以「合理價」在精華區電梯大廈購得一戶精品。由於他的學術地位以及與港澳的淵源，先到香港的大學擔任講座教授，有一、兩年的時間穿梭於港、澳、台，其後則主要定居台灣，期間除持續擔任「清華榮譽講座教授」外，也常回校參加各種活動。

前面提過劉校長主持的電台節目，是他從 2005 年 10 月開始，在新竹 IC 之音竹科廣播電台，主持「我愛談天你愛笑」知性廣播節目，每週半小時，天南地北，廣泛多元，但以科技、教育、文學為主，除本身學養豐厚外，更發揮資訊長才，廣徵博引，得以深入淺出，興味盎然，廣為知識大眾歡迎。同時並將講稿集結成書，出版多本科普、散文作品，其中《一次看懂自然科學》更獲中國時報「2010 開卷好書獎最佳青少年圖書獎」與第 35 屆金鼎獎，《從輪子到諾貝爾：學校沒教的創新發明》獲得 2018 年第九屆吳大猷科普獎銀籤獎。由於我是他的忠實聽眾，他的講題也往往成為我們見面時的話題。

▶ ①2018年第九屆吳大猷科普獎銀籤獎著作
　②群季俊秀，皆為惠連
　③清華工學院頒獎典禮
　④在澳門大學與伊利諾大學前校長Phyllis Wise合影

吾誰與歸——追思劉炯朗校長（二）

2020 年 11 月 26 日　星期四

　　2009 年清華展開「第五屆校長遴選」。當時我正借調到國科會擔任副主委。一日劉校長專程到國科會來看我，要旨是他以遴選委員身分，敦促我「出馬」，我也直言，基於對清華的使命感，願意勉力一試；很有緣的是我得以順利於次年二月出任校長。

　　在擔任清華校長四年期間，從他來參加就職典禮起，處處都能感受到劉校長的善意與關懷，凡有所求，無不全力以赴，由於他的人脈廣闊，又備受敬重，所以能協助清華獲得許多外部資源；在我任內，只要有劉校長出席的各種捐贈、啟用、落成典禮，都可以說他的功勞最大；他除持續擔任清華的校務諮詢委員外，也常參加清華的重要活動，所以在校園經常可看到他的身影；劉校長致詞是一絕，充分展示睿智而不失詼諧；頗為膾炙人口的是，當北京清華陳吉寧校長初任來訪時，劉校長致詞說：「清華現在有雙陳之治，以前新竹清華有雙徐父子之治，也有雙劉之治，上流是劉兆玄校長」，大家等他下一句時，他才緩緩說出：「下一位就是劉炯朗」，至今仍是校園傳誦的佳話。

　　事實上在我就任校長以前，劉校長即曾安排我與幾位資深熱心校友在台北餐敘，談及清華當前所需，其中包括清華體育設施只足以因應六千學生需求，而當年清華已成長到有一萬兩千學生，所以興建一個新的綜合體育館為迫切所需；由於瞭解向教育部申請等同「緣木求魚」，向外募款是唯一辦法；有校友建議號召一萬名校友各捐贈一萬元，共一億元來協建，後來想到也許請一百位校友各捐贈一百萬元，較為可行，這也讓我得以在就職典禮時，登高一呼，成立「百人會」，作為協建的組織，獲得空前成功，募得超過一億七千萬元，足供全額負擔體育館的興建；美奐美侖的「校友體育館」得以於 2012 年 10 月正式啟用，師生同仁額手稱便。「百人會」後來轉型為清華永續經營單位，

歷年來對清華校務推動發揮了很大的助力，如果溯本追源，劉校長是「始作俑者」。

劉校長喜歡美酒美食，並慷慨與人分享；一次我要到巴黎開會，他特別介紹幾家米其林級的的飯店；同時有好幾次慫惠一位品酒行家朋友與我等結伴同到澳門享用美食，由他作東而請該朋友備酒，遺憾的是始終未能成行，而預定的美酒美食主人皆已作古。在新竹的朋友很多都有劉校長盛情邀請的空白支票，好幾次他都跟我說：「你幫我找一桌新竹的朋友，由我作東」；九月底曾蒙他邀宴，因我與他同在一家上市公司擔任董事，董事長幾乎每月都盛宴相待，一起飲宴機會很多，而當天正好另有他事，未能應邀，竟成憾事。另外劉校長令人艷羨的是每年與「台北四大金釵」定期餐敘佳話。

劉校長也喜歡美服，剪裁合身，並搭配得宜。他以穿得年輕著稱，也以擁有滿櫃新衣為樂；據他開玩笑說，他每天散步兩、三次，也常是借機逛時裝店的藉口；一次有人問他原因，他答以讀書人的書房，常藏有各種書籍，並非每本都天天看，擁有自己喜愛的新衣，「賞心悅目」，情境是一樣的，令人叫絕。我有幾次向他請教到何處治裝，因而有與他一起逛時裝店之約，始終未能兌現，也成了憾事一樁。另外一件讓人惋惜唏噓的事是，我與他同有機緣獲贈一支 Iphone 12，在他建議下，獲得改贈約等值的法國 Moncler 羽絨衣，只是十月底到貨時，他已無緣著裝一顯帥氣。

我於 2014 年卸任校長後雖與劉校長聯繫不斷，在校外多是於「中研院」與各種評獎會議場合，幸運的是近三年有各種機緣與他更常有機會見面；一是我從 2017 年起，協助「中技社」辦理四次與 AI 相關的研討會，聲望崇隆與學養俱優的劉校長自然是主持人與主講人的最佳人選，而他也都爽快的答應「共襄盛舉」。頭兩次是擔任主持人，第三次則是擔任主講人，以「科技與人文的平衡，AI 往哪邊站？」作約五十分鐘壓軸演講，風靡全場。今年 10 月 16 日舉辦的第四場「AI 倫理治理與醫療防疫」研討會，原先已排定由劉校長擔任早晨「AI 倫理與治理」圓桌論壇主持人，不料 10 月 7 日接到他一封簡訊，告知因「昨天體檢，有點小狀況，可能下周住院治療（詳情會安排後奉告）。但 10 月 16 日會議應不會參加。請另覓高人，歉甚。」只有另外邀請主持人。

另一則是我與他自 2018 年同擔任一家上市公司董事，平均一個月會有一次一起或開會或餐敘，見面相對密集，劉校長邊去，每月聚會時但覺物故人

非，特別令人傷感。

今年五月我出任「台灣聯合大學系統」（UST）系統校長，而 UST 正是劉校長在清華校長任內倡議由清華、交通、陽明、中央大學四校共組 UST，促進四校資源共享、師生交流，而於 2003 年成立的。他在得知我將出任系統校長時，很是高興，每在公眾場合提起，也因而觸動一位開餐廳的共同友人設宴慶祝。

有人問劉校長希望做什麼樣的人，他說：「做一個快樂的人」，並解釋：「就是把事情做好的人」，讓人想起孔子說：「智者樂水，仁者樂山。」劉校長是智者更是仁者，「噫！微斯人，吾誰與歸？」

回首我與劉校長相交約二十二年，始自他擔任校長，而我是「校長遴選委員」，十二年後主客易位，由我出任校長，而他是「校長遴選委員」，再十年是由我出任源於他倡議成立的「台灣聯合大學系統」校長，緣分非淺。正如他在新竹 IC 之音廣播電台的節目今年稍早轉型而改名為「落花水面皆文章」，取自宋代文人翁森〈四時讀書樂〉「好鳥枝頭亦朋友，落花水面皆文章」句，劉校長一生精彩，堪稱「錦繡文章」，知交滿天下，得以與其一起「含英咀華」，是極為珍貴的人生際遇。「昔人已乘黃鶴去，白雲千載空悠悠」；如有來生，再一起做朋友。

我在擔任清華校長時，曾推動由「清華出版社」出版《院士傳記系列》叢書，鎖定與力促與清華淵源深厚院士，同意以口述歷史或回憶錄方式為其立傳，幸得多位院士支持，已先後完成包括徐賢修與徐遐生兩位校長傳記《父子雙傑清華傳承：徐賢修與徐遐生兩位校長的故事》等五本傳記。可惜始終未能說服劉校長同意作傳，因此他攀越學術高峰，背後不凡學習歷程、治學經驗以及精彩人生，可能有相當大的一部分或會流失，令人深感惋惜。試想如能由劉校長本人有所傳述，將如何更精彩，更可激勵嘉惠莘莘學子，為後進學習與效法？只有慨嘆：「滾滾長江東逝水，一壺濁酒喜相逢。古今多少事，都付笑談中。」

又劉校長於 2016 年出版著作《公民課該學的事：從自己出發，和社會好好相處》簡介中有言：「關於人生，關於人際，關於生涯，關於生死……你做好準備了嗎？關於社會責任，關於人我分際，關於金錢，關於企業……你真的瞭解了嗎？」，「中研院院士劉炯朗以精闢的分析、可親的語言，爬梳古今中

外各種攸關生命、道德和社會的重大議題，從西方的柏拉圖、亞里斯多德、亞當史密斯、摩爾、康德到中國孔孟、楊朱、墨子等，檢視個人和企業在當代社會中遭遇的種種問題。讓身為現代公民的每一個人都能從中找到屬於自己立身行事的答案。」可窺見劉校長的博學與睿智的一角。

▲ ①中技社AI研討會
　②古今多少事，都付笑談中
　③可窺見劉校長的博學與睿智的一角

▲①旺宏館啓用典禮
　②雙陳之治與雙劉之治
　③預定的美酒美食主人（胡定華董事長與劉
　　炯朗校長）
　④聯華電子第十四屆董事合影
　⑤「台灣聯合大學系統」是由劉校長首先倡
　　議成立
　⑥清大出版《父子雙傑清華傳承》新書

熱情成就卓越：陳守信院士追思會致詞

2021 年 11 月 19 日　星期五

　　陳守信院士不幸於 6 月 26 日在美辭世，今天很感謝國家同步輻射研究中心，偕同台灣中子科學學會、清大原子科學院共同辦理追思會，一同緬懷陳院士璀璨的科學人生。

　　陳院士是 1956 年清華在台建校後最先設立的「原子科學研究所」第一屆畢業校友，畢業後負笈美國，在學術界發光發熱，成為中子散射及軟物質研究的世界權威之一，逝世前是麻省理工學院（MIT）應用輻射物理榮譽教授。

　　我與陳院士相識是從 2006 年與他同時當選中央研究院數理組院士開始，在 2010 年擔任校長後，更與陳院士接觸頻繁；在緬懷陳院士時，我從歷年演講集與散文集找到三篇與有關陳院士行誼的文章，分別是 2013 年 5 月 23 日「陳守信中子科技與應用榮譽講座」致詞，2014 年 6 月 27 日「陳守信院士回憶錄」新書發表會致詞以及 2014 年 5 月 28 日「陳守信院士回憶錄」序言；協助我與大家一起追思陳院士的不凡人生。

　　陳院士的行誼，我想與大家分享的有三點：

一、陳院士的學術成就非凡

　　成為中子散射及軟物質研究的世界權威之一是大家熟知的，而其卓越的成就可溯因其在物理系成為熱門科系以前，即鎖定物理為終生志業，六十餘年來專心致志在領域中耕耘，成為學術巨擘；他在獲得博士學位，甫於學術界起步時，即有不凡歷練，在到哈佛大學做博士後研究一年後，即由 MIT「找上門來」主動邀請，省略面談程序，聘請擔任助理教授，並於二年後升任副教授，再四年升正教授，可看出陳院士因傑出表現所受到的重視。

在陳院士學術生涯中，曾與四位諾貝爾獎得主結緣並共事以致合作過，顯示陳院士有高超學術研究品味，發揮選擇合作對象與題目的獨到眼光，往往得到很好的成果，也受益良多。

他的合作夥伴敘述他有「厚實理論基礎」、「思考透徹」、具「通盤眼光」，總在思考「最困難的問題在哪裡？」、「如何突破？」善於看出「最需要解決的問題」、「最關鍵的問題」，在尋求「最具挑戰性、最尖端的題目」時異常敏銳，而因思考通透，並運用厚實理論知識，配合電腦模擬，協助估計可能的答案，屢屢建功；另一方面，陳院士勤於教育與培養學生，樂於與人分享知識，並熱心從事研究領域推廣工作。

同時陳院士與師友學生的溫厚深情，維持長期合作關係，他的長期合作者稱讚他：「誠實、效率、公平、嚴謹、開放、和藹、真性情」、「有耐心的指導者」、「熱情的探索者」、「殷勤的主人」、「既聰明個性又好的科學家」，感人而真誠，為成功學人的典範。

二、堅強過人的毅力

陳院士在 2000 年，六十五歲時，突因遺傳性類巴金森氏症病發，像是「一夜之間掌管四肢的橡皮筋斷了」，意志無法自由控制四肢的動作，兩年後，才在上海由醫生正確診斷，開出適當藥方，能控制病況，但無法根治，自 2002 年末起，陳院士每天早、午、晚固定時間服藥五次，並「發明」一套體操，每次服藥後必定接著做大約一小時體操，以增強藥效，多年來定時服藥，定時運動，從不間斷，展現驚人的毅力，仍集中精力獻身科學，令人敬佩。

三、對母校清華的熱愛與回饋

他曾回憶在進清華以前，老師多「把物理教得像哲學」，在清華原科所，眾多客座教授帶回來美式教學，讓學生深受啟發，清華在校園裡為教師刻意搭建舒適的獨棟宿舍，學生也一律駐校，彼此間多互動來往，關切與溫暖油然而生，讓他對清華有特殊的感情，形成院士日後對母校的深厚感念並具體轉化為積極回饋母校的驅動力。

陳院士於 2001 年起擔任清華原子科學研究院榮譽講座教授，2006 年膺選清華傑出校友，持續多年推動我國中子科學之尖端研究。特別是協助清華申請成立「中子科學中心」，並慷慨捐款，協助規劃、促成母校於 2012 年成立「陳守信中子科學講座」，當年適逢梅貽琦校長逝世五十周年紀念，除能感念梅校長在對清華大學的貢獻外，更具有傳承的精神，讓原子科學在清華大學永續發展。

　　另外特別值得一提的是，陳院士夫人劉欽智女士除長年悉心照護陳院士外，並為《陳守信院士回憶錄》付出許多心力，用她的熱忱、奉獻與愛來述說陳守信院士一生的經歷，讓回憶錄更彌足珍貴；同時陳院士夫人在清華百年慶時，協助清華主持建立內容豐富、極具紀念價值的「水木清華網」（Memory Net），也貢獻良多。

　　最後我再次感謝主辦單位，聚集崇仰敬佩陳院士行誼的故舊與晚輩共同追思，陳院士一生確實以「熱情成就卓越」，典範足式，將為大家永久懷念。

我們敬愛的陳守信院士於110年6月26日在美國波士頓與世長辭,享壽86歲。陳院士為國際知名之軟物質及複雜流體的靜態及動態結構研究專家,首創多項雷射散射及中子、X光散射分析理論,領導該研究領域數十年,對學術研究有無盡且迭有重要的貢獻。

陳院士雖旅居美國,仍經常回台貢獻所學,於推動科學研究不遺餘力。2012年捐助母校清大原科院設立【陳守信中子科技與應用榮譽講座】,與國家同步輻射研究中心常年合作邀請國際知名的中子領域專家來台演講,對台灣中子科學研究的推動有著不可抹滅的貢獻。此外,對國內在拓展中子計畫之方向也多有建言,引導台灣的中子科學與國際接軌。

為表達對陳院士的追念與感謝,國家同步輻射研究中心將偕同台灣中子科學學會、國立清華大學原子科學院,謹訂於110年11月19日(星期五)下午5點10分,在新竹煙波大飯店湖賓館舉行【熱情成就卓越-陳守信院士追思晚宴】,敬邀您共同緬懷陳院士璀璨的科學人生。與會者請配合新冠肺炎防疫措施,佩戴口罩出席。

財團法人國家同步輻射研究中心	副主任	陳俊榮
台灣中子科學學會	理事長	楊仲準
國立清華大學原子科學院	院長	李敏

敬邀

時間	議程
17:10 - 17:30	簡始入席
17:30 - 17:35	開場致詞 國家同步輻射研究中心 陳俊榮 副主任 代表
17:35 - 17:45	來賓致詞 前國立清華大學校長 陳力俊 院士
17:45 - 18:10	發長回顧感言 牟中原 院士
18:10 - 18:15	大合照
18:15 - 18:45	晚宴開始
18:45 - 20:00	來賓對陳守信院士的緬懷追思發言
20:00	-晚宴結束,珍重再見-

▲ 熱情成就卓越

▲ 一同緬懷陳院士璀璨的科學人生

煮字專欄

於「工業材料」雜誌以專文方式提煉閱讀札記與心得，將書籍要旨結合專文作者對各項問題的扣問、思考與對話，以深入淺出的方式將豐富知識精到提點，藉文字示顯開卷有益的價值。

煮字集——談名聲

2019 年 10 月 7 日　星期一

　　每個人都有名聲，名聲是外界通過認知形成的。談名聲常流於二分法謬誤，將人分為好人、壞人；君子、小人；賢人、愚人等，實際上，人有各種面向，因時、因地、因事而舉措不同，難以一概論斷；同時也有「實至名歸」、「浪得虛名」、「惡名昭彰」各種情境，不一而足。因限於篇幅，此處僅談美名。

　　雖然古人多稱許淡泊高士、隱士，社會所需要的則是經世濟國之大才，劉備「三顧茅廬」，還須諸葛孔明盛名在外。孔子曾說：「君子疾沒世而名不稱焉」《論語・衛靈公》篇。明末清初大儒王夫之曰：「三代以下，唯恐不好名」，「故名者，亦人治之大者也。」、「大人物求名」、「愛惜羽毛」，誰說不宜。如果修身立德、誠信正直、自強不息，努力於成就學養俱佳好名聲，助成功業，也有相當的社會功能，如能「名垂千古」，更有其正面意義。

　　莎士比亞說：「美名是人生所能得到最純粹的寶藏」，美名不會從天而降，需要立德、立功或立言三者至少居其一，立德是在德行上樹立好榜樣，「君子之德風，風吹而草偃」，帶出他人最好的一面，有益世道人心；建立事功，或保家衛國，或有所創發，濟世利民，語云：「求名當求萬世名」，如辛棄疾「了卻君王天下事，贏得生前身後名」；立言則言而有物，鏗鏘有力，激勵人心，豐富心靈。

　　俗語說：「人死留名，豹死留皮」，據估計，自有人類以來，在地球上曾有一千億人生活過，但真正「萬世流芳」者幾希，可見留名並不容易；杜甫夢李白「千秋萬歲名，寂寞身後事」，而李白曾慨嘆：「古來聖賢皆寂寞，惟有飲者留其名」。

　　去年底出版的《名聲賽局》一書，系統地整理「個人、企業、國家如何創

造與經營自己的名聲」[1]，在傳統「內聖外王」，自我修為之外，將名聲創造與經營，視為一場賽局，從理解、影響而改變名聲。其中關於個人強調「當世名」部分頗有可觀之處。「名聲賽局」贏家享有許多好處，但人並不能完全掌控自己名聲，能做的就是運用策略，試著影響對自己的觀感。如果行為良好，符合期待，自然能維持名聲高點。書中提出許多具體做法，告訴我們如何經營或修復自己的名聲。

數千年來，名人一直存在於人類社會。「能力名聲」一旦建立就難以動搖，「性格名聲」會隨著大家的討論而起伏。人脈網是讓人在對的時間幫你向對的人宣傳，讓自己和地位高或名聲好的人建立聯繫，可「水漲船高」，另一方面，宣傳論述要可信可憑，只有真誠可憑的論述，反映本質與根據局勢調整，才能創造真正的、長遠的價值。

---

[1] 大衛‧瓦勒，魯柏‧楊格（David Waller and Rupert Younger），《名聲賽局》（*The Reputation Game: the Art of Changing How People See You*），陳佳瑜譯，遠流出版社（2018）。
https://lihjchen1004.blogspot.com/2019/10/blog-post.html

煮字集——框架效應

2020 年 2 月 21 日　星期五

如果問「我們看事物絕大多數是經過特殊的窗戶或透過濾片嗎？」而答案是「很難避免」，你也許會相當驚訝；這些窗戶或濾片通稱為「框架」。心理學家康納曼（Daniel Kahneman）得到 2002 年諾貝爾經濟獎的原因在「框架」，他發現人們的消費選擇隨框架會完全改變。而 2017 年諾貝爾經濟學獎塞勒（Richard Thaler）教授的「擁有框架」理論，點出了人類做決定時的盲點，成為我們做出「不理性」決定的原因，更讓「行為經濟學」成為顯學。

韓國知名心理學家崔仁哲，將「框架」定義為「特殊的窗戶或濾片」，也是心智篩選必要資訊的能力，從不同的角度看世界，會導致非常不同的結論。他所著《框架效應》[1] 一書，從自身紮實的學術研究經歷，引述許多有趣的研究案例，告訴我們：框架能夠決定每個人的人生走向。各式各樣的框架誘導了我們的每一項決定、每一個行動，最終促成特定的結果。我們總以為自己非常客觀，殊不知，框架打從一開始就排除了特定的細節或選項，扭曲了我們眼中的世界。因此，我們必須了解框架，才能超越無形的思維限制，減少被媒體與商人操弄的可能性，做出更正確的決策與判斷。

「框架」的典型形態是假設、前提、標準、刻板印象、隱喻、單字、提問、經驗順序、邏輯脈絡等。「框架」是一種脈絡，例子是把一個人所說的話前後都剪掉，只拿重點或刻意扭曲的間接，可知其力量多強大；「框架」也是一種定義，「每個出口，都是通往某處的入口」，假設某些事情是「最後一個」，就會產生「這個最好」的期待；「框架」是一個單詞，戰爭部改名國防部，給人很不同的印象；「框架」是一個提問，例如只問世上的人分為學習與

---

[1]　崔仁哲，《框架效應》，陳品芳譯，遠流出版社，台北（2019）。

不學習的人；「框架」是一個隱喻，將職場比喻為家庭或實驗室，個人、家庭、組織、國家都有各自的隱喻、支配人生的最大隱喻，自然得讓我們幾乎感受不到；「框架」是一種順序，用過去發生的經驗，去看待後來發生的特定事物，一般來說，先經歷壞事，再經歷好事是比較正面的經驗；另一方面，電視幫助進行精神模擬，是觀看世界的「框架」，有效的廣告，是改變「判斷的對象」；「欲望」創造從特定角度觀看世界的框架，人們只看自己想看的東西；「框架」是刻板印象，人種、性別、年齡、國家、社會、地位、穿著、外表、學歷等往往讓人有刻板印象；老人的幸福感不會低於年輕人，就是對時間看法不同。

　　崔仁哲在後記中說：「作為一個心理學家，最希望傳達給世人的訊息就是『框架』。」，而這本書，不僅讓人開卷有益，而且收穫滿滿。

煮字集——「瘟疫與人」纏鬥鑑往知來

2020 年 10 月 12 日　星期一

　　從 1918 年「西班牙大流感」肆虐以來，有上百年沒有爆發全球性嚴重的瘟疫，再加上科學昌明，醫學發達，有許多學者開始慶幸自古以來荼毒人類的「暗黑三騎士」饑荒、瘟疫、戰爭已經轉化為「可應付的挑戰」。在新冠肺炎疫情爆發八個月後，已造成三千五百萬人確診，奪去超過百萬人命，仍持續延燒之今日，顯示人類瘟疫的夢魘並未過去。

　　在瘟疫肆虐之際，有關著作自然受到格外注目。美國史學家麥克尼爾（William H. McNeill）早在 1976 年所著《瘟疫與人》（*Plagues and Peoples*）是其中佼佼者。誠如副標題「傳染病對人類歷史的衝擊」，本書將傳染病放到歷史的詮釋領域裡，引領讀者重新審視傳染病在歷史所扮演的角色，並追蹤人類與寄生病菌交鋒的來龍去脈。

　　全書以編年的手法，從史前時代進入歷史的年代，詳實探討多種傳染病在各地的肆虐情形，為讀者揭示一幕幕條分縷析、鉅細靡遺的傳染病史。道出傳染病在人類歷史與文明發展所扮演的角色，讓讀者以全新的角度及視野去認識人類的歷史。

　　作者企圖討論從史前時代到現代，傳染病史如何影響人類的歷史；敘述人群接觸到來自不同環境新病原時，常會因為缺乏免疫力而導致嚴重疫情與大量死亡，存活者產生一定的免疫力，讓病原與免疫力達成平衡而減緩疫情。值得注意的是，作者更進一步，試圖以生態因素解釋許多難解的歷史現象，相對於中國入世儒教，印度的佛教與印度教提倡出世，貶低物質是由於資源缺乏，疫病讓人感到生命無常，推測種姓制度是征服者避免染上被征服者身上的寄生蟲病而發展出的接觸禁忌。

　　「瘟疫與人」纏鬥了幾千年，以新冠病毒在二十一世紀仍能肆虐來看，這

場人對看不到的敵人奮戰，將永不止息：新冠病毒迄今已證明非常刁鑽古怪，從中國，以迄歐美，再向印度、中南美等地擴散，至今方興未艾；讓人擔心的是，在其他地方延燒後，又會撲向現今防疫成果良好，但免疫力相對較弱的中國與東亞，重演「同樣疫病在缺乏免疫力的族群中蔓延」。唯有期待疫苗早日開發成功，才有可能告一段落。同時東亞各地人民普遍願意接受某些限制，導致防疫效果遠較許多人高喊自由，不負責任地甚至拒戴口罩的歐美先進國家成功，也很值得深思未來文明的走向。

誠如麥克尼爾所說「影響人類世界的疾病循環模式是多麼地變化多端，在古代如此，現代也如此」，同時未來是否會有更可怕的病毒出現？也是世人應提防並開始深入探究的關鍵問題，以免像對付新冠病毒措手不及以致應對荒腔走板的悲劇重現。

麥克尼爾（William H. McNeill），《瘟疫與人》（*Plagues and Peoples*），楊玉齡譯，天下文化，台北（1976）。

煮字集——造物的神奇

2021 年 5 月 31 日　星期一

有書聖之譽的王羲之文筆亦極好，他在〈蘭亭集序〉中寫到「永和九年（公元 353 年）……暮春之初……天朗氣清，惠風和暢。仰觀宇宙之大，俯察品類之盛。」在約 1700 年前春天的第 3 個月，天氣清朗，萬物勃發，讓他興嘆；現在我們知道宇宙一無邊際，但品類有多盛呢？

王羲之事實上並沒有能看到眼前事物的全貌；由於受眼睛結構的影響，人僅能感測到 400-700 奈米一小波段，即可見光的電磁波；同時人的視力最高只能分辨 0.1 釐米以上距離的物體，不僅各種微生物無法看見，許多微細的結構也看不清楚；另一方面，遙望天際，即使最近的月球只能看到一些模糊陰影，要等至少一千年後顯微鏡與望遠鏡的發明才大大擴增人類的視野。

用先進望遠鏡，物理學家對天空仍一望無際，由於一般很難想像宇宙是無限大，以能觀察到的宇宙而言，則半徑至少是 13.8x109 光年。夜晚遙望星空，但見繁星點點；科學的進步讓我們知道，地球是太陽系的一部分，太陽系則是銀河系的一部分，銀河系又是眾多星系的一部分。估計恆星的數量多達 1×1024 顆，比地球上所有的沙粒還要多。另一方面，科學家能觀測到的物質僅占總量的 5%，為解釋星球形成，另有約 68% 看不到的「暗物質」，還有我們沒有任何線索約占 27% 的「暗能量」。

回到地球，以生物而言，生物是以界、門、綱、目、科、屬、種分類，光是「能夠相互配育的自然種群的類群，且這些類群與其他的類群在生殖上相互隔離」的物種約有 900 萬，其中約 70% 物種在陸地上，其餘生活在海洋深處。而當中絕大多數為動物，植物約有 30 萬物種。舉例而言，大千世界中，人類屬同一物種，約 80 億人膚色、身材、輪廓等外型各有差異，智能賢愚不同，「知人知面不知心」，品類可謂盛矣。

我們常用萬一比喻可能性非常小，一萬個一萬萬之一，也就是一兆之一，可能性就低到可忽略，如果是一兆兆（1024）之一，那就匪夷所思了；以宇宙中有約 1024 星球而言，在某一星球發生任何事，如另一個你正在看本文，都有相當可能。

以此推論，宇宙中應有相當大數目的星球有高等文明，但人類多年探索，從未與外星文明接觸到，以機率而言，不能純以距離過遠解釋。有一種合邏輯的說法是，文明進展到一定階段會自毀，見諸現今世界人類具有充分自毀的手段，而且仍未正視面臨的地球暖化、氣候變遷等能夠導致人類毀滅的問題，更增加這個情境發生的可能性。

另一方面，我們應慶幸在我們所知範圍內，萬事萬物皆由約 100 種元素所組成，而對材料科技而言，常用元素不超過 50 種；讓人類以簡馭繁，不能不讚嘆造物的神奇。

煮字集——為什麼要睡覺？

2021 年 10 月 24 日　星期日

人類有約三分之一的時間在睡覺；我們為什麼要睡覺？最直接的答案是因為感到疲倦，或按時就眠以養精蓄銳再出發；但從演化觀點，睡眠像生物現象中最愚蠢行為；沒有成就任何事，容易成為捕食者的獵物；有學者說：「如果睡眠沒有提供任何關鍵性功能，那就是演化犯下的最大錯誤。」睡眠在整個演化史上持續存在，表示它必然有強大的好處，勝過那些看似明顯的危險和不利之處。

現在已知所有物種都要睡覺，對動物來說，有長有短；一說是陸上肉食猛獸，站在食物鏈頂端，可以安心長時間呼呼大睡，而草食被狩獵者，要盡量減少睡眠，以免在毫無防備之下，就成了獵物，言之成理，但並不盡然，例外比比皆是。

近年來對睡覺研究發現原因要複雜很多，英籍美國學者沃克（Matthew Walker）將目前對睡覺的了解總結數十年來的睡眠研究成果以及最新科學突破，整理出一本科普新書，名為《為什麼要睡覺？》[1]告訴我們睡眠複雜又迷人的真相，可讀性甚高，相當有啟發性。

有許多大家都碰到的問題，如晚上為什麼想睡覺；午飯後常會感覺昏昏欲睡，旅行時會有時差困擾，有人會認床；被噩夢驚醒，感覺四肢癱瘓無力；有人是「早鳥」，有人是「夜貓子」；午睡有甚麼好處？為什麼熬夜後精神會更好？咖啡因如何影響睡眠等；大哉問「為什麼要睡覺？」等，本書都一一嘗試給予合理的解答。

影響睡眠節律的因子主要是生理時鐘與睡眠壓力。這兩個掌管睡眠的因素

---

[1] 沃克（Matthew Walker），《為什麼要睡覺？：睡出健康與學習力、夢出創意的新科學》（*Why We Sleep: The New Science of Sleep and Dreams*），姚若潔譯，天下文化，台北（2019）。

是並行卻互相不理的兩個系統。近日節律規律像只有正值的正弦波一樣，以二十四小時為週期。睡眠壓力則由釋放一種抑制性神經傳導物腺苷而來；人在沒睡覺的每一分鐘，它的濃度持續上升，在腦中累積，會讓人越來越想睡。當晚上睡去時，開始去除當天的腺苷。成人在經過大概八小時的健康睡眠後，腺苷清除完畢，就在此時，近日節律接手，以充滿活力的身體和清晰的頭腦，展開下一段約十六小時的清醒時光。

睡眠缺乏已成為一種流行病，在所有已開發國家中，有三分之二的成年人無法滿足每晚八小時的建議睡眠量。睡眠剝奪和橡皮筋一樣，能夠承受的拉力有限，然而遺憾的是，人類是唯一會在無益的情況下故意剝奪自己睡眠的生物。

我們的身體健康、心理健康、記憶力、學習力、創意、生產力、領導力、決策力、智商與情商、吸引力、運動表現，甚至食慾，這些讓日間生活更精采的能力，本書揭露原來都與夜間那場神祕的睡眠有關係。

煮字集——「謀事在人，成事在天」，天是甚麼？

2022 年 4 月 5 日　星期二

　　很多人常嘆「謀事在人，成事在天」，孔子曾說：「吾五十而知天命」，《易經》乾卦：「天行健，君子以自強不息」，但甚麼是天呢？比較中性的說法是「自然運行的規則」、「自然的主宰」，但自然真有主宰嗎？即使在科學昌明時代，科學家能觀測到的物質僅占總量的 5%，另有約 68% 看不到的「暗物質」，還有我們沒有任何線索約占 27% 的「暗能量」，人類實在無能答覆這哲學問題。

　　現今生物學家多認為人類是演化的產物，人類並非「萬物之靈」，但相較於其他物種而言，的確佔據一個很特殊的位置；愛德華・威爾森在《人類存在的意義》一書[1]中，直指人類是由演化而來，並未經過「規劃」，如果我們不知演化過程的前因後果，在無知中討論一般所謂的「意義」是沒有意義的。

　　另一方面，許多科學家抱持的世界觀是「意義」源自生物演化的偶然事件，一切都是自然因果關係層層交疊結果，而在演化過程中，物種為求生存而發展出某種適應環境的策略，會使得其他適應環境策略更有可能出現，顯現出目的性，是為第二重意義。

　　在世界數十萬種動物中，只有約二十種具有較複雜的「社會性」，也就是其成員會與不同的世代共同照顧幼體，同時成員之間會分工，由某些成員放棄至少一部分的繁殖機會，以期增加其他成員一生的生育數量。

　　這些物種在發展出較高等社會行為後，開始在生物界大放異彩。由於相當罕見，動物在演化過程中必須做出特殊的改變，才能跨出最後一步，也就是建

---

[1]　愛德華・威爾森（Edward O. Wilson），《人類存在的意義：一個生物學家的思索》（*The Meaning of Human Existence*），蕭寶森譯，如果出版社，台北（2016）。

造一個窩巢，以此據點出外覓食與養育幼體，直到它們成熟為止。

　　對於屬靈長類的人類，有固定營地後，開始注意人際關係，團體成員彼此既競爭又合作，社會智能不斷進化，腦容量大幅增加，有更長的壽命和更高的繁殖率，原因是在以基因為單位的個體間競爭與群體間競爭合作的平衡發展。對個體間競爭，自私可以鞏固生存機會，而對群體間競爭，利他的道德感，能夠確保群體延續後代。人類歷經數百萬年的模樣。既是聖徒也是惡人，既追求真理，也有虛偽時候。

　　在了解「智人」之所以產生的主要原因之後，自然科學與人文學科交會才可能產生比較豐碩的結果。除此之外，要更嚴肅認真的檢視人類在大自然的位置，雖然人類在生物圈中高高在上，但仍是地球眾多動植物中的一分子，在情感和生理上都與它們密不可分，並且有深刻的歷史連結，生物多樣性。以致地球的永續發展是人類必須面對的問題與責任。

煮字集——大語文的重要

2022 年 11 月 4 日　星期五

　　現今屬於教育普及年代，根據內政部統計，2019 年在年滿 15 歲以上人口中，識字率幾達 99%，但識字並不代表能善用語文；由於我們現在可謂生活在語文中，拙於語文，會吃很多虧。而如果將語文的定義擴及到凡是和生活相關、必須用到語言這個工具的「大語文」範疇，則影響層面與效應更為廣大。

　　美國名校資訊科學博士、著名暢銷書作家吳軍的新書《閱讀與寫作通識講義：紮實理解他人、表達自己的能力》[1] 雖然重點在對閱讀與寫作以講義的形式，針對「理解他人，表達自己」，梳理建構出一套實用有效的系統方法，而對「大語文的重要」作了很詳盡但精闢的分析，很值得參考，摘要如下：

一、閱讀與寫作不只是一堆知識，而是和我們日常的理解以及表達息息相關！

二、語文教育可涉及人的存在、生命意義，尤其是快樂情感的獲得和價值觀的構建。

三、詞彙量在某種程度上決定了人的智力水準、生活品質和職業發展。

四、語言技巧、語文水準常和人們身分地位一致。

五、書面和口頭的表達能力重要體現實例是美國很多教科書被世界各國的大學普遍採用，主要原因就是各個領域的教授們本身寫作水準很高。

六、在口頭表達方面，語文修養決定了一個人能夠調動多少資源、做多少事情，也決定了一個人在生活中受歡迎的程度。

七、從個人生活的層面講，可以說一個人生活在什麼樣的語文環境，就有什麼樣的生活，因為語文環境和生活環境是高度一致的。

---

[1] 吳軍，《閱讀與寫作通識講義：紮實理解他人、表達自己的能力》，日出出版，台北（2022）。

八、從國家層面講，一個國家在時（歷史上）空（世界上）層面的影響
　　力，多的是由語言文化所決定。中華文明能夠延續，要感謝中文。

九、因為懂得了語文對文明進步的促進作用，很多國家或歷史上的文明在
　　選拔人才時，都非常看重年輕人的語文能力。

十、語文的教室應該是廣闊的世界。我們可以在生活的背景下、在生命的
　　長河中學習和理解語文。

十一、大語文教學重點在讀和寫、聽和說、觀察和視覺表達。「讀」包括
　　　理解字面意思和深層含義，「寫」則是將自己的思想和想法，通過
　　　某種形式的書面文字表達清楚。「聽」是透過接收單方向的線性資
　　　訊流獲取知識，理解他人的技巧和藝術。「說」是指系統性的表達
　　　自我的方法。大語文的語言可不僅包括文字，還包括動作、圖形以
　　　及其他形式的語言。

十二、語文是語言的藝術，也是為生活服務的藝術，是每個人時時刻刻都
　　　需要的基礎技能。

十三、語文為所有課程服務，所有課程都幫助提升語文水準。語文教學常
　　　常混合文史哲，協助構成人文素養，形成價值判斷能力。

科普知識

　　收錄「綠色能源與材料科技」及「化學元素中西文名稱溯源」兩篇系列專文。前者簡介太陽能、氫能、風能等綠色能源與材料科技；後者溯源鹼、鹼土、主族、過度族等金屬元素及氣態、固態、液態等非金屬元素的化學元素中西文名，提供初學者淺易明瞭的科普知識。

綠色能源與材料科技（一）：簡介

2022 年 2 月 7 日　星期一

　　二十一世紀有關人類生存最重要的議題之一是能源問題；一方面人類習用的化石能源面臨枯竭，如石油約可再用數十年，煤可再用一百餘年，另一方面使用化石能源導致溫室氣體的排放，而使地球暖化到危險的地步；合理的預測人類如不及時覺醒，百年內會有滅亡之虞。

　　與能源需求以及地球暖化問題息息相關的是世界人口成長，據聯合國估計到公元 2100 年，世界人口將到達約一百一十億的高峰，伴隨人口增加與經濟成長，能源需求與地球暖化問題將更趨嚴重；以大氣中溫室氣體而言，二氧化碳含量在 2020 年達到約百萬分之四百二十，在二十年內暴增約 10%，如不採取減碳措施，到世紀末，世界平均氣溫將增加攝氏 4 度以上，會危及地球半數物種。近年來各國體認大難臨頭已施行一些方案、但仍將使氣溫增加攝氏 3 度，而在最近全球氣候會議中承諾的方案，有希望讓氣溫增加減少到攝氏 2.4 度，仍會造成很大的傷害。[1]

　　因此人類要永續經營，節能減碳是必要之舉；因應人口增加以及經濟發展需求，人類無可避免的將會使用更多的能源，如從 2020 年的 26 兆度（千瓦・小時，瓩・小時），增加到 2050 年的 47-57 兆度，但將不能容忍化石能源消耗的持續增加，如煤炭與石油需求高峰將分別落於 2028、2037 年，整個化石能源需求高峰落於 2035 年；開發替代非碳能源，也就是綠色能源，除減少化石能源消耗，也能減少溫室氣體排放，據估計公元 2005、2020、2035、2050 年，綠色能源占所有消耗的 18%、27%、51% 及 73%，未來挑戰非常大，必須加緊開發。

---

[1] https://www.cna.com.tw/news/firstnews/202110040157.aspx

綠色能源到 2035 年所占比重依序為太陽能、風能、氫能（包括水力）與核能，到 2050 年將更為放大；這些能源的開發無一不與材料科技密切相關，限於時間，今天我就近年來個人從事太陽能與氫能研究介紹一下在這些重要領域發展與材料科學研究。

　　由於材料科學工程不是高中課程中的學科，首先在此作一簡介。材料科學工程原來重點在探討材料構造、成分、性質、合成／製程與功能關係，近年來也多考慮對環境的影響。與傳統的土木、機械、化工與電機工程興起於十九世紀不同，材料科學工程是二十世紀六零年代才出現的大學新興跨領域學門，主要是因應固態科學飛速進展，已不能為傳統工程學門所包含；材料科學工程嚴格而言與材料科技並非同義詞，簡化的說，科學著重原理，技術是基於原理或經驗實作，工程則是大規模實現，科學講究最先，工程力求最好；在現代，也許可於「技術由科學而來，科學造就技術」、「工程創造科技，科技堆砌工程」說法看出工程與科技的差別；但大略來說，可將材料科技視為材料科學工程簡稱，這將是我以下的用法。

▶ 未來才子領袖營領袖演講

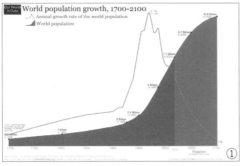

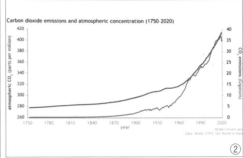

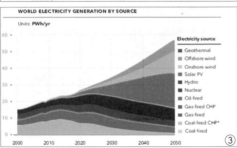

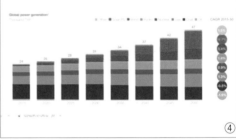

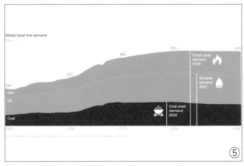

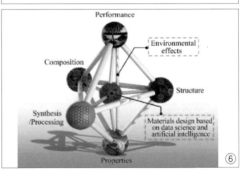

▲ ①世界人口成長[2]　②大氣中二氧化碳含量[3]
　③世界各種能源消耗[4]　④世界各種能源消耗增率[5]
　⑤全球化石能源需求[6]　⑥材料科學工程[7]

---

[2]　世界人口成長（https://ourworldindata.org/world-population-growth）
[3]　大氣中二氧化碳含量（https://ourworldindata.org/co2-emissions）
[4]　世界各種能源消耗（https://renewablesnow.com/news/renewables-produce-85-of-global-power-nearly-50-of-energy-in-2050-582235/）
[5]　世界各種能源消耗增率（https://www.mckinsey.com/industries/oil-and-gas/our-insights/global-energy-perspective-2021）
[6]　全球化石能源需求（https://www.mckinsey.com/industries/oil-and-gas/our-insights/global-energy-perspective-2021）
[7]　材料科學工程（https://www.semanticscholar.org/paper/Materials-science-and-engineering%3A-New-vision-in-of-Qiang-Gao/3332ed89dbf98b990641b9a2a96aaa656f8ead87）

綠色能源與材料科技（二）：太陽能

2022 年 2 月 7 日　星期一

地球的大氣，海洋和陸地吸收的太陽能每年大約是 3,850,000 艾焦耳（Exa Joule，EJ）。在 2020 年，一小時內所能吸收的太陽能比全世界在一年內使用的能量還要更多，雖說「取之不盡，用之不竭」，如何有效取用是最大的挑戰。利用太陽能的方式很多，包括太陽熱能集熱、太陽能光電發電、太陽熱能發電和人工光合作用等，而以太陽能光電發電最為重要。

太陽能電池在一九五零年代就被製造出來，目前主流是用單晶矽與多晶矽為基板，轉換效率分別達 26.7% 與 23.3%（理論極限為 29.4%，稱為 Shockley–Queisser 極限），同時不僅晶片，模組價格也都節節下降，已漸具經濟價值，到 2020 年，全球已裝設 773 兆瓦（Giga W，GW），相當於 285 座核四電廠（原預計 2.7GW），預計到 2050 年會達到 4.7 兆瓦（4,674 GW），那更相當於 1,700 個核四電廠，將為全球能源最大來源。

太陽能板的成本從 2000 年到 2018 年已經降低了 70-90% 電廠的成本，某些地區大型太陽能電廠成本已經比傳統電發還低，但屋頂型太陽成本還是偏高，且投資電廠需要高額的初期投資。同時太陽能發電有間歇性、受日夜與氣候變化影響，用於大型電網必需要有其他能源備載。

設立大型太陽能電廠，用地廣而且要考慮日照因素。大規模地面型太陽電廠，如果設計不當，會造成生態和環境的影響。太陽能電池板壽命有限。大約是 20-30 年。而生產時所需使用的矽、鍺、硼可能會造成其他方面的污染，需妥善管控處理。太陽能板的原材料和電腦晶片原材料一樣。大量生產過程中化學物質是有毒有害，主要靠工廠所在地法律法規管控。

在太陽能電池研究上，除矽晶材料外，多種其他半導體材料如非晶矽、GaAs、CdTe、CIGS、鈣鈦礦以及敏化染料等也都展現應用的潛力，近年來二

維材料太陽能電池也受到相當的注目。二維材料是指材料在三度空間某一方向的尺寸是原子層級。最先是在 2004 年開發的石墨烯，具有許多奇異的性質，推向原子級科技極限，發明人並因此得到 2010 年的諾貝爾物理獎，其後化合物二維材料，主要是過渡金屬與硫屬化合物，如 MoS2、WS2 等，也紛紛登上世界舞台，可能為未來的科技發展與產業帶來石破天驚的改變。二維材料也將使奈米科技的應用發展，更進一步並廣泛的深入各種應用科技領域。

以原子尺寸橫向單層 p-n 異質接面太陽能電池研究為例，其中包括製作原子尺寸轉變二維單層 WSe2-MoS2 p-n 橫向異質接面的太陽能電池，該異質接面通過兩段式以化學氣相沉積法合成，首先生成單層 WSe2，再於上成長單層 MoS2，用各種可分析單層原子，甚至單原子的儀器，如原子力顯微鏡與穿透式電子顯微鏡等鑑定材料的結構與性質，其次利用電子束蝕刻技術製作 WSe2-MoS2 p-n 橫向異質接面的太陽能電池。在模擬太陽光（AM 1.5G）照明下，實現了高達 2.56% 的功率轉換效率（PCE）。電池的平面結構並導致前所未有的全向光收集行為，在 75° 的高入射角（AOI）下僅損失 5% 的 PCE。對斷路電壓（Voc）和短路電流（Isc）的低溫測量和模擬證實了光電效應源自單個 WSe2-MoS2 單層形成的橫向 p-n 接面。此外，也表明不受環境影響的二維單層元件在沒有保護層的情況下也是可行的。結果顯示單層 p-n 橫向異質接面在開發下一代光電元件，特別是穿戴式裝置，方面的潛力。（略）

本研究是利用新開發的材料系統製作具特殊應用價值的光電元件，屬性上是科學研究以及技術發展，有初步優良成果，是否導致規模化製造，還待進一步研發以及評估相關應用性、成本等問題。

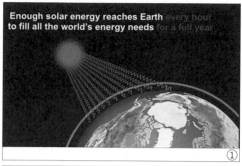

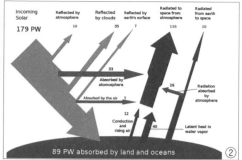

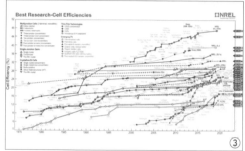

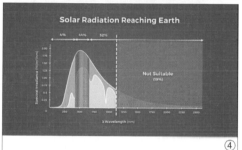

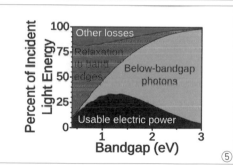

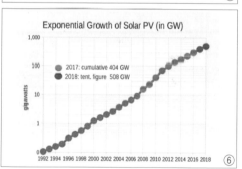

▲ ①如何有效應用太陽能是最大的挑戰 [1]　　②約有一半來自太陽的能量可達地球表面 [2]
③太陽能電池效率圖 [3]　　　　　　　　　④矽晶基板與太陽光譜 [4]
⑤ Shockley–Queisser 極限 [5]　　　　　⑥太陽能發電指數式增加 [6]

[1] 如何有效應用太陽能是最大的挑戰（https://johncarlosbaez.wordpress.com/2016/03/07/the-case-for-optimism-on-climate-change/）
[2] 約有一半來自太陽的能量可達地球表面（https://en.wikipedia.org/wiki/Solar_energy）
[3] 太陽能電池效率圖（https://www.nrel.gov/pv/assets/pdfs/best-research-cell-efficiencies-rev220126.pdf）
[4] 矽晶基板與太陽光譜（https://www.youtube.com/watch?v=yVOnHWnLSeU）
[5] Shockley-Queisser 極限（https://en.wikipedia.org/wiki/Shockley%E2%80%93Queisser_limit）
[6] 太陽能發電指數式增加（https://en.wikipedia.org/wiki/Growth_of_photovoltaics）

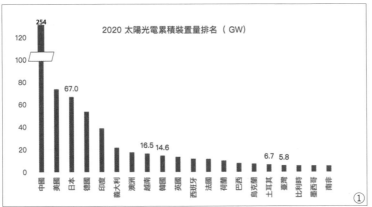

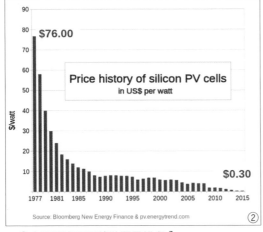

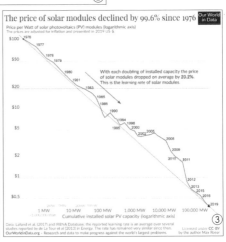

▲ ①太陽能光電累積裝置量排名 [7]
　②晶片價格節節下降 [8]
　③模組價格也快速降低 [9]

7　太陽能光電累積裝置量排名（https://e-info.org.tw/node/230356）
8　晶片價格節節下降（https://www.researchgate.net/figure/Price-history-of-silicon-PV-cells_fig1_331445029）
9　模組價格也快速降低（https://singularityhub.com/2020/12/13/why-the-price-of-new-solar-electricity-fell-an-incredible-89-in-the-last-decade/）

綠色能源與材料科技（三）：氫能

2022 年 2 月 9 日　星期三

　　氫能廣義來說包括水力發電，而水力發電是目前人類社會應用最廣泛的可再生能源，在 2016 年高達 16.7%。據以往長期研究顯示，以大壩儲水發電造成的問題包括大壩造成的環境會產生大量的溫室氣體甲烷，而大壩對原有環境的破壞是永久而不可逆轉，但發電功能的壽命卻是有限，同時建造位置也受地理因素限制。目前全球水力發電總量雖仍在增長中，但由於其他綠色能源的快速開發，使其在全球可再生能源所佔比重不斷下降。

　　未來氫能源發展重點會是在產生氫氣方面；氫氣在一般條件下單位體積能量密度很低，但以單位質量而言，能量密度極高，部分是因為其低分子量。氫電池利用氫氣經過化學反應後產生能量，是燃料電池的一種，它不但不會產生廢氣污染環境，而且也可以儲存能量，每公斤高達 1.4 億焦耳。它可用其他綠色能源來製造，容易儲存，氫燃料電池是未來大量使用受天候變化影響的太陽能與風能電網必備關鍵組件。

　　氫能車用燃料電池的效益高過許多內燃機。內燃機效率頂多有 20–30%，而最差的燃料電池也有 35-45% 效率（通常都高很多），再加上相關電動馬達和控制器的耗損，最後純輸出能量最差也有 24%，而內燃機則是更低得多。但純氫氣在製造後，必須加壓或液化，以提供足夠的驅動範圍，需要更多地使用外部能源動力壓縮，而且需用不輕的容器罐（壓力容器），在車用時又須經過電解。另一方面，充電鋰電池車純輸出能量高達 60% 以上，單位里程成本較低，但由於電池較重，車載電池量受限導致可行駛里程較短，充電時間又相對長，與氫燃料電池車各有勝場與缺點。以目前市況來看，鋰電池車已開始起飛，氫燃料電池車則尚在起步階段。

　　製造氫氣可用各種能源，在 2018 年全球產氫利用能源中，煤炭、天然

氣、化石燃料副產品分別占 16%、41.9%、40.9%，而綠色能源只占 0.3%，未來必須大幅增加利用綠色能源，例如利用太陽能與風能，如此產生的氫氣稱為綠氫，其他依產氫所用能源或方式不同分類，還有黑氫、褐氫、藍氫、灰氫等。

在利用綠能產氫方面，電解水是目前主流方法，但能源效率為 70%，也就是每用一度電，只能回收 0.7 度電，在節能方面並不划算；不通電而直接利用太陽光裂解水分子，可算無本生利，但產氫效率低，需要用到光催化材料來增加效率，如何開發適當光催化材料是現在研究的重點。

以通過能帶隙調控和金奈米粒子修飾的 ZnxCd1-xS 奈米線為例，在模擬太陽光（加 AM1.5G 濾光片）下裂解水製氫，具有優良光催化性能。實驗顯示，與 ZnS 和 CdS 奈米線相比，x=0.5 的 ZnxCd1-xS 奈米線光催化劑對產氫的光催化活性要高得多，可歸因於 ZnxCd1-xS 奈米線的恰當能帶隙寬度和導電帶邊緣電位。另一方面，如通過用適當尺寸和分布的金奈米粒子修飾 ZnxCd1-xS 奈米線，以在可見光和近紅外區域誘導局部表面等離子體共振，產氫效率可進一步顯著提高。研究成果代表以完全綠色的新穎方法提高水分解中產氫效率的重大進展。（略）

氫能經濟的障礙是很多氫設備要大量使用才有成本效益。同時氫氣運送管線成本很高昂，需要大量的管線基礎建設投資才能儲存和分配氫氣到末端用戶；另外氫氣易燃並可能導致爆炸，確保安全至為重要，連帶增加使用成本，同時目前電解製氫和燃料電池科技仍有諸多問題待解決，在此前提下，氫氣不見得是長期來看最便宜的能源。

由於到公元 2050 年，要避免溫室氣體造成全球無法忍受的災難，綠色能源占比須達到 70% 以上，而以技術較成熟的太陽能與風能合佔三分之二，但這兩種能源都受天候影響，必須有約百分之二十的備用電源才能有穩定的電網；前美國能源部長以及諾貝爾物理獎得主朱棣文曾預測，要達到此目標，電池技術將不實際，但如在電化學產氫上有所突破，而能將氫氣妥善儲存於地下，則情況會大為改觀；由此觀點，地球的未來將繫於產氫與儲氫技術的超越性創新，也是材料科技很能發揮的地方；時不我予，需要全球加緊通力合作。同時即使在目前，利用太陽能或風能發電尖峰時，也有發電過剩浪費問題，因此用來產氫也有助於避免浪費而儲能與其他應用。

另一方面，抗衡氣候變遷全球間歇性綠色能源的永續利用可能的「續命丹」是核能，核能發展近年來受全球性反核運動影響遇到很大的阻礙，安全性備受質疑，是否屬於綠色能源頗有爭議；但核能技術本身也在不斷改進中，由倡導與施行節能減碳措施領先的歐盟，正積極研議將核能劃歸綠色能源來看，未來核能有可能在氫能應用尚未成熟開發之前，作為人類抵抗災難性溫室效應解方之一。

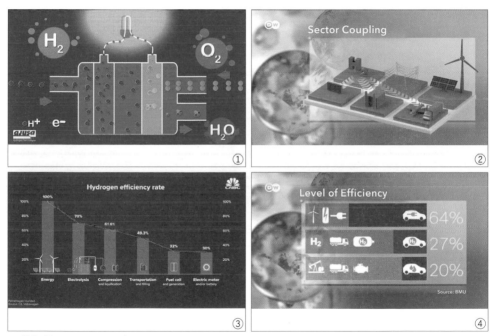

▲ ①氫燃料電池剖面圖[1]
　②氫燃料電池是大量再生能源電網一環[2]
　③氫能效率[3]
　④各種動力車能源效率[4]

---

[1]　氫燃料電池剖面圖（https://www.youtube.com/watch?v=imV_ufIzxPY）
[2]　氫燃料電池是大量再生能源電網一環（https://www.youtube.com/watch?v=4sn0ecqZgog）
[3]　氫能效率（https://www.youtube.com/watch?v=aYBGSfzaa4c）
[4]　各種動力車能源效率（https://www.youtube.com/watch?v=4sn0ecqZgog）

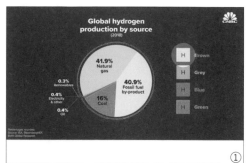

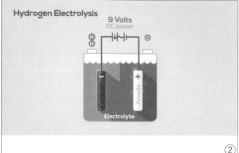

▲①全球產氫所用能源比率[5]
　②電解水是產氫主流方法[6]
　③催化太陽光裂解水[7]
　④利用太陽光裂解水分子[8]

5　全球產氫所用能源比率（https://www.youtube.com/watch?v=aYBGSfzaa4c）
6　電解水是產氫主流方法（https://www.youtube.com/watch?v=WfkNf7kMZPA）
7　催化太陽光裂解水（Y.T. Liu et al. Nano Energy 89, 106407 (2021)）
8　利用太陽光裂解水分子（Y.C. Chen et al. Nano Energy 67, 104225 (2020)）

綠色能源與材料科技（四）：風能

2022 年 2 月 11 日　星期五

　　風能是指風所產生的能量，利用風力拉帆航行、風車來磨穀或抽水是各地人們長年習用的技術；目前主要應用為風力發電。

　　風力發電由於風機的改良進展，岸上風力發電已成為一種低成本的發電方式，但許多機種都有噪音過大的問題、因此必須遠離住家，且土地資源需求較高。離岸風力發電比岸上風力發電更強、更穩定，但建造和維護的成本則更高。小型的岸上風力發電廠可以作為一種微型發電，為電網提供一些電力，或是為隔離於電網之外的偏遠地區提供電力來源。

　　由於風能量豐富、分布廣泛、碳排放相較於火力發電低甚多，為許多國家積極推動的永續能源以及可再生能源技術之一。並且對比於燃燒化石燃料，風能對環境的影響較小。現今風能已為全球電力供應的主要來源之一，世界風能協會於 2021 年 3 月發布「2021 全球風能市場報告」，指出 2020 年陸域及離岸風電合計新增 93GW 裝置容量，創下歷史新高紀錄，累積裝置容量達 743GW。由其他資料顯示 2020 年全球風力與太陽能發電占全球總發電量 9.4%。而其中風力發電約三分之二。

　　估計地球所吸收的太陽能有 1% 到 3% 轉化為風能，這些風量最後和地表及大氣間摩擦，而以各種熱能方式釋放。1919 年，德國物理學家貝茲認為，不管如何設計渦輪，風機最多只能提取風中 59% 的能量，此稱為貝茲極限定律（Betz Limit）。現今正在運作的風力發電機所能達到的極限約為 40%。大多數風力發電機實際效率範圍從 20% 到 40%。因為地表附近，高度愈高，風速愈大。而風能是與風速的三次方成正比，所以風機高度愈高，發電量愈多，因此現今有許多風機的高度都超過 100 公尺。

　　因為自然界中的風速常變化，並且給定地點所得的潛勢風能並不代表風力

發電機在該處實際可以產生的能量。為了估計在某一特定位置的風速頻率，必須使用風速機率分布函數來分析該地的風速歷史數據。因風能不能持續產生，常以抽水蓄能電站或其他方法來儲存風能以保持電力能持續供應，這大約增加25%費用。

　　隨著地區的風力發電增加，可能需要更多像是燃氣發電可快速調整輸出的電廠來備用或穩定電網，或是需要升級電網。但在許多的狀況下，可以使用電力管理技術來解決這些問題，像是調度不同的再生能源與不同地理分布的發電機組，向鄰近區域的進出口電源、存儲能量等方法。此外天氣預報可以為風力發電可能的變化做準備，進而減少需要的備用發電容量。舉例來說，丹麥全年風力發電占總發電量43%，但某些日子發電量較本身所需高出達40%，得以利用先進電網將電力出口到鄰近國家如德國、挪威與瑞典。

　　世界風能協會報告中預期風能市場未來前景仍強勁，在未來5年內（2021-2025）預計複合年均增長率為4.0%，每年將增加超過94GW，共超過469GW的新裝置容量，此外，政府政策支持（例如躉購制度、生產稅收抵免、競標專案以及國家或州級設定之再生能源目標等）仍然是風能裝置容量成長的主要驅動力。

　　根據美國國家可再生能源實驗室，風力渦輪機主要由鋼製成（佔渦輪機總質量的66-79%）；玻璃纖維、樹脂或塑料（11-16%）；鐵或鑄鐵（5-17%）；銅（1%）；和鋁（0-2%）。而主要挑戰在葉片材料，目前多用玻璃纖維強化樹脂；對超長葉片，需用碳纖維強化樹脂，但價格高昂影響成本效益，某些較長葉片則採用混合玻璃纖維與碳纖維強化樹脂，兼具所須機械性質與經濟性。另一方面，對於廢棄葉片，尤其是纖維強化樹脂，符合永續經營原則處理，是材料科技可以發揮的地方。

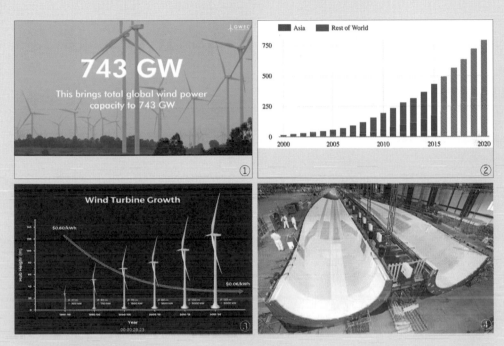

▲ ① 2020 年風電累積裝置容量 [1]
　　②風電裝置快速成長 [2]
　　③許多風機的高度超過 100 公尺 [3]
　　④ 80 米長葉片安裝前 [4]

[1]　2020 年風電累積裝置容量（https://gwec.net/global-wind-report-2021/）
[2]　風電裝置快速成長（https://www.carbonbrief.org/mapped-how-china-dominates-the-global-wind-energy-market/）
[3]　許多風機的高度超過 100 公尺（https://www.youtube.com/watch?v=wr7QZ364jPY）
[4]　80 米長葉片安裝前（https://www.youtube.com/watch?v=wr7QZ364jPY&t=193s）

化學元素中西文名稱溯源（一）：
鹼、鹼土、主族金屬元素

2021 年 1 月 1 日　星期五

　　所有材料都是由化學元素組成；同一種化學元素是由相同的原子組成，也就是其原子中的原子核具有同樣數量的質子，用一般的化學方法不能使之分解。到 2018 年，總共有 118 種元素被發現，其中地球上有 98 種（1 號的氫至 98 號的鉲），其餘則是人工合成元素。

　　許多人在中學上化學課，都背過元素週期表，對於其命名法，有不同程度的了解。事實上，元素命名的決定不斷變化，混雜了人類各種語言、文化及對化學知識的理解，而國際純粹與應用化學聯合會（IUPAC），對於元素命名和符號有最終決定權。根據大陸全國科學技術名詞審定委員會的說法，兩岸化學專家經研討對中文定名達成一致，本文則對金屬元素中鹼金屬、鹼土金屬、主族金屬中文名稱溯源。

　　鹼金屬：**鋰、鈉、鉀、銣、銫、鍅**，**共 6 個**，均為週期表第 1 族的元素。

　　鹼土金屬：**鈹、鎂、鈣、鍶、鋇、鐳**，**共 6 個**，均為週期表第 2 族的元素。

　　主族金屬：如**鋁、鎵、銦、錫、鉍等**，**共 10 個**，週期表中 s 區及 p 區的金屬元素。

　　從古代就有名稱的金屬元素有 7 個金、銀、汞、銅、鐵、錫、鉛。其中汞原叫水銀，因單字命名法而改為汞。其他金屬皆以金為左偏旁，取原文第一或第二音節為音，中文右偏旁則含義。

　　依原子序：

3. 鋰（Li，lithium）："lithion/lithina"，源自希臘文，意為「石頭」，以反映其在固體礦物中的發現；「裡」（lǐ）表示裡面，內部，即不外露，兼表示字音。

4. 鈹（Be，beryllium）：原始來源可能是梵語，它起源於南印度，可能與現代城市 Belur 的名稱有關 beryl（綠柱石）為含鈹的礦石；中文字源為中醫器具，長如針，形似劍，刺破皮膚癰疽，排出膿血。從金皮聲——《說文解字》解要：「皮」（pí）表示皮膚，兼表示字音。

11. 鈉（Na，拉丁語 natrium，sodium）：sodium 起源於阿拉伯 suda（蘇打水），意為頭痛，因為碳酸鈉或蘇打的緩解頭痛的特性早就眾所周知；內，表示在煤油內部，兼表示字音。

12. 鎂（Mg，magnesium）：起源於希臘語，產地與 Magnetes 部落有關；燃燒時能釋放出美麗的白色光。美表示美麗，華美，兼表示字音。

13. 鋁（Al，aluminum）：拉丁文名稱 alum（明礬），即從中收集的礦物。拉丁語 "alūmen" 源自原始印歐語詞根 alu-，意為「苦味」或「啤酒」；質地輕軟，易變形，ㄌㄩˇ，呂表示交疊狀的脊椎骨，兼表示字音。

　　《玉篇》與鑢同。《博雅》鋁謂之錯。《揚子·方言》燕齊摩鋁謂之希。【註】鋁，音慮。（鑢）厝銅鐵也。厝作錯。誤厝者、厲石也。故以為凡砥厲之字。厲銅鐵謂之鑢。故其字从金。周禮注作鋼。

19. 鉀（K，新拉丁語 kalium，potassium）：它首先從植物的灰燼 Potash（鉀鹽）中分離出來，因此得名；質地柔軟，指甲能壓出痕跡。字源為古代兵器中的金屬防護服。甲表示爪甲，也表示第一，兼表示字音。

20. 鈣（Ca，calcium）：源自拉丁文的 calx（石灰），該石灰是通過加熱石灰石獲得的；人體缺少鈣時會得病，如同乞丐一樣直不起腰。丐（gài）表示乞丐，兼表示字音。

31. 鎵（Ga，gallium）：以「高盧」（Gallia）為這個元素命名，在拉丁語中這是對法國高盧的稱呼。

32. 鍺（Ge，germanium）：以德國（Germany）為名；ㄓㄜˇ，zhě；屬於半導體物質。礦石多為赭紅色。「者」（zhě）是「赭」（zhě）的簡寫，表示紅色，兼表示字音。

37. 銣（Rb，rubidium）：名源於拉丁語，rubidus 指最暗的紅色：質地軟而輕，「如」（rú）表示順從，即隨便彎曲，兼表示字音。

38. 鍶（Sr，strontium）：礦物在蘇格蘭的 Strontian 村莊附近發現；有缺少時人容易出現抽瘋、思維混亂的病症。「思，恩」（sī）表示思想，

意識，兼表示字音。

49. 銦（In，indium）：光譜中呈現 indigo blue line（靛藍線）；一ㄣ，yīn；質地極軟的易熔金屬。「因」（yīn）表示圍守，看護，即熔斷後以保護電路及電器設備，兼表示字音。

50. 錫（Sn，拉丁語：stannum，tin）：Tin 在日耳曼語種之間共享，可以追溯到原始的重建版德語 tin-om；知名的包括德國的 Zinn，瑞典的 Tenn 和荷蘭的 Tin。拉丁名稱 stannum 最初的意思是銀和鉛的合金，並在 4 世紀時變成 tin，拉丁語中的較早單詞是鉛白鉛，即「白鉛」。Meyers Konversations-Lexikon 則推測 stannum 是從 Cornish stean 的祖先那裡獲得的，這證明公元前幾個世紀的 Cornwall 是錫的主要來源；質地軟，易變形，熔點低。「易」（yì）表示轉變，改變，變化，即變形、熔化，兼表示字音。

51. 銻（Sb，拉丁語：stibium，antimony）：銻是中世紀的拉丁語形式，現代語言和拜占庭晚期希臘語都以此為銻名。其來源尚不確定。一說為「僧侶殺手」，許多早期的煉金術士都是僧侶，而銻是有毒的。但是，銻的低毒性使得這種情況不太可能。另一個流行的詞源是假想的希臘單詞「反對孤獨」，解釋為「未發現為金屬」或「未發現為非合金」。銻的標準化學符號記為 Sb，是 stibium 的縮寫；ㄊㄧ，tī。

55. 鈰（Cs,cerium）：以矮人穀神星（Ceres）為名，而穀神星以羅馬農業神仙 Ceres 命名；化學性質活潑，易氧化變色，遇水濕自燃，存貯於良好的隔絕環境中。「色」（sè）是「絕」（jué）的簡寫，表示斷絕，隔絕，兼表示字音。

56. 鋇（Ba，barium）：鋇的名稱源自煉金術希臘語衍生詞 "baryta"，意為「重」；其鹽類色澤潔白光亮，如同打磨後的貝殼，是各類高級塗料的基礎顏料。原意為性能優良，價值很高的銅或鐵。「貝」（bèi）表示貝殼，表示錢財，兼表示字音。

81. 鉈（Tl，thallium）：來自希臘語，thallós，意為「綠芽」，因其光譜呈現明顯的綠色光譜線；ㄊㄨㄛˊ，tuó；讀作 tā，ㄊㄚ　　。字源本意為繩鏢類的兵器。用作「砣」的簡體字。「它」（tā）表示蛇，表示毒性，也是「拕，拖」（tuō）的簡寫，表示拖拉，即移動方式，兼

表示字音。

82. 鉛（Pb，拉丁語 plumbum，lead）：現代英語單詞 lead 起源於日耳曼語；古老的英語單詞源自假想的原始德國德語 lauda-（"lead"）。關於原始德語 lauda- 的起源尚未達成共識。一個假設表明，它是從 Proto-Celtic*"loud-io-"（"lead"）中藉用的。這個詞與拉丁文的 plumbum 有關；氧化物灰黑色，如同淤泥，質地比較軟，古代稱為青金。表示山谷間的淤泥，即金屬的樣子如同淤泥。李時珍曰：「鉛，易沿流，故謂之鉛。」

83. 鉍（Bi，bismuth）：ㄅㄧˋ，bì；鉍 Bismuth 的取名源於 16 世紀初老德文 Bismuth,Wismut,Wissmuth；也許與古老德語 hwiz（「白色」），WeisseMasse，取其白色物質、白色金屬之意；合金熔點很低，可做保險絲和汽鍋上的安全塞等。本意為槍矛的金屬把手。「必」（bì）是「柲」（bì）的簡寫，表示槍矛的木柄，也表示分界木樁，表示分斷，阻隔，兼表示字音。

84. 釙（Po，polonium）：pō；得名於發明人居里夫人的故鄉波蘭（Polska），「卜」（pǔ）表示占卜，即預測，兼表示字音。

　　《集韻》：「匹角切，音璞。」、《玉篇》：「金釙」。

87. 鈁（Fr，francium）：得名於發明地法國（France）。

88. 鐳（Ra，radium）：源自放射性（radioactivity）；放射線穿透力很強。字源應當是道士收集雷電時使用的金屬器具。「雷，靁」（léi）表示雷電，放射性，兼表示字音。

參考資料

[1] 徐壽，《化學鑒原》：是我國翻譯出版的第一本無機化學教材，也是中國第一本近代化學理論教科書，是根據 D.A.Wells 的《威爾斯化學原理及應用》（*Well's Principles and Applications of Chemistry*）中的無機化學部分翻譯而來的，是當時最具代表性的化學翻譯著作之一，1871 年江南製造局出版發行。[1]

---

[1]　徐壽（1818-1884），清末科學家，中國近代化學的啟蒙者。

[2] 化學元素：https://zh.wikipedia.org/wiki/ 化學元素

[3] 化學元素的中文命名法：https://zh.wikipedia.org/wiki/ 化學元素命名法

[4] 漢典：https://www.zdic.net/：收錄超過八萬個漢字，二十萬個詞語。

[5] 漢字 567：http://www.hanzi567.com/hanzichaxui.asp
網站包括漢語查詢，文字專刊，教學課件三個主要部分，同時通過新聞動態反映當代漢字研究、漢字教育的最新消息。

[6] 林震煌，〈2019 國際元素週期表年（IYPT）：中文和日文在元素與化學名詞翻譯上的異同〉，《臺灣化學教育》，第 29 期，2019 年 01 月（2019）。

[7] 李祐慈，〈2019 國際元素週期表年（IYPT）：鉻不叫 Chromium，也是五彩繽紛！元素名稱字源趣談〉，《臺灣化學教育》，第 29 期，2019 年 01 月（2019）。

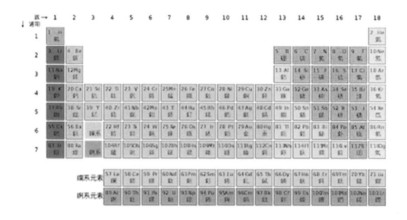

▲ 化學元素週期表

《化學鑒原》由美國傳教士傅蘭雅口譯，徐壽筆述完成，1871 年江南製造局出版發行，是中國第一本系統介紹西方無機化學的譯著。《江南製造局譯書提要》對它的描述是：「英國威爾斯撰，傅蘭雅口譯，金匱徐壽筆述，所以鑒別原質，無機化學為首務也。」

原著《威爾斯化學原理及應用》是由 D. A. 威爾斯（David Ames Wells）在 1858 年編寫的。原著前後經歷了 15 次再版增訂，一直為當時美國流行的化學教科書。

化學元素中西文名稱溯源（二）：
過渡族金屬元素

2021 年 1 月 2 日　星期六

　　過渡金屬：如鐵、鈷、鎳、錳、銀等，週期表第 3 族到第 12 族的元素，不計鑭（La）系與錒（Ac）系，共 38 個。

21. 鈧（Sc，scandium），源於斯堪地那維亞（Scandinavia）；化學性質非常活潑，通常被密封在瓶子裡，用氬氣加以保護。「亢」（kàng）是「忼」（kāng）的簡寫，表示忼奮，不安定，兼表示字音。

22. 鈦（Ti, titanium）：源於希臘神話 titan 神；抗腐蝕性強，太（tai）同泰，有安寧之義，兼表示字音。

23. 釩（V，vanadium）：Vanadium 取自北歐神話的女神 Vanadis；地球上含量豐富，超過銅、錫、鋅、鎳，但分布過於分散。凡（fán）表示平凡，普通，兼表示字音。

24. 鉻（Cr，chromium）：chromium，源於希臘語，chroma 指顏色；本意為用金屬刀具剃髮，去而難合，各自分離。

25. 錳（Mn，manganese）：源於希臘地名 Magnesia；質地硬而脆。用作合金時可以大幅度增加鋼鐵的硬度和韌性。孟（mèng）表示排行老大的男性，即強健有力，硬度高，兼表示字音。

26. 鐵（Fe，拉丁語：ferrum，iron）：《唐韻》天結切，從「戠」（zhì）表示兵器及鑽子等工具，表示堅硬。
異體字「鉄」：「失」（shī）表示消失，即銹蝕掉，兼表示字音；
異體字「銕」：「夷」（yí）表示東夷人。
《說文》黑金也。《書・禹貢》厥貢璆鐵銀鏤砮磬。《史記・貨殖傳》邯鄲郭縱以冶鐵成業，蜀卓氏之先趙人也。用冶鐵富魯人，曹邴氏亦然。江淹

〈銅劍讚序〉古以銅為兵，至於秦時，攻爭紛亂，兵革互興，銅既不克給，故以鐵足之。

又書名。《前漢·藝文志》桓寬《鹽鐵論》六十篇。

27. 鈷（Co，cobalt）：源自德國神話壞精靈 Kobold，因為鈷礦有毒；《ㄨˇ；可以用來製作抗磨蝕合金。字源為金屬熨斗。能夠使用幾代人。「古」（gǔ）是「固」（gù）的簡寫，表示堅固，穩固，兼表示字音。

28. 鎳（Ni，nickel）：源自德國神話惡精靈 Nickel，瑞典的礦物學家將鎳的礦石誤以為銅礦，怎麼樣都提煉不出銅，認為是惡魔的惡作劇，因此得名；ㄋㄧㄝˋ；銀白色，常溫下不氧化「臬」（niè）是「皛」（jiǎo）的簡寫，表示白色的陽光，兼表示字音。

29. 銅（Cu，拉丁語：cuprum，copper）：羅馬人最先在 Cyprus 發現銅礦，因以得名；顏色與金子相同。

《說文》赤金也。從金同聲。《廣韻》金之一品。

30. 鋅（Zn，zinc）：源自德國字 Zinke（尖叉）；具有隔離氧氣，防止氧化生銹的功能，古代稱為亞鉛。「辛」（xīn）是「辡」（biàn）的簡寫，表示分開，即隔離氧氣，兼表示字音。

39. 釔（Y，yttrium）：源自瑞典地名 Ytterby；可以採用挖掘方式獲取存礦物。「乙」（yǐ）是「穵，挖」（wā）的簡寫，表示挖掘，兼表示字音。

40. 鋯（Zr，zirconium）：源於波斯語，Zargun 指帶金色的；地殼中鋯的含量居第 19 位，分布範圍廣泛。「告」（gào）是「浩，澔」（hào）的簡寫，表示浩大，浩繁，兼表示字音。

41. 鈮（Nb，niobium）：ㄋㄧˊ，其命名來自希臘神話中的 Niobe，即 Tantalus 之女。

《玉篇》與橪同。絡絲柎也。《說文解字》，絡絲欄。從木爾聲，讀若柅。奴礼切。

42. 鉬（Mo，molybdenum）：源於新拉丁字 molybdaenum，由希臘神話鉛字轉來，因最初將鉛礦與鉬礦混淆；ㄇㄨˋ；銀白色，在空氣中不易氧化，用於生產不銹鋼。「目」（mù）表示眼睛，即醒目，顯眼，

兼表示字音。

43. 鎝（Tc，technetium）：是第一個主要由人工生產的元素，因此由得希臘語「工藝或藝術」得名；ㄉㄚ；一種翻地的農具，形狀如同橛頭，鐵頭，木把，有三至六個鐵齒。「荅」（dā）表示連接，兼表示字音。

44. 釕（Ru，ruthenium）：ㄌㄧㄠˋ，liào；源於 Ruthenia（指俄羅斯）。

45. 銠（Rh，rhodium）：由德文玫瑰色而得名；ㄌㄠˇ；質地硬，不易氧化，能承受酸的侵蝕。「老，耂」（lǎo）表示時間長久，即經久耐用，兼表示字音。

46. 鈀（Pd，palladium）：以小行星帕拉斯（Pallas）命名，該行星本身以希臘女神雅典娜（Athena）的綽號命名，她是在她殺死 Pallas 時獲得的；ㄅㄚˇ；字源為收攏雜草的有齒的農具。讀作 pá。「巴」（bā）是「把」（bǎ）的簡寫，表示把握，抓握，兼表示字音。

47. 銀（Ag，拉丁語：argentum，silver）：源自原始印歐語「發亮」或「白色」；比金堅硬。古人以牙狠咬去辨識真偽。「艮」（gèn）是「狠，狠」（kěn）的簡寫，表示用狠咬，兼表示字音。

48. 鎘（Cd，cadmium）：源自希臘神話中人物 Cadmus；ㄍㄜˊ，gé；在核反應中用作吸收棒，起到隔離粒子作用。最早用作釉料，在陶瓷上起保護層作用。「鬲」（gé）是「隔」（gé）的簡寫，表示隔離，兼表示字音。

57. 鑭（La，lanthanum）：是硝酸鈰中的一種雜質，因此以希臘文「隱藏」命名；ㄌㄢˊ；在空氣中也易氧化，一般封存於固體石蠟或浸於煤油中，「闌，闌」（lán）表示門上掛的阻擋牌，表示阻擋、阻攔，即不許接觸空氣，兼表示字音。

72. 鉿（Hf，hafnium，Hafnia）：拉丁語（Copenhagen）：ㄏㄚ，hā。

73. 鉭（Ta，tantalum）：以希臘神話人物 Tantalus 得名；ㄊㄢˇ，tǎn；化學性質極其穩定，具有極高的抗腐蝕性，無論冷熱，對鹽酸、濃硝酸及「王水」都不反應。「旦」（dàn）是「坦」（tǎn）的簡寫，表示坦然，即安穩，兼表示字音。

74. 鎢（W，礦石 wolframite；tungsten）：tungsten 是瑞典白鎢礦（scheelite）的舊名稱，tungsten 是唯一名字來自於瑞典文的的元素，意思是「重」

（tung）的「石頭」（sten）；ㄨ ˇ；呈現灰黑色。「烏，鳥」（wū）表示黑色，兼表示字音。

75. 錸（Re，rhenium）：ㄌㄞ ˊ，lái；其名稱（Rhenium）取自歐洲的萊茵河。

76. 鋨（Os，osmium）：由於揮發性四氧化鋨的煙燻味，以希臘語 osme（煙燻味）命名；ㄜ ˇ，wǒ；硬而脆，是金屬中最重的金屬。可製造超高硬度的合金，充作鐘錶等儀器的軸承。「我」（wǒ）表示古代一種以重量擊殺敵人的兵器，表示重量大、比重大，兼表示字音。

77. 銥（Ir，iridium）：因為其鹽類醒目而多樣，以希臘女神 Iris（彩虹的化身）命名；一，yī；化學性質不活潑，常附著於其他金屬表面以提高耐磨性、抗腐蝕性。「ネ，衣」（yī）是「依」（yī）的簡寫，表示依附，附著在其他金屬表面，兼表示字音。

78. 鉑（Pt，platinum）：源自西班牙語 platino，意為「小銀子」；ㄅㄛ ˊ，bó；裝飾佛像等物品使用的，錦帛一樣的黃金薄膜。銀白色。「白」（bái，bó）是「帛」（bó）的簡寫，表示錦帛，也表示白色，兼表示字音。

79. 金（Au，拉丁語：aurum，gold）：

　　會意。金文字形。從人（表示覆盖），從土，從二。從「土」，表示藏在地下；從「二」，表示藏在地下的礦物。本意：金屬。

　　金，五色金也。黃為之長。久埋不生衣，百鍊不輕，從革不違，西方之行，生於土，從土左右。注：象金在土中形。——《說文》

　　西南之美者，有華山之金石焉。——《爾雅・釋地》。

80. 汞（Hg，拉丁語 hydrargyrus，mercury）：以羅馬神明 Mercury 命名，以前被稱為 quicksilver（水銀），即 hydrargyrum；在常溫下呈銀白色液態，原叫水銀，因單字命名法而改為汞。

89. 錒（Ac，actinium）：源於古希臘 aktis，aktinos；意為射束或射線。

參考資料

[1] 徐壽，《化學鑒原》：是我國翻譯出版的第一本無機化學教材，也是中國

第一本近代化學理論教科書，是根據 D.A. Wells 的《威爾斯化學原理及應用》（*Well's Principles and Applications of Chemistry*）中的無機化學部分翻譯而來的，是當時最具代表性的化學翻譯著作之一，1871 年江南製造局出版發行。

[2] 化學元素：https://zh.wikipedia.org/wiki/ 化學元素

[3] 化學元素的中文命名法：https://zh.wikipedia.org/wiki/ 化學元素的中文命名法

[4] 漢典：https://www.zdic.net/：收錄超過八萬個漢字，二十萬個詞語。

[5] 漢字 567：http://www.hanzi567.com/hanzichaxui.asp
網站包括漢語查詢，文字專刊，教學課件三個主要部分，同時通過新聞動態反映當代漢字研究、漢字教育的最新消息。

[6] 林震煌，〈2019 國際元素週期表年 IYPT）：中文和日文在元素與化學名詞翻譯上的異同〉，《臺灣化學教育》，第 29 期，2019 年 01 月（2019）。

[7] 李祐慈，〈2019 國際元素週期表年 IYPT）：鉻不叫 Chromium，也是五彩繽紛！元素名稱字源趣談〉，《臺灣化學教育》，第 29 期，2019 年 01 月（2019）。

化學元素中西文名稱溯源（三）：非金屬元素

2021 年 1 月 5 日　星期二

偏旁部首

在中文元素命名法裡，每個化學元素用一個漢字命名，並用該字部首來表示此元素常溫（25 攝氏度，77 華氏度，或者 298 克氏度）時之物態：

對非金屬元素：

氣態元素使用氣（音く一ˋ）字旁。例：氫（1）、氦（2）、氮（7）、氧（8）、氟（9）、氖（10）、氯（17）、氬（18）、氪（36）、氙（54）、氡（86），共 11 個。

固體的非金屬元素使用石字旁。例：硼（5）、碳（6）、矽（14）、磷（15）、硫（16）、砷（33）、硒（34）、碲（52）、碘（53）、砹（85），共 10 個。

液態元素使用水字旁（在左偏旁時作三點水）。溴（35）、汞（80）。

（一）氣態元素使用氣（音く一ˋ）字旁

例：氫（1）、氦（2）、氮（7）、氧（8）、氟（9）、氖（10）、氯（17）、氬（18）、氪（36）、氙（54）、氡（86），共 11 個。

1. 氫（1）（H, hydrogen）：在燃燒時產生水，在希臘語中是「水的形成者」；重量輕，徐壽譯為輕氣。

2. 氦（2）（He, helium）：以希臘太陽神 Helios 的名字命名。因科學家首次在陽光光譜發現其黃色光譜線特徵；在中文裡，晚清時由傳教士創

辦的益智書會譯作「氜」，以表示從太陽光中發現的氣態元素。（【正字通】俗陽字。本作昜，讀作「日」）1915年，由中華民國教育部頒布的《無機化學命名草案》則採用發音與英文第一音節更為一致的「氦」（氦）造字，並沿用至今。

7. 氮（7）（N，nitrogen）：源於法文 nitrogène，因其在硝酸和硝酸鹽（nitric acid and nitrates）中發現，希臘詞根 genēs，意為根源；徐壽譯為淡氣，「淡」取沖淡空氣之意。

8. 氧（8）（O，oxygen）：源自希臘詞根（oxys，酸，酸味）和（genēs，根源）；徐壽譯為養氣，「養」取「養育」生命之意。

9. 氟（9）（F，fluorine）：螢石（fluorite）被添加到金屬礦石中可降低其熔點以利其冶煉，所以礦物名稱以拉丁語動詞 fluo（流動）命名。氟的主要礦物來源極為螢石（fluorite），因而命名；日文音譯德文 Fluor 的第一個發音而稱之為「弗素」。1871年，徐壽譯為弗氣，直至 1933年，化學家鄭貞文在其主持編寫出版的《化學命名原則》一書中改成氟，一直沿用至今。

10. 氖（10）（Ne，neon）：名稱源自希臘詞 neos，意思是新的；「氖」取第一音節造字。

17. 氯（17）（Cl，chlorine）：從羅馬化的古希臘語：khlôros，表明其顏色的「淺綠色」；徐壽譯為綠氣，後改為氯，一直沿用至今。

18. 氬（18）（Ar，argon）：源自希臘語單詞，表示「惰性」，表明 argon 幾乎沒有化學反應的事實；中文也是取第一音節造字，氬的音應該讀作「亞」，但是英文的第一音節讀作「啊」！這可能是古音和今音差別。

36. 氪（36）（Kr，krypton）：從羅馬化的古希臘語：kryptos，表示「隱藏」；中文取第一音節造字。

54. 氙（54）（Xe，xeon）：源自希臘語單詞 xénon，表示「陌生」，中文取第一音節造字。

86. 氡（86）（Rn，radon）：源自 radium emanation，即放射性氣體；中文取第二音節「don」去造字，因第一音節「Ra」以為鐳所用。

（二）固體的非金屬元素使用石字旁

例：硼（5）、碳（6）、矽（14）、磷（15）、硫（16）、砷（33）、硒（34）、碲（52）、碘（53）、砈（85），共 10 個。

5. 硼（5）（B，boron）：由古希臘人即已用於清潔，保存食物之硼酸（boric acid）還原而來，原命名 boracium；「石」（shí）表示砂石；「朋」（péng）表示朋比，朋友，兼表示字音；醫學中有解毒、消腫作用。「彭」（péng）是「膨」（péng）的簡寫，表示膨脹，膨腫，兼表示字音。

6. 碳（6）（C，carbon）：源自拉丁語 carbo（木炭）；碳是木炭的基礎成份。「炭」（tàn）表示木炭，兼表示字音。

14. 矽（14）（Si，silicon）：拉丁語 silex 代表火石（flint），是一種常見矽質岩石；是地球上最多的元素。「夕」（xī）是「多」（duō）的簡寫，表示豐富，兼表示字音。

15. 磷（15）（P，phosphorous）：在暴露於氧氣時會發出微弱的輝光，因此，其名稱取自希臘神話中「發光者」（拉丁 Lucifer），指的是「晨星」，即金星；「粦」（lín）表示其自燃時的狀態，兼表示字音。「米」（mǐ）字形在古文中寫作「炎」（yán），表示火炎，即著火；「舛」（chuǎn）表示雙腳，即踩踏。

16. 硫（16）（S，sulfur）：源自拉丁語 sulpur；俗稱硫磺，形成粉沫後容易迅速燃燒。古人留在家中引火。「留，畱，畄」（liú）表示保留，留存，兼表示字音；「？」（tū）是「流」（liú）的簡寫，表示流動，即成為液態，兼表示字音。

33. 砷（33）（As，arsenic）：源自希臘語 arsenikon，意為「有毒」；舊時稱作砒礵，因其有劇毒，為維護安全，製造使用有嚴格的管理制度。「申」（shēn）表示申束，束縛，兼表示字音。

34. 硒（34）（Se，selenium）：源自古希臘文 selénē，意為「月亮」；其導電能力隨光的照射強度而改變，可用來製作半導體電晶體和光電管。屬於光敏材料。「西」（xī）是「曬」（shài）的簡寫，表示日光照射，兼表示字音。

52. 碲（52）（Te，tellurium）：源自拉丁字 tellus，意為「地球」；中文取第一音節造字。

53. 碘（53）（I，iodine）：源自希臘語 ioeidēs，意為「紫色」；中文碘用最後音節，「典」（diǎn）表示典型的，即無需解釋說明的，容易識別，兼表示字音。

85. 砈（85）（At，astatine）：源自希臘語 astatos，意為「不穩定」；中文取第一音節造字。

（三）液態元素使用水字旁（在左偏旁時作三點水）

溴（35）、汞（80）。

35. 溴（35）（Br，bromine）：源自希臘字根 bromos，意為「惡臭」；中文因其味道臭，原翻譯作臭氣。

80. 汞（Hg，拉丁語 hydrargyrus，mercury）：以羅馬神明 Mercury 命名，以前被稱為 quicksilver（水銀），即 hydrargyrum，在常溫下呈銀白色液態，原叫水銀，因單字命名法而改為汞。汞為瀕簡寫，銀白色液體，有劇毒，用於器物鎦金及黃金純化工藝。使用時其放置高度不得高於頸項，即脖子之下。「水」（shuǐ）表示水，即液體；「項，項」（xiàng）表示頸項，即脖子。

參考資料

[1] 徐壽，《化學鑒原》：是我國翻譯出版的第一本無機化學教材，也是中國第一本近代化學理論教科書，是根據 D.A. Wells 的《威爾斯化學原理及應用》（Well's Principles and Applications of Chemistry）中的無機化學部分翻譯而來的，是當時最具代表性的化學翻譯著作之一，1871 年江南製造局出版發行。

[2] 1932 年國立編譯館成立了化學譯名審查委員會，由教育部聘鄭貞文負責起草化學譯名草案。他採用中國文字的特點，有些則另創新字。他以徐壽所定的部分命名為基礎，在他的專著《無機化學命名草案》中提到金屬元素名加金字旁，對非金屬氣態元素加上氣字頭，對於液態非金屬元素加上三

點水，對於固態非金屬元素加上石字旁等原則。

[3] 化學元素：https://zh.wikipedia.org/wiki/ 化學元素

[4] 化學元素的中文命名法：https://zh.wikipedia.org/wiki/ 化學元素的中文命名法

[5] 漢典：https://www.zdic.net/：收錄超過八萬個漢字，二十萬個詞語。

[6] 漢字 567：http：//www.hanzi567.com/hanzichaxui.asp
網站包括漢語查詢，文字專刊，教學課件三個主要部分，同時通過新聞動態反映當代漢字研究、漢字教育的最新消息。

[7] 林震煌，〈2019 國際元素週期表年（IYPT）：中文和日文在元素與化學名詞翻譯上的異同〉，《臺灣化學教育》，第 29 期，2019 年 01 月（2019）。

[8] 李祐慈，〈2019 國際元素週期表年（IYPT）：鉻不叫 Chromium，也是五彩繽紛！元素名稱字源趣談〉，《臺灣化學教育》，第 29 期，2019 年 01 月（2019）。

國家圖書館出版品預行編目

清華行思與隨筆 / 陳力俊著. -- 臺北市：致出
版, 2023.02-
　　冊；　公分
　　ISBN 978-986-5573-52-2(第3冊：平裝). --
　　ISBN 978-986-5573-53-9(第4冊：平裝)

1.CST: 教育 2.CST: 文集

520.7　　　　　　　　　　　112000023

清華行思與隨筆（三）

作　　者／陳力俊

出版策劃／致出版

製作銷售／秀威資訊科技股份有限公司

　　　　　114 台北市內湖區瑞光路76巷69號2樓

　　　　　電話：+886-2-2796-3638

　　　　　傳真：+886-2-2796-1377

網路訂購／秀威書店：https://store.showwe.tw

　　　　　博客來網路書店：https://www.books.com.tw

　　　　　三民網路書店：https://www.m.sanmin.com.tw

　　　　　讀冊生活：https://www.taaze.tw

出版日期／2023年2月　　　定價／500元

致 出 版　　　　　　　　　向出版者致敬